汽车电子功能安全实战应用

赵鑫　李明勋　编著

同济大学出版社
TONGJI UNIVERSITY PRESS

前 言

在过去的五年时间里，“功能安全”成为汽车电子领域最高频的词汇之一，从整车、系统、传感器、执行器到芯片等无一例外地都要谈到符合功能安全。企业也针对功能安全从组织架构、流程体系、设计开发、测试认证等方面大力投入。然而，在我们接触的很多从业者当中，却常常对于“一个产品如何符合功能安全”这样的问题很难解答，或者出现“功能安全就是流程建设”这样的观点。与之相对，国际上在产品安全性的研究上却从标准化、技术落地、前瞻性等多方面有更好的表现。在这个背景下，本书希望通过“实战应用”这个主题让读者能够回答“一个产品如何符合功能安全”，同时从发展方向、未来挑战、标准动态等方面引发读者的进一步思考和规划。

本书的重点是汽车电子功能安全，也就是 ISO 26262 及 IEC 61508 的实战开发，从概念、系统、软硬件阶段结合案例去推演，其间有很多的经验和处理方法是编委会成员的实际思考，与这些内容相关的问题也会是读者在实际接触功能安全中会遇到和需要去解决的。本书涵盖了几个复杂的主题，例如“如何设计安全目标的阈值”“如何进行功能安全架构设计”“如何进行硬件和软件的失效分析”等，这些都是仅仅依靠标准无法实际动手开展设计开发的部分，希望读者能够结合本书的讲解同步展开思考。

本书的特色是利用实际案例为牵引，对应功能安全标准进行开发及讲解，并结合实际项目经验阐述相关的重点和难点，让读者能够在实践中学习和掌握相关知识并引发自我思考；同时，通过企业开发者与第三方审核者两个视角相结合，能够更好地从功能安全本质去思考“为什么要做，如何来做，怎么做才是好的”。

本书适合以下读者参阅：

1. 希望学习和了解汽车电子功能安全的读者。

2. 希望进入功能安全领域进行开发或者审核工作的读者。

3. 具有一定功能安全知识或从业经验，希望系统性地掌握功能安全全面开发和审核的读者。

4. 希望在企业内推动或者牵头开展功能安全工作的技术或者管理负责人。

由于编者水平有限，书中如有不足或缺陷，敬请有关专家和读者批评、指正。

编委会

上海，北京，慕尼黑，东京

2020 年 8 月

目录

第 1 章 功能安全概述

虽然 ISO 26262 第 1 版 2011 年就已经发布，但功能安全概念主要是随着新能源汽车和自动驾驶领域的发展而得以普及，企业的相应投入也不断增加。新能源汽车的起火、自动驾驶的撞车撞人事故让安全性、可靠性的概念植入每个消费者的心中，即使连品质至上的丰田车也同样因为安全事件产生大面积召回。本书将从功能安全的起源及适用范围、常见术语和国内外相关领域进展三个方面对功能安全进行阐述。

1.1 起源及适用范围

介绍 ISO 26262 之前，不能不先谈 IEC 61508。2000 年 5 月，国际电工委员会正式发布了 IEC 61508 标准，名为《电气 / 电子 / 可编程电子安全系统的功能安全》。IEC 61508 标准定义的安全生命周期包含 16 个阶段，粗略地可以分为 3 块：1—5 阶段描述了分析过程；6—13 阶段描述了实现过程；14—16 阶段描述了运营过程。所有阶段关注的均是系统安全功能。IEC 61508 由 7 个部分组成：1—3 部分为标准需求（规范性的）；4—7 部分为开发过程指导和示例。

IEC 61508 主要针对由电气 / 电子 / 可编程电子部件构成系统或者起安全作用的电气 / 电子 / 可编程电子系统 (E/E/PE)，建立一个覆盖整体安全生命周期基础的评价方法。目的是要针对以电子为基础的安全系统提出一个一致的、合理的技术方案，统筹考虑单独系统 (如传感器、通信系统、控制装置、执行器等) 中元件与安全系统组合的问题。IEC 61508 的核心是风险概念和安全功能。风险是指危害事件频率（或可能性）以及事件后果严重性。通过应用包括 E/E/PES 和 / 或其他技术构成的安全功能，使风险降低到可以容忍的水平。

ISO 26262 是从 IEC 61508 中派生出来的（图 1-1），主要定位在汽车行业中特定的电气器件、电子设备、可编程电子器件等专门用于汽车领域的部件，旨在提高汽车电子、电气产品功能安全的国际标准。ISO 26262 为汽车安全提供了一个生命周期（管理、开发、生产、经营、运行、报废）理念，并在这些生命周期阶段中提供必要的支持。该标准涵盖功能性安全方面的整体开发过程（包括需求定义、设计、实施、集成、验证、确认和配置），于 2011 年发布了第 1 版，2018 年发布了第 2 版。两版之间的对比会在本书第 7 章中详细介绍。

2012 年，国家标准化管理委员会发布了《关于下达 2012 年第一批国家标准制修订计划的通知》(国标委综合〔2012〕50 号), 由全国汽车标准化技术委员会秘书处单位中国汽车技术研究中心负责推荐性国家标准《道路车辆功能安全》的制定工作。从 2012 年开始，前后 10 次标准讨论会确定了《道路车辆　功能安全　第 1 部分 : 术语》到《道路车辆　功能安全　第 10 部分 : 指南》的征求意见稿及送审稿。2017 年 5 月 , 全国汽车标准化技术委员会委托中国标准化协会汽车分会在洛阳市召开《道路车辆　功能安全》国家标准宣贯会，同年，《道路车辆　功

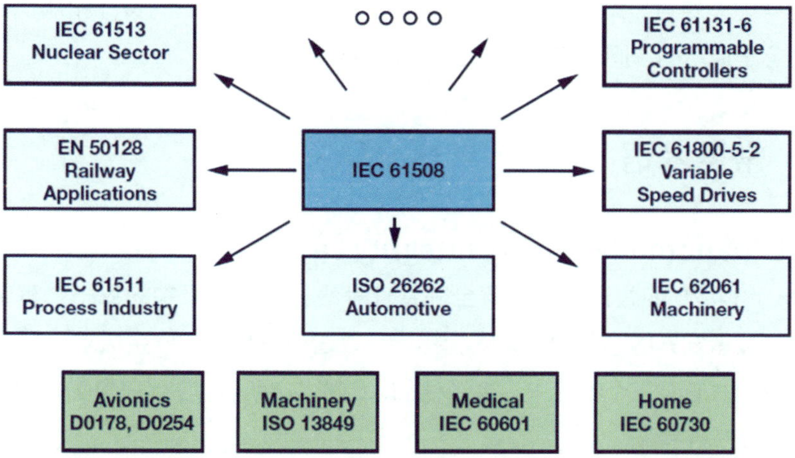

图 1-1 IEC 61508 与 ISO 26262 的关系

能安全》GB/T 34590 正式发布。

对于 ISO 26262 的适用范围，本书重点讨论涉及功能安全的领域。从企业研发角度来看，目前汽车电子主动安全产品、新能源动力控制产品和自动驾驶控制产品三大领域都涉及功能安全的开发与设计。从企业从业者的角度而言，相关产品的开发工程师以及功能安全工程师、项目经理、软件工程师、算法工程师、电子工程师、测试工程师、芯片工程师、流程体系工程师等满足汽车电子 V-model 开发链条中的设计验证工程师都是需要具备 ISO 26262 知识结构的。关于行业普遍讨论的“功能开发团队和功能安全团队是否应该独立建立”的问题，本书认为一定是独立的。独立性思维一直贯穿于整个 ISO 26262，不同角度的分析和交涉才是产品能够安全稳定的关键，在功能安全领域走得非常靠前的通用汽车公司明确将“独立性功能安全团队”作为需求提供给供应商，作为安全文化的重要考量。

同时，在这里，针对 ISO 26262、ISO 21448 和 ISO 21434 三部分内容也进行补充说明：ISO 26262（Functional Safety）功能安全的重点在于失效，也就是电子电气类相关的器件或部件失效之后的安全相关要求；ISO 21448（Safety of the Intended Functionality）预期功能安全的重点在于产品性能或功能限制外引发的安全风险应对的相关要求；ISO 21434（Cyber Security）网络安全的重点在于意外破坏、攻击后的安全风险应对的相关要求。对于企业和从业者而言，最重要的是考虑失效与非失效引发的风险，并依据风险展开相应的设计和测试，方法论的理念是通用的，同时也建议企业整合开展。

1.2　常见术语

1. ASIL（Automotive Safety Integrity Level）

GB/T 34590 的翻译是汽车安全完整性等级。四个等级中的每一个等级定义了相关项或者要素的必要要求和安全措施，以避免不合理的残余风险。ASIL 等级的评判是由 S/E/C 三个维度来综合评估的，如图 1-2 所示。D 代表最高严格等级，A 代表最低严格等级。

S—严重度（发生危害事件造成驾驶员、行人等的伤害严重程度）；E—暴露度（危害发生场景出现的频次和概率）；C—可控度（当危害发生时驾驶员、行人等可以避免伤害的概率）。这里不针对每一个维度的评价进行展开，但 ASIL 等级作为贯穿功能安全开发中最高频的词汇之一，本书将详细地讲解 3 个大家常见的问题。

➢ ASIL 等级代表的含义是什么？ ASIL 等级主要代表了这款电子电气系统在汽车行驶安全中的重要程度，也代表了这款产品在开发过程中的设计验证复杂程

Severity class	Probability class	Controllability class		
		C1	C2	C3
S1	E1	QM	QM	QM
	E2	QM	QM	QM
	E3	QM	QM	A
	E4	QM	A	B
S2	E1	QM	QM	QM
	E2	QM	QM	A
	E3	QM	A	B
	E4	A	B	C
S3	E1	QM	QM	A
	E2	QM	A	B
	E3	A	B	C
	E4	B	C	D

图 1-2　ASIL 等级评估

度。比如，一款摄像头如果应用于倒车辅助功能，通过视频对驾驶员倒车进行提醒，那么，摄像头在汽车行驶安全过程中扮演的角色就是辅助；同样的，当摄像头出现失效之后对整体系统影响并不大，相应的 ASIL 等级会是 QM/ASIL-A。但是，一款摄像头如果应用于 L4 级自动驾驶领域负责前方的环境感知和物体识别，将识别到的物体种类和位置发送给车辆控制端进行车辆纵向和横向控制的话，那么，摄像头在汽车行驶安全过程中扮演的角色就非常重要，当摄像头失效之后，对自动驾驶系统而言是灾难性的，相应的 ASIL 等级会是 ASIL-D。

➢ ASIL 等级越高是否越安全？如上一个问题所言，ASIL 等级是一个相对于这款电子电气系统在汽车行驶安全中的重要程度，因此，从工程合理性上来讲，一款产品依照 S/E/C 综合评估获得的等级就是满足安全性需要符合的最高等级。例如，住在二楼的人走到二楼就已经到家了，没必要走到三楼。当然，三楼肯定比二楼的楼层更高，但是花费的时间更长，耗费的精力更大。

➢ 芯片 / 代码需要符合 ASIL-D 等级。总体而言，这种描述其实是不严谨的，对于任何芯片、任何代码都是基于一定的系统架构假设而进行的评估。比如，一款 ASIL-D 等的电源芯片配合一个 QM 的 MCU 应用在电池管理系统当中，那么，这个电池管理系统在评定审核过程中肯定是达不到 ASIL-D 等级的。

2. ASIL Decomposition

GB/T 34590 的翻译是，将安全需求冗余地分配给充分独立的要素，目的是降低分配给相关要素的冗余安全需求的 ASIL 等级，如图 1-3 所示（源于 ISO 26262）。

ASIL 分解本质上是 1+1=2 和 0+2=2 的道理，ASIL 等级高的电子电气系统在设计开发难度和流程复杂度上都是要高于 ASIL 等级低的系统的。因此，在设计开发当中，可以将一个安全需求进行分配。比如，对于自动驾驶车辆而言，激光雷达由

图 1-3 ASIL 分解示例

于其高分辨率和测距准确，是环境感知当中必不可少的传感器，但目前阶段激光雷达产业还处在向车规、可靠性方向发展，如果说仅选择一个激光雷达，那么，作为环境感知中的唯一传感器，显然是需要符合 ASIL-D 等级的。考虑激光雷达当前的状态，自动驾驶方案设计中，厂家都选择了冗余设计，即选择多个激光雷达或者激光雷达 + 摄像头，这样的方案设计也就是等同于 ASIL 分解，激光雷达的安全等级可以由 ASIL-D 降低至 ASIL-B。在 ASIL 等级分解过程中，以下两点需要特别注意。

➢ 链路独立。每一个电子电气系统内都存在并行的几个功能，存在因为受到同一个底层 / 中间层因素的影响或者同一个外部因素的影响而同时失效的情况；系统中，串联关系（一个系统的输出是另一个系统的输入）的几个系统，可能在一个底层 / 中间层输入的错误瞬间造成一系列的失效。识别出这种可能存在的失效模式和相关系统关系，避免系统中存在相关失效的情形的状态定义为链路独立。

➢ 架构最优。在进行 ASIL 等级分解过程中，分解的方式可能会有多种选择，例如激光雷达的传感器冗余的 ASIL-B（数据源）+ASIL-B（数据源），也有可能像 E-Gas 三层扭矩监控过程软件的设计 QM（功能执行）+ASIL-C（功能监控）。在 ASIL 等级分解过程中，需要考虑分解对象的关联关系，最优化整体系统架构，即清晰定义被分解对象的角色及冗余部分出现偏差的处理方式。

3. Safe State

GB/T 34590 的翻译是安全状态，也就是当前系统的状态是不会造成危害的。举个例子来看，如果枪可能发生走火，那么，枪里没有弹药就是一个安全状态。类比到汽车电子电气系统上，供电的断开、驱动级芯片的关闭、机械的锁止等都可能是安全状态的表现。需要注意的是，在系统设计中。故障降级往往是普遍采用的一种方式，但故障降级并不一定就是安全状态，比如一辆自动驾驶汽车的某一个核心传感器失效，车辆从原本的 80km/h 降至 20km/h 运行，车辆的功能受到了限制，但 20km/h 仍然具备出现汽车事故的可能性，那么，这种状态就并不是一个安全状态。

4. FTTI

GB/T 34590 的翻译是故障容错时间间隔，即在危险事件发生之前，系统故障可存在的时间间隔，如图 1-4 所示。从整体的时间划分框架可以看出，故障探测时间和故障响应时间两部分综合相加的时间不应大于 FTTI。比如，摄像头是自动驾驶系统中非常重要的信息收集传感器，摄像头会提供包含三维色彩的数据信息供后端进行语义分割，当摄像头模组出现损坏，如 ISP 处理单元开路，图像信息就会消失，此时的 FTT 是包括摄像头模组损坏的判断时间加上汽车执行刹车或者减速到一定速度的时间，而 FTTI 是综合考虑当前车速及周围车辆环境的时间；比如前方车辆速度 20km/h，自身车辆速度 100km/h，两车相距 20m，那么，留给自身车辆检测和动作避免危害的 FTTI 时间为 20×3.6÷（100—20）=0.9s，如果检测到摄像头损坏的时间是 1s，那么，无论如何车辆的事故已经无法避免。

5. HARA（Hazard Analysis and Risk Assessment）

GB/T 34590 的翻译是危害分析和风险评估，即为了避免不合理的风险，对相关项的危害事件进行识别和归类的方法以及定义防止和减轻相关危害的安全目标和 ASIL 等级的方法。HARA 是功能安全学习和设计开发的第一环节，也是纲领性环节，它是贯穿整个功能安全的核心分析。简单地来理解 HARA，就是找到系统功能失效和汽车事故之间的关联。例如，若车辆刹车失灵，车辆如果静止的话，

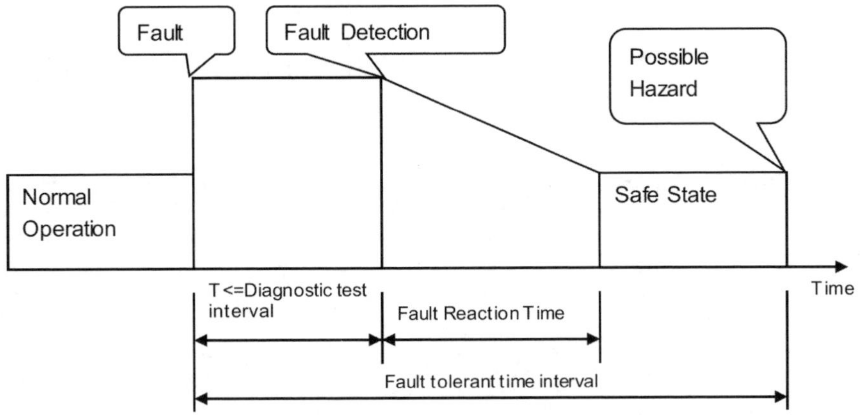

图 1-4　FTTI 示例

那么，也没有造成事故的风险。但是，如果车辆刹车失灵而刚好又到路口红灯需要刹车，那么，就会造成撞到行人或其他车辆的风险，如图 1-5 所示。

1.3 国内外相关领域进展

2019 年百度 AI 开发者大会上，百度 Apollo 发布了全球第一份全产业链参与的自动驾驶安全文件——《自动驾驶安全第一》安全白皮书，这也是全球第一份全面阐述如何在自动驾驶贯彻现行汽车行业安全标准的技术文档。《自动驾驶安全第一》安全白皮书，全面涵盖了功能安全、预期功能安全、信息安全、测试与验证等领域，为包括行业和监管机构在内的受众提供了最先进的自动驾驶安全解决方案，目前已开始进行 ISO 标准的转化。

2019 年 8 月，SAE-AWC 2019 自动驾驶汽车安全技术国际论坛在深圳隆重开幕。这是 SAE 在中国地区举办的第二届该主题的专题会议，共吸引了 400 多位嘉宾参会。大会为期 3 天，来自 10 个国家的 OEM、一级供应商、软件、系统、半导体、汽车电子、解决方案等 40 多位演讲嘉宾共同围绕自动驾驶车辆的设计与开发、安全技术、测试与验证、网络信息安全、功能安全与 SOTIF 等几大方面，讨论了自动驾驶安全技术的相关议题。会议当中，如腾讯等若干家企业已经将 AI 的安全性作为未来关注议题提上日程，基于 AI 的对抗样本的研究成为功能安全研究的新领域，如图 1-6 所示。

2019 年 9 月，UL 4600《自动驾驶产品安全评估标准》讨论会成功落下帷幕，北京机械工业自动化研究所、腾讯云、北京标研科技发展中心、国家智能商用车

Failure mode	**Hazard**	**Specific situation**	**Hazardous event**	**Possible consequences**	**ASIL**	**Safety goal**	**Safe state**
Unintended parking brake activation	Unexpected deceleration	High speed **OR** taking a bend **OR** low friction surface	Unexpected deceleration at high speed **OR** taking a bend **OR** low friction surface	Loss of vehicle stability	*Higher ASIL*	Avoid activating the parking function without the driver's request when the vehicle is moving	EPB disabled
Unintended parking brake activation	Unexpected deceleration	Medium-low speed **AND** high friction surface	Unexpected deceleration at medium-low speed **AND** high friction surface	Rear end collision with the following vehicle	*Lower ASIL*	Avoid activating the parking function without the driver's request when the vehicle is moving	EPB disabled

图 1-5 HARA 示例

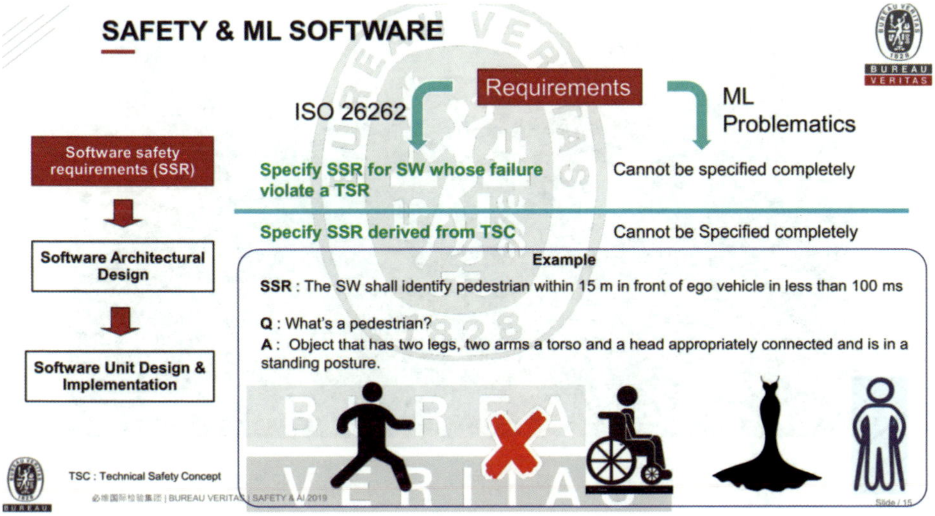

图 1-6　SAE-AWC 2019 部分展示
（注：图片来源于演讲材料 AD SAFETY AI BASED TECHNOLOGIES，HAKIM NYAMPA）

质量监督检验中心、国家市场监督管理总局缺陷产品管理中心、吉利汽车、华为全球认证检测中心、中国标准化协会等 18 家企业和组织出席会议。会议分享了 UL 4600《自动驾驶产品安全评价标准》草案，以及 UL 与北京机械工业自动化研究所在无人驾驶设备领域的标准合作计划。2020 年 4 月，UL 4600《自动驾驶产品安全评估标准》正式发布。

UL 4600《自动驾驶产品安全评估标准》由 UL 的标准开发机构与自动驾驶研究机构 Edge Case Research 合作开发，是第一个针对自动驾驶设备的综合安全标准。该标准旨在为高度自动驾驶设计提供完整的安全评价原则和安全评价体系，为机器学习、感知操作环境和自动驾驶所需的硬件和软件提供安全性及可靠性评估。UL 4600 适用范围涵盖了自动驾驶汽车、自动采矿设备、农业自动化及维修设备、仓库机器人以及无人驾驶飞行器（UAV)。初始版本将专门适用于自动驾驶汽车（SAE 4 级和 5 级自动驾驶汽车以及类似的载货汽车)。UL4600 技术委员会有 30 名左右、来自行业各领域的专家成员参与，包括芯片供货商（英伟达、瑞萨、英特尔和英飞凌）、自动驾驶技术公司及整车厂（优步、蔚来、博世、Argo AI 和 Aurora）以及行业知名专家 Philip Koopman、美国运输部与宾州监理所代表。编者有幸也是 UL 4600 的编委会成员之一，图 1-7 是 UL 4600 亚洲研讨会的截图。

图 1-7　UL 4600《自动驾驶产品安全评估标准》亚洲研讨会

2020 年 6 月，中国汽车电子基础软件自主研发与产业化联盟发起并主办、普华基础软件股份有限公司承办的 2020 首届 6.16 汽车功能安全日活动在线开幕。本次活动主题为“让技术尊重生命”，旨在通过对 ISO 26262、AUTOSAR 等与汽车安全、软件息息相关的标准解读，倡议汽车行业从软件企业到芯片、零部件、整车企业等全产业链关注汽车电子产品的功能安全设计、开发和验证，推动汽车安全水平的提高。

著名计算机软件科学家、中国科学院院士何积丰在开幕致辞中谈道：“新能源汽车的电机、电池系统与传统内燃发动机的技术存在较大差异，国产自主研发的程度较高，一方面给中国的汽车企业带来机会，另一方面在功能安全上还存在一定差距。在国产汽车电子控制系统不断发展的同时，也需要有更加安全的软、硬件产品提供基础性支撑。作为推动新一轮科技革命和产业变革的重要力量，中国要从汽车制造大国向制造强国转变，符合标准的核心技术是当前我国汽车产业发展的关键。对于中国的汽车企业来说，未来几年还可能面对来自欧美对《道路功能安全》国际标准符合性的强制要求。”

2020 年 10 月，在与中国汽车工程学会年会（SAECCE）活动同期的一场关于智能安全的国际峰会 ISC（Intelligent Safety Conference）上，中国汽车工程学会理事长、清华大学教授李骏院士就发表了《China SOTIF： Challenge，Technical Route and Industrial Ecology》的主题演讲，针对国内的自动驾驶预期功能安全问题提出了相关的建议与解决措施（图 1-8）。

李院士提到，好多企业、车企还没有把预期功能安全重视起来，从产品定义到 CAE（计算机辅助工程）分析，到仿真，到系统测试，到整个车辆产品的布局，都没有形成足够的认识。可以看到，国外几乎所有大的公司，如宝马已经公布了它的安全白皮书。目前很多企业现在没有自己的自动驾驶汽车安全白皮书，也就是说这个企业的安全的策略，安全的技术，安全的保障，整个体系还没有建立起来，甚至安全文化也还没有形成，所以新闻界应该大声疾呼。

传统汽车厂商和供应商方面，作为行业领头车企的上汽、北汽、吉利等都纷纷布局功能安全的能力建设及项目开发。2016 年 12 月，上汽乘用车新能源成为国内首个三电电控系统（包括整车控制器、电机控制器和电池管理系统三部分）获得 SGS 的流程体系认证的汽车企业；2018 年 1 月，北京新能源汽车股份有限公司获得了国内首张针对实际车型研发的电动汽车产品功能安全证书，涉及的产品是基于 LITE（C11CB）车型开发的 Powertain 系统，涵盖了电池管理系统（BMS）、电机控制器（MCU）和整车控制器（VCU），安全目标达到 ASIL- C 等级。同一时期，吉利汽车新能源也获得了功能安全流程体系 FSM 证书，该证书的颁发标志着吉利汽车新能源已经按照 ISO 26262 标准，建立起符合功能安全最高等级 ASIL-D 级别的产品开发流程体系；2020 年 3 月，SGS 为东软睿驰汽车技术（沈阳）有限公

图 1-8　关于中国 SOTIF 的主题演讲

司旗下基础软件产品 NeuSAR 颁发了 ISO 26262: 2018 产品认证证书，标志着其开发的 NeuSAR 产品已经按照 ISO 26262:2018 的要求，达到国际先进水平。

新兴自动驾驶领域的公司及芯片厂商也积极推进功能安全认证。2018 年，半导体制造商 ROHM 取得了汽车行业功能安全标准 ISO 26262 的开发工艺认证，这意味着 ROHM 面向车载领域的元器件开发工艺被认定为可满足该标准中的最高安全等级 ASIL-D。2019 年，上海创时汽车科技有限公司获得国内首张基于 ISO 26262：2018 的智能驾驶控制器平台全生命周期功能安全认证证书。2020 年 4 月，千寻位置网络有限公司通过 IEC 61508 和 ISO 26262 功能安全认证，成为国际上唯一同时通过这两项认证的高精度定位服务提供商。对自动驾驶汽车而言，高精度定位是关键性数据服务，不仅要精准，更要可靠、安全，通过 IEC 61508 和 ISO 26262 认证，标志着高精度定位在量产智能驾驶汽车中的应用更加成熟。2020 年 5 月，华为自动驾驶操作系统内核（含虚拟化机制）成功获得业界 Safety 领域最高等级功能安全认证（ISO 26262 ASIL-D），成为我国首个获得 ASIL-D 认证的操作系统内核，同时，该内核已于 2019 年获得 Security 领域高等级信息安全认证（CCEAL5+），标志着华为自动驾驶操作系统内核已成为业界首个拥有 Security & Safety 双高认证的商用 OS 内核。2020 年 9 月，地平线（上海）人工智能技术有限公司通过 ISO 26262 流程认证，该证书为 SGS 全球功能安全技术中心在国内 AI 芯片领域颁发的首张 ISO 26262:2018 证书。

另外，作为国家战略发展的重要组成部分，政府也在积极推进汽车安全中重要组成——功能安全的产业化落地。2020 年 6 月，工业和信息化部装备工业一司组织召开加强新能源汽车安全监管工作会议，目的是加强新能源汽车安全监管，以期保障产业健康可持续发展。会议还明确需要在故障排查、运行监测体系和强制性国家标准三个维度多管齐下，共同打造新能源用车新环境。2020 年 8 月，以“新变局　新挑战　新思路——引领中国汽车新征程”为主题的 2020 年中国汽车论坛在上海召开。论坛上，工业和信息化部装备工业发展中心李艳文发表了演讲。他表示，“随着智能网联汽车先进功能越来越多，集成度、复杂性增加，新安全问题开始凸显，由功能安全和预期功能安全引发的自动驾驶事故比例逐渐增多……智能网联汽车涉及到驾驶权转移之后，自动驾驶技术进一步复杂，在研究基础上，目前正在编制《智能网联汽车功能安全 & 预期功能安全白皮书》”。

第 2 章 安全管理及流程搭建

汽车电子产品研发从最开始的概念设计、架构设计到产品具体开发、生产、报废等环节，都涉及跨领域、跨部门、跨团队的合作。为保证产品整个生命周期内的安全性，安全管理成为必不可少的环节。好的安全管理，可以保证各项安全活动按计划有序开展，参与项目的成员都明确地知道自己的边界及任务，按规定的流程井然有序地开展安全活动。ISO 26262 第 2 部分安全管理章节详细说明了如何开展针对产品全生命周期功能安全开发的安全管理。

2.1 安全管理基本概念

ISO 26262 在标准的开始就规定了功能安全管理的需求，由此可见，功能安全管理对于功能安全开发的重要性。ISO 26262 将功能安全管理划分为功能安全整体管理、项目开发过程的管理和产品发布后的管理三部分，核心理念是将安全作为一个产品进行管理，如图 2-1 中红色虚线框所示。

将 ISO 26262 第 2 部分展开之后，功能安全管理覆盖设计、生产和售后，如图 2-2 所示。

2.1.1 功能安全整体管理

功能安全整体管理侧重于整个公司层面的管理，不针对具体的项目及产品，体现了公司级别的功能安全管理水平。功能安全整体管理规定了开发功能安全产

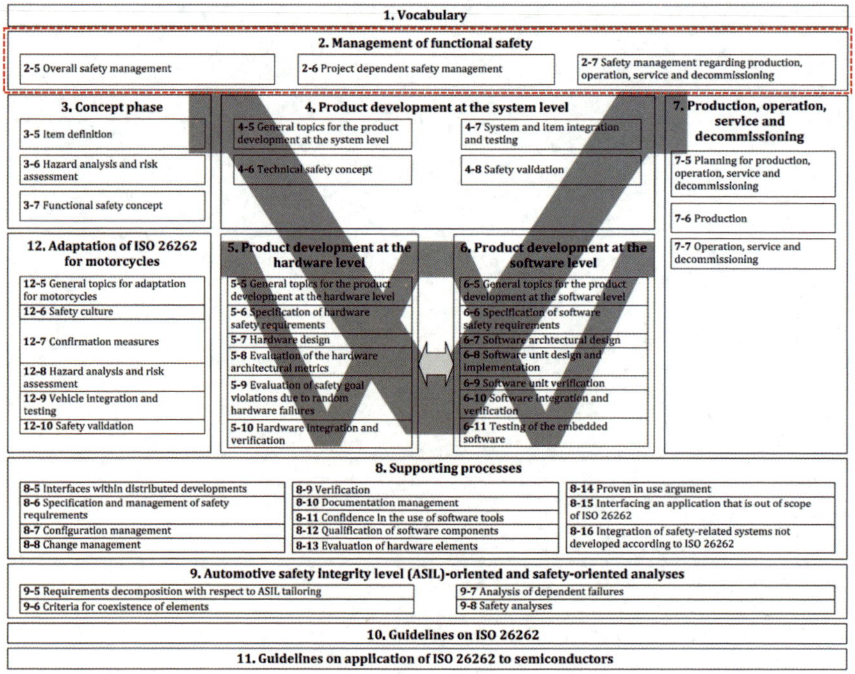

图 2-1　ISO 26262 流程总览

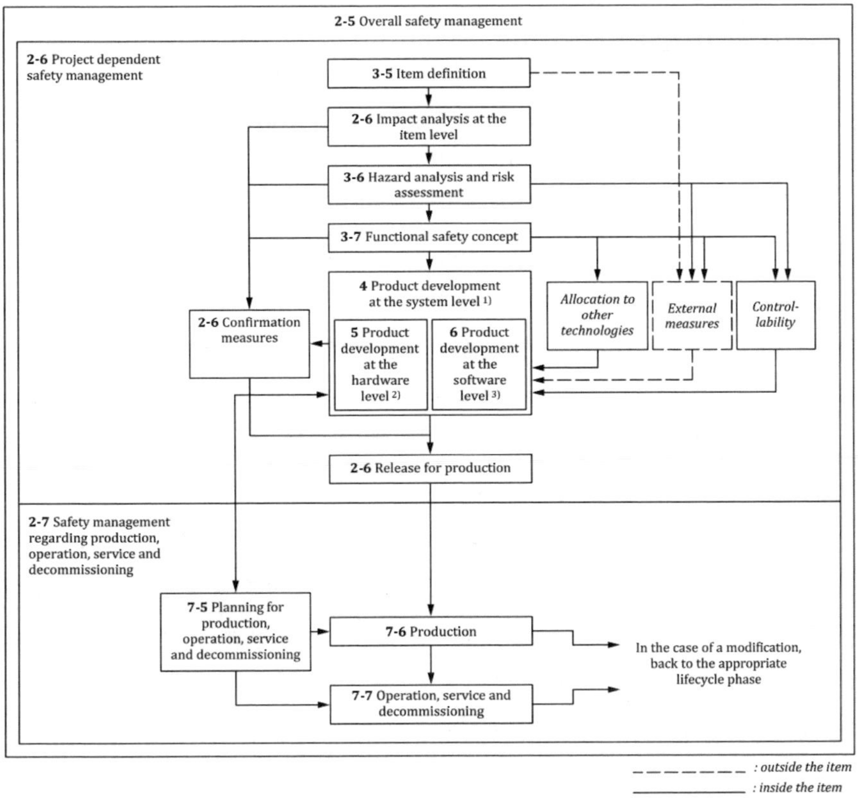

图 2-2　功能安全管理流程

品需要的整个公司层面所具备的基本条件，包括安全文化、开发人员能力和质量管理体系等。

1. 安全文化

公司的文化是一个企业的灵魂，公司文化包含着非常丰富的内容，包括公司愿景、公司使命、文化观念、价值观念、公司精神、公司的开发及业务流程等，安全文化属于公司文化中的一部分。良好的安全文化，从整个公司层面提供利于安全开发的环境，并要求所有参与产品开发的人员都有相应的安全意识，按照流程做事，提倡有利于提升产品安全的活动。

良好的功能安全文化包括：在公司层面，有清晰的组织架构支撑功能安全开展，并且确保有足够的资源投入到功能安全开发中；有完整的功能安全培训（图 2-3）；流程定义或项目运作机制中明确授予功能安全经理相应的权利。

欠佳的功能安全文化包括：认为功能安全开发只会增加工作量，影响项目进度；认为功能安全仅仅是方法论和文档工作，对实际产品安全无帮助；应用功能安全应用之后，影响车辆的可用性；功能安全仅仅是宣传手段，没什么实际价值。

实际上，对于准备开展或希望深入落实功能安全的公司而言，为确保功能安全的有效实施，从以下几个方面提升安全文化是需要优先考虑的：

➢ 设置全职的功能安全经理，而非兼职或者功能安全专家辅助项目经理。

➢ 项目计划中明确定义功能安全的开发节点；节点的表达形式虽不需要完全符合 ISO 26262，但阶段性交付物及相应的审核应满足 ISO 26262 要求。

➢ 功能安全工程师要开展项目中仿真、分析、测试类的工作，而非仅仅是指导、培训、审核类的工作；如果考虑内部转岗，建议优先从系统工程或者软硬件开发工程师中选拔，而非仅仅从体系或质量管理人员中选拔。

➢ 功能安全团队独立设置，功能安全团队的领导需要来自公司高层。

➢ 安全类的问题需要有专门的分析解决跟踪流程，无论是研发还是生产。

图 2-3　功能安全培训

2. 开发人员能力

对于参与功能安全开发的人员，需要有相应的能力要求。如果开发人员不具备相应的能力，应提供适当的培训课程帮助其提升能力。如果条件允许，可以通过 TÜV 等专业培训机构进行功能安全培训，并取得相应的开发资质，例如功能安全 AFSP（Automotive Functional Safety Professional）。只有具备相应能力的人员从事功能安全开发，才能保证功能安全落地实施。

以下是供公司参考的两种功能安全负责人的技能模型。当然，实际过程中，选拔和招聘方向是更加多样化的。

➢ 技术型安全经理：拥有具体的软件及硬件嵌入式开发经验，至少包含一方面完整的量产项目全生命周期经历；掌握系统性失效分析方法或者工具，如 HARA/FTA/FMEA/FMEDA/STPA 等；掌握嵌入式系统内外部故障注入测试。

➢ 管理型安全经理：拥有项目管理或产品管理的实践经验，至少包含一个完整的量产项目全生命周期经历；掌握质量管理或失效分析的工具及方法论，如鱼骨图/5W1H/8D/DFMEA/PFMEA 等；能借助结构功能树有效处理变更管理及影响分析。

3. 质量管理体系

质量管理体系是功能安全开发的基础，尤其是针对生产环节而言，公司内部应具有专门的质量管理部门，负责功能安全开发中的质量审查。一般来说，汽车领域企业需要符合 IATF 16949 质量管理体系标准，如图 2-4 所示。

Certificate IATF 0352044
Certificate SGS TW19/10170
The management system of
Arima Lasers Corp.
9F, No. 458, Pingzhen sec., Zhongxing Rd., Pingzhen Dist., Taoyuan City 32460, Taiwan (R.O.C.)
has been assessed and certified as meeting the requirements of
IATF 16949:2016
Edition 1
For the following activities
manufacture of laser diodes(LD)
EXCLUSIONS: 8.3 product Design
3 Year certification is valid from 21 March 2019 until 20 March 2022 and remains valid subject to satisfactory surveillance audits.
Version no.01 Current version updated 21 March 2019
Authorised by

图 2-4 IATF 16949 证书（华信光电）

2.1.2 项目开发过程的管理

项目开发过程的管理侧重于针对具体项目开发应如何进行安全管理，包括项目开发组织架构、项目层面的影响分析、安全计划、安全档案、安全审核和产品发布等环节。

项目开发过程中的功能安全管理，

需要确定开发人员、开发范围、安全计划、功能安全交付物管理和功能安全审核。

1. 开发资源管理

项目开发需要建立在一定的人力、物力的基础上，在项目开发启动后，功能安全经理需要确认公司能够提供足够的资源用于和支持功能安全开发。

2. 影响分析

对于不是全新开发的项目或者沿用成熟的部件，需要确认是否适用于当前的项目。需要进行影响分析，评估与当前项目需求之间存在的差异，确定需要重新进行开发的部分。

影响分析是功能安全开发乃至产品开发中最重要也是很容易被企业轻视的部分，当产品改型或者平台化应用时，一定要注意影响分析的开展。同时，影响分析并不是只依靠功能安全经理或者只针对系统层面的初步估计，而是由系统层面评估开始，一直到具体的软件、硬件、测试、生产等全环节的分析。若影响分析不够深入，非常容易造成新产品反而比老产品存在更多的安全问题和隐患。

3. 制订安全计划

功能安全经理需要与项目经理一起制订安全计划，针对功能安全开发要求的必要活动都有详细的开发计划，并按计划推进项目开发活动。实际开发过程中，由于各种因素的影响，项目计划或多或少会在开发过程中进行适当调整，功能安全经理需要协调各方进行确定，确保更新后的计划的可执行性。

安全计划也是功能安全产品开发的一个重要环节，对跟踪产品的安全开发进度、安全问题管理及整体把控都具有指导或基础作用。在制订安全计划过程中，除了定义详细的安全活动外，还需要确定确认及验证（Verification&Validation）计划、避免系统性失效的措施。

4. 安全档案管理

功能安全开发过程中，在不同阶段会产出大量的交付物，项目最终完成后，功能安全交付物少则几十份，多则上百份，用于提供证据表明项目符合相应的功能安全等级，同时以备未来的追溯性跟踪。在开发过程中，应尽量避免在开发结束后集中收集交付物。比较好的习惯是分阶段管理安全交付物。每个阶段完成后，功能安全交付物进行统一管理，并且与功能安全标准要求对应。这部分的开展和审核也是功能安全经理需要着重关注的。

5. 功能安全认可措施

功能安全认可措施包括认可评审、功能安全审核和功能安全评审。对于不同 ASIL 等级的产品，ISO 26262 规定需要进行不同独立级别的认可措施。对于 ASIL-C/D 等级的产品，要求不是来自同一团队的成员进行认可措施，也可以通过第三方团队进行审核或者评估。

企业开展功能安全审核过程中，可以考虑以下两种方式：

➢ 中小企业：建议采用借助第三方认证机构的方式开展，可以考虑全部委托第三方评审或者关键安全交付物（客户或用户非常关注的部分，如方案架构、安全需求、安全验证等）委托的方式。

➢ 大型企业：建议以企业内部跨领域的评审开展为主，企业内部需要培养多名内部评审员及建立跨领域专家委员会支持评审活动；如果希望借助第三方认证机构评审的话，可以双方共同制定委外评审模板，这样有利于大型企业多项目、多产品的经验复用。

2.1.3 产品发布后的管理

产品发布后的安全管理是 ISO 26262 与其他标准不同的部分，ISO 26262 不仅仅关注开发过程中的安全，同时也考虑了产品开发完成后的安全管理。产品发布后的安全管理主要涉及产品开发结束后到生产、运行、维护和报废阶段的安全管理活动，包括指定专人负责、制订产品发布后的安全计划、变更后的产品发布更新等。

1. 生产阶段的管理

生产阶段需要考虑生产过程中可能出现的错误，汽车电子产品通常需要在生产线上进行程序刷写、下线自学习等，如果程序刷写错误或者下线自学习等重要环节出错，则可能影响产品的安全。因此，需要对生产阶段进行安全管理，确保符合安全要求的产品才能出厂。这一部分是很多企业开展功能安全时容易忽视的，尤其是当产品中软件或者固件版本依靠配置数据变更时，生产阶段的安全管理尤其重要。

2. 运行和维护阶段的管理

汽车在整个生命周期内，需要进行维护，在车辆故障的情况下进行维修。如果保养或者维修过程中没有按照正确的方法进行操作，也可能存在风险，比如高压触电、安全气囊误动作等。因此，运行和维护阶段的安全管理需要进行的工作包括确保维修人员经过专业的培训、按照规定的流程进行维修等。

3. 报废阶段的管理

在产品生命周期结束阶段，报废过程也可能存在一定的风险，比如新能源电池包拆解过程中，存在高压触电、电池包起火等风险。因此，该阶段的安全管理涉及需要让有资质的专业回收公司进行回收，确保产品在回收过程中不引起风险。

2.2 ISO 26262 与 ASPICE 结合

一个产品完整的功能安全开发，包括安全开发流程与技术手段两个部分。安全开发流程等同于如何开展功能安全管理。ASPICE 作为国内外多数汽车企业使用的软件开发流程，与 ISO 26262 要求具有很多相似与借鉴处，评估模型参考图 2-5。因此，在建立 ISO 26262 开发流程前，优先建立 ASPICE 流程，或者同时实施符合 ASPICE 与 ISO 26262 的开发流程，已成为当前多数企业的实施方向。

2.2.1 ASPICE 基本概念

ASPICE 全称是汽车过程改进及能力评定，是汽车行业用于评价软件开发团队的研发能力水平的模型架构。最初由欧洲 20 多家主要汽车厂商共同制定，目的是为了指导汽车零部件研发厂商的软件开发流程，从而改善车载软件的质量。

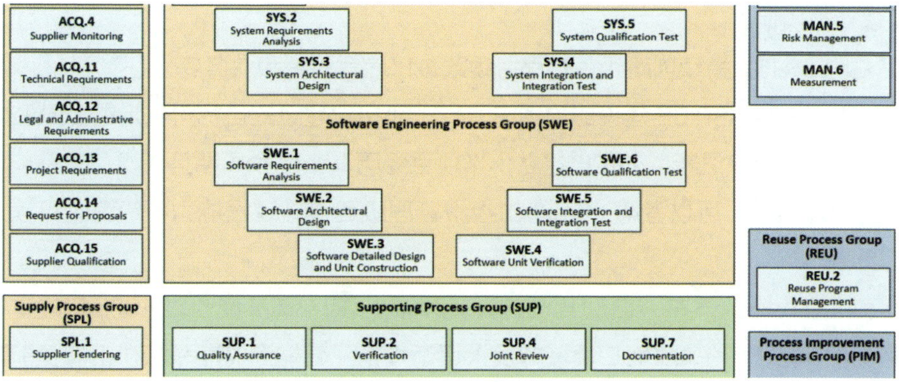

图 2-5　ASPICE 过程评估模型（Version 3.0）

ASPICE 详细定义了汽车软件工程所涉及的所有过程，通过保证过程质量以及持续优化，确保最终交付的产品质量。ASPICE 第一个版本于 2005 年发布，经过不断更新迭代，2017 年已经发布了 3.1 版本。ASPICE 将企业的研发能力分为 6 级，从 Level0~Level5，Level0 为最低级，Level5 为最高级。级别越高，代表企业的能力越强，交付高质量产品的能力越强，能力模型如图 2-6 所示。

ASPICE 的不同等级含义对于公司建设而言，可以做如下总结：

➢ Level0：不完整。过程未实施，或未能实现其过程目的，或者实施失败。在这个层面上，几乎没有证据表明系统地实现了过程目的。

➢ Level1：过程执行。实施的过程实现了其过程目的，达到了目标。

➢ Level2：项目管理级。已执行的过程是被管理实施的，执行的过程能够被有效地控制，能够建立、控制和维护其工作产品。

➢ Level3：组织管理级。组织级别进行了标准过程的定义，不同的项目基于已定义的标准过程进行裁剪，均能达到建立、控制和可维护的工作产品。

➢ Level4：可预测级。纳入评估的流程已经可以量化，并且经过统计分析，

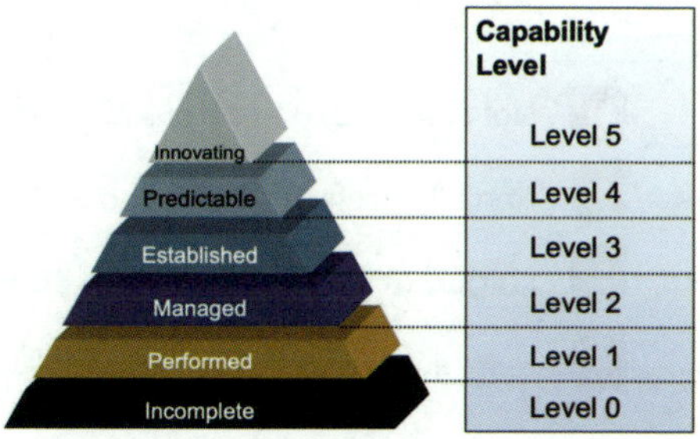

图 2-6　ASPICE 能力等级

可以适当纠偏。

➢ Level5：持续创新级。过程持续改进以应对组织和业务变化。

对于开展 ASPICE 建设的公司来讲，一般初次建设的目标可以定在 Level2，结合一个项目来进行 ASPICE 建立；当项目经历一个生命周期且人员、体系能力全面提升之后，可以考虑 Level3 的组织管理级建设。过程能力等级评定可以参考图 2-7。

随着新能源汽车、自动驾驶的迅速发展，国内汽车企业对 ASPICE 的重视度也逐渐提升，在 ASPICE 领域的投入逐渐增多。新能源汽车领域，上海捷能在 2013 年 10 月成为国内首家通过 ASPICE CL2 认证的企业。自动驾驶领域，千寻位置在 2019 年 1 月通过 ASPICE CL2 认证；百度 Apollo 高精地图在 2019 年 10 月通过了 ASPICE CL2 认证；四维图新在 2014 年通过了 ASPICE CL3 认证，是国际上第一家通过 ASPICE 组织级成熟度三级认证的地图厂商。

	PA1.1	PA2.1	PA2.2	PA3.1	PA3.2	PA4.1	PA4.2	PA5.1	PA5.2
L5	F	F	F	F	F	F	F	L/F	L/F
L4	F	F	F	F	F	L/F	L/F		
L3	F	F	F	L/F	L/F				
L2	F	L/F	L/F						
L1	L/F								

N Not achieved: 0 to ≤ 15% achievement

P Partially achieved: > 15% to ≤ 50% achievement

L Largely achieved: > 50% to ≤ 85% achievement

F Fully achieved: > 85% to ≤ 100% achievement

图 2-7 过程能力等级评定
（图片来源：https://me.csdn.net/SystemEngineeringLab）

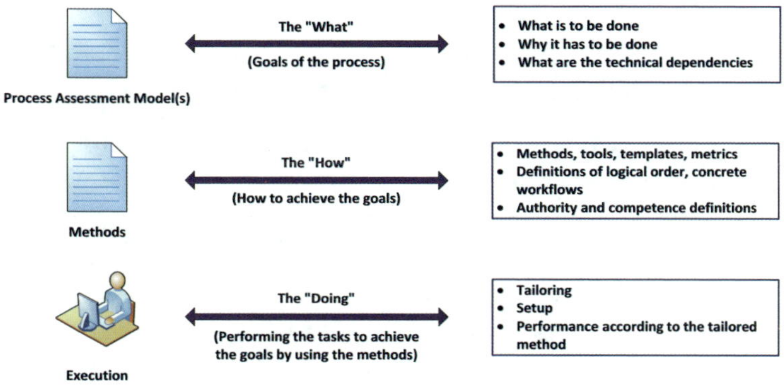

图 2-8 ASPICE 过程评估模型

ASPICE 过程评估模型主要有以下三个级别（图 2-8）：

➢ 第一层级“What”：要求明确目标，包括做什么，为什么要做，技术关联性。

➢ 第二层级“How”：如何达到目标，也就是怎么做，包括用什么方法、工具、模板、定义工作流、逻辑顺序等。

➢ 第三层级“Doing”：应该怎么用第二层次的方法做来满足目标，具体包括裁剪、裁剪后的方法。

2.2.2 ISO 26262 与 ASPICE 的区别

ISO 26262 与 ASPICE 的区别主要从适用对象、适用范围、标准内容及实施前提等方面进行对比，具体如表 2-1 所列。

2.2.3 ISO 26262 与 ASPICE 结合的意义

从 ISO 26262 与 ASPICE 的适用范围来看，ISO 26262 覆盖了产品的整个生命周期，从概念设计到报废；ASPICE 覆盖的范围相对要小一些，包括嵌入式软件的系统层面以及软件层面的开发范围（图 2-9）。对于领先的汽车厂商而言，汽车安全性和软件定义汽车这两个话题在自动驾驶、智能网联时代都是空前的重要，因此，ISO 26262 与 ASPICE 的结合势在必行。

表 2-1 ISO 26262 与 ASPICE 对比

体系名称	ISO 26262	ASPICE
适用对象	乘用车、卡车、摩托车的电子电气系统	嵌入式软件系统
适用范围	整个产品生命周期	项目生命周期
标准内容	方法论，对于开发有一定的方法指导	集中在需要做什么、没有规定如何达到
实施前提	基于 IATF 16949	基于 IATF 16949

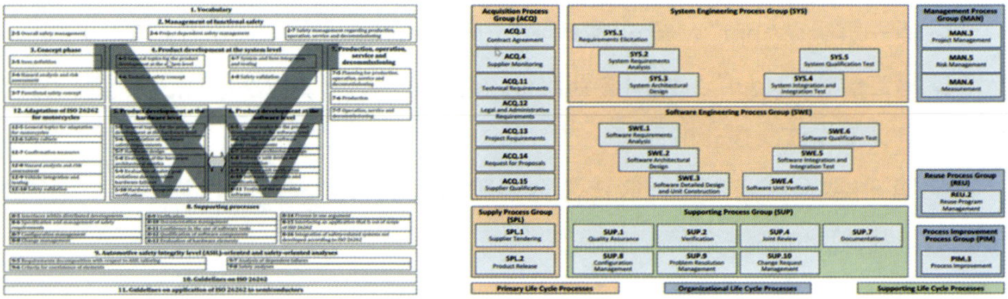

图 2-9 ISO 26262 与 ASPICE 架构对比

ISO 26262 与 ASPICE 在管理、系统开发层面和软件开发层面的重合度较高，如果在 ASPICE 体系基础上引入 ISO 26262，可以将 ISO 26262 要求的部分融入 ASPICE 中，建立同时满足 ASPICE 和 ISO 26262 的流程体系，确保开发的产品满足 ISO 26262 要求（图 2-10）。

瑞典功能安全过程评估模型标准 SS 7740 借鉴了 ASPICE 的过程评估模型，在该标准中，功能安全过程模型可以复用大部分 ASPICE 过程模型，这对于已经有 ASPICE 开发能力的企业，可以在此基础上进行增加，并根据不同的 ASIL 等级进行适应性调整，利用现有的资源，减少开发的工作量（图 2-11、图 2-12）。

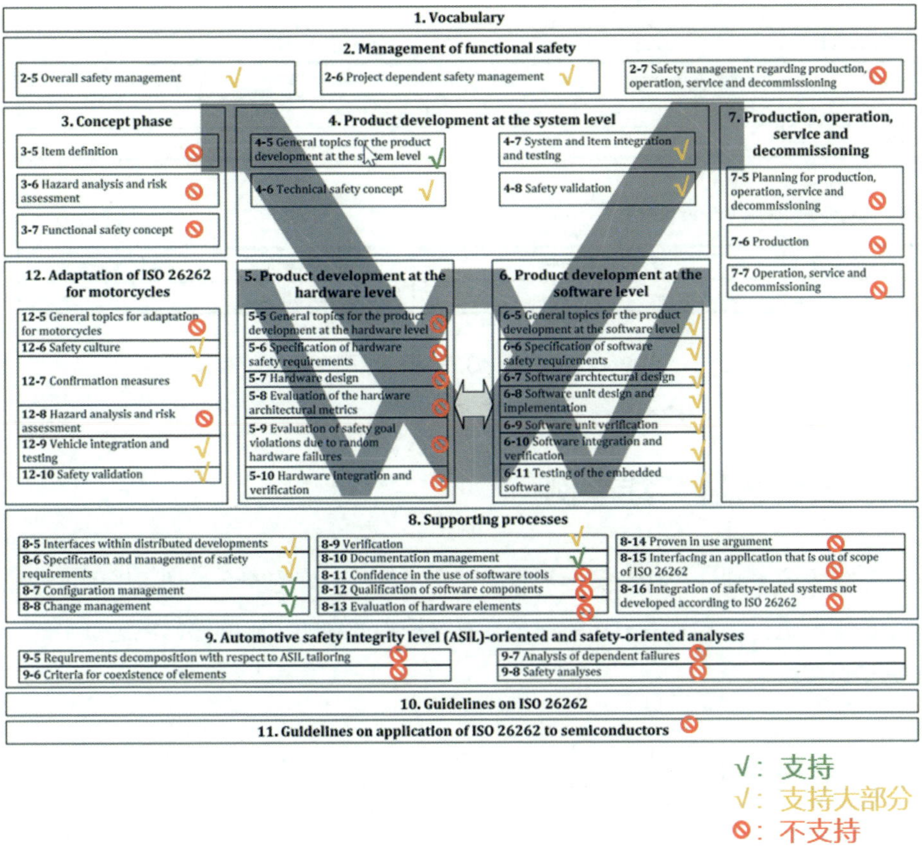

图 2-10 ASPICE 对 ISO 26262 的支持

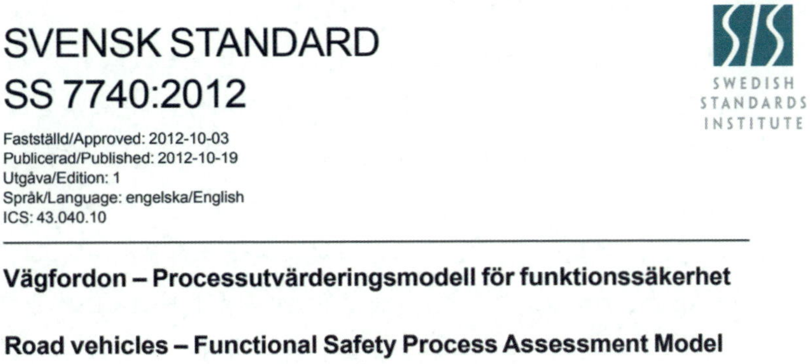

SVENSK STANDARD
SS 7740:2012

Fastställd/Approved: 2012-10-03
Publicerad/Published: 2012-10-19
Utgåva/Edition: 1
Språk/Language: engelska/English
ICS: 43.040.10

SWEDISH STANDARDS INSTITUTE

Vägfordon – Processutvärderingsmodell för funktionssäkerhet

Road vehicles – Functional Safety Process Assessment Model

图 2-11 功能安全过程评估模型

5.3.2 **Acquisition Process Group (ACQ)**

Process ID	Process Name	Categorization	ASIL Dependent
ACQ.3	Contract agreement	Reused from ASPICE	No
ACQ.11	Technical Requirements	Reused from ASPICE	Yes
ACQ.13	Project Requirements	Reused from ASPICE	No

5.3.3 **Supply Process Group (SPL)**

Process ID	Process Name	Categorization	ASIL Dependent
SPL.2	Product release	Reused from ASPICE	No

图 2-12 SS 7740 部分过程评估模型示例

2.3 安全管理实践举例

功能安全管理涉及功能安全开发的整个过程，良好的安全管理可以保证功能安全的顺利进行。本节基于功能安全开发过程中遇到的实际问题，挑选其中的一部分予以探讨。

2.3.1 安全文化

ISO 26262 虽然描述了什么样的现象是良好的安全文化，但是并未讲述如何才能形成安全文化，而功能安全文化的关键恰恰就在后者。一家公司具有的功能安全文化，在一定程度上也体现了公司的价值观。

在目前功能安全尚未成为强制标准的情况下，主机厂（OEM，Original Equipment Manufacturer）为保证功能安全能够顺利开展，只有从公司层面将功能安全作为整体的目标，制定公司级别的功能安全政策和流程，才有可能顺利推进功能安全的进行。

功能安全文化的建立，需要公司具备开展功能安全的决心并加以重视，保证有足够的资源投入。不仅仅是人力资源，在资金上也需要有保证。否则，在没有标准、法规压力的情况下，功能安全很容易夭折或者遇到执行不力的情况。除了公司高层的决心与重视外，对于参与具体功能安全开发的人员，也需要对功能安全开发有统一的认识，在公司内部对参与的人员进行不同层次的功能安全培训，让功能安全深入人心，融入每个开发人员的日常工作过程中。

对于公司初次搭建功能安全团队或是希望改善安全文化，可以参考表 2-2 中的建议，其中“++”表示强烈建议，“+”表示推荐考虑。

2.3.2 安全计划

安全计划是功能安全开展活动的起点，也是确保对于功能安全的开展实施是完善、清晰和可控的前提。通俗地来理解，安全计划可以看成是功能安全作为一个产品的项目计划。安全计划一般由功能安全经理参考项目计划编写。

安全计划需要清晰地展示出功能安全开展的总体任务，这部分来源于 ISO 26262 的各项活动及活动的交付物；每一项活动需要有相关的负责人，同时，交付物应该明确交付形式，如文档、计算结果还是分析文件；对于每一项活动，应

表 2-2 安全文化搭建建议

类别	参考条目	推荐程度
组织架构	项目中设置专职的安全经理	++
	系统工程师与功能安全工程师独立团队	++
	安全经理与项目经理独立汇报线路	++
	引入功能安全专家参与项目评审	+
	引入第三方机构参与项目评审	+
流程建立	功能安全有明确的时间节点	++
	功能安全时间节点影响产品实际进度	++
	功能安全评审独立于项目评审	+
问题解决	安全问题与一般问题处理路径和关闭方式独立	++
	每一个安全问题都应该转化为经验教训总结	+

该清晰地知道时间范围和前提条件，如功能安全概念需要在 HARA 分析之后开展。

对于一个功能安全项目刚刚启动时，安全计划应该重点放在里程碑、实施阶段和内外部交互上。安全计划阶段划分如图 2-13 所示。

2.3.3 影响分析

在功能安全开发中，影响分析具有重要作用。在 ISO 26262 中，需要进行影响分析的主要有 3 个层面，分别是相关项层面、要素开发层面和变更管理层面。

相关项层面需要进行影响分析的，主要包括修改已有系统设计、实现方式的变更与使用环境的变更。

➢ 通过修改已有的系统设计以适应新的应用，这种情况通常发生在将成熟的产品进行应用的时候，需要进行小范围修改。

➢ 通过更改实现的形式，满足已有的需求，这种情况一般出现在切换不同的供应商时。

➢ 使用环境的变化，比如针对某地区销售的车型，如果计划往其他地区进行销售时。

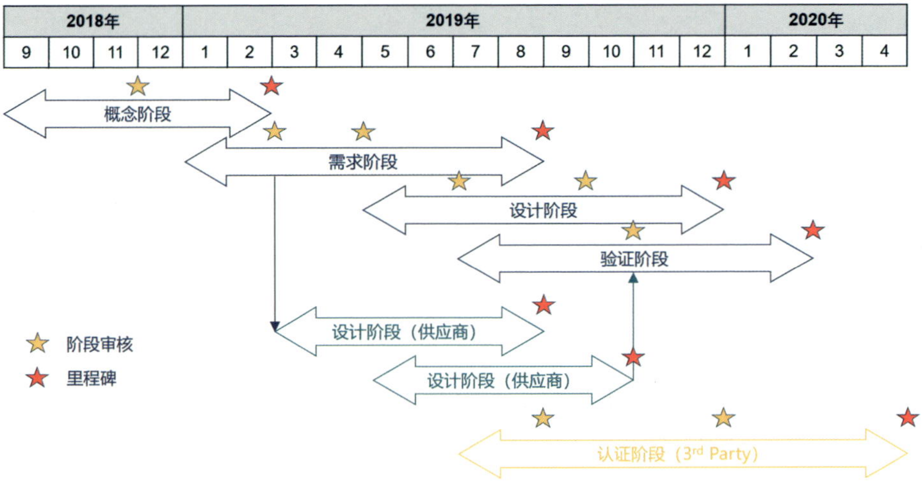

图 2-13 安全计划阶段划分示例

以上 3 种情况都需要进行影响分析评估，识别变更项对功能安全的影响，同时根据评估结果，确定安全活动的变更。

要素开发层面的影响分析，主要包括复用已有的要素，如硬件要素、软件组、在用证明、SEooC（Safety Elements out of Context）。需要评估已有的要素是否符合分配到的安全需求，已有的安全文档是否足以支撑将要素集成到所需要开发的系统中。

变更管理层面的影响分析，主要使用于在设计锁定后，针对在验证、售后环节出现的问题触发的变更进行影响分析，确定需要变更的范围、变更的影响，以及变更后的验证。

对于开展功能安全影响分析，可以建立如表 2-3 所列的影响分析索引表。

表 2-3　功能安全影响分析示例

变更类型	相关工作产出分析	
	示例引导问题	工作产出影响示例
产品应用环境变更	这个产品要应用到寒冷的地区	Safety Concept Hazard Metric Translation V&V Plan/Test Cases
危害或需求变更	这次变更影响到更改功能安全需求	Safety Concept Hazard Metric Translation Interface Analysis Traceability Matrix FMEA/FTA V&V Plan/Test Cases
硬件变更	某一个器件更换了型号	FMEA/FTA/FMEDA V&V Plan/Test Cases
软件变更	某一个软件更换了输出信号范围	FMEA V&V Plan/Test Cases
标定或配置变更	通过标定关闭了启停功能	Safety Concept Hazard Metric Translation Interface Analysis Traceability Matrix FMEA/FTA V&V Plan/Test Cases

2.3.4 功能安全裁剪

功能安全实际开发过程中，在公司层面和项目层面都可能涉及功能安全活动的裁剪，以适应公司具体的开发活动。

公司层面的裁剪，主要受到公司开发的产品的开发限制。作为 OEM，如果仅负责概念层面的开发和生产环节，那么，可以裁剪掉系统开发、软件开发和硬件开发阶段的工作，将这 3 部分外包给供应商进行开发。OEM 仅负责对供应商开发过程进行审核和批准。如果是一级供应商（Tier 1）仅负责开发控制器硬件，可以在公司层面将硬件开发之外的安全活动进行适应性裁剪。

项目层面的裁剪，与具体项目开发有关系。如果是已经开发好的平台化方案在不同车型中的应用，需要根据影响分析结果，对安全活动进行适应性的裁剪。在分布式开发项目中，OEM 或者 Tier1 通常会进行分工合作，各自仅负责部分功能安全开发活动。针对这种情况也可以进行适应性裁剪。

2.3.5 上下游交互的开发接口协议要求

对于新能源汽车和自动驾驶系统的开发，通常需要多方参与，甚至还要涉及 Tier2 / Tier3。在 ISO 26262 中规定，OEM 可以将部分功能安全开发任务委托给供应商开发。在实际开发过程中，上、下游之间的合作方式根据分工的不同，以 OEM 与 Tier1 示例，大致可以分为表 2-4 中所列的 3 种常见方式。开发接口协议（DIA，Development Interface Agreement）中通常需要规定安全活动、OEM/Tier1 职责、信息交互、完成时间等细节，如表 2-5 所列。

表 2-4 功能安全合作开发模式

配合方式	概念阶段	系统阶段	软硬件阶段	系统验证	整车验证
方式 1	OEM	Tier1	Tier1	Tier1	OEM
方式 2	OEM	OEM/Tier1	Tier1	OEM/Tier1	OEM
方式 3	OEM	OEM	OEM/Tier1	OEM	OEM

表 2-5　DIA 示例

DIA-C1	DIA-C2	DIA-C3	DIA-C4	DIA-C5	DIA-C6	DIA-C7	DIA-C8
ISO 26262	安全活动	工作产出物	OEM	Tier1	数据传递	审核	时间
Part4.6	系统开发	技术安全需求	R	S	OEM → Tier 1	Onsite Review	20XX 年 XX 月
Part4.7	系统测试	测试报告	A	R	Tier1 → OEM	Original Document	20XX 年 XX 月
…	…	…	…	…	…	…	…
部分说明： 1.C1—C3 源于 ISO 26262 标准定义和交付物定义； 2.C4—C5 是对于双方责任的划分（配合完成功能安全活动的方式），可以是负责与支持、负责与审核等； 3.C7 是审核方式，可以是交付源文件、在线审核、支持测试、委托第三方审核等							

2.4 功能安全审核实战

功能安全管理审核实战如表 2-6 所列。

表 2-6 功能安全管理审核手册实例

条款	题目	目标及交付物	编号	条款	交付要点	评判问题	评判结论
5	Overall safety management	The objective of clause 5 is to define the requirements on the organizations that are responsible for the safety life cycle, or that perform safety activities in the item's safety life cycle. This clause serves as a prerequisite to all the activities, in the item's safety life cycle.	5.4.2	Safety Culture	公司需要展示出安全文化的最高优先级，展示出产品的早期阶段可以发现并解决安全和质量问题	公司的功能安全流程是如何定义的，如何落实的，如果被跟踪保证的	满足
						是否存在支持沟通和决策的渠道，管理层是否鼓励使用这些渠道	满足
						安全异常解决流程的执行和维护是如何升级的	满足
						持续改进过程的执行和维护情况如何？例如经验教训总结、最佳实践等	部分满足，存在较小差距
						如何确保执行或支持安全活动的人员有足够的权力履行其职责	部分满足，存在较小差距
			5.4.3	Competence management	相关资源应分配给安全活动，技术人员具有与分配的活动相称的能力	如何保证参与项目的人员根据其角色和职责具有足够的技能和能力 a）职业教育 b）技能 c）技能经验 d）安全相关项目经验 e）培训及相关考试	满足

		5.5.1 Organization-specific rules and processes for functional safety, resulting from 5.4.2 to 5.4.6. 5.5.2 Evidence of competence management, resulting from 5.4.4. 5.5.3 Evidence of a quality management system, resulting from 5.4.5 and 5.4.6. 5.5.4 Identified safety anomaly reports, if applicable, resulting from 5.4.3	5.4.4	Quality management during the safety life cycle	公司应证明开发部门、生产部门和质量部门按照符合质量管理标准（ 如 ISO/TS 16949、ISO 9001 或同等标准）的运行质量管理体系开展工作	哪些证书适用于开发现场和生产现场？证书的有效期是多少？ 哪些成熟的质量管理流程被应用到公司？例如 IPD、GVDP	部分满足，存在较大差距
			5.4.5	Project-independent tailoring of the safety life cycle	公司应根据开发的产品（项目、系统、传感器、ECU 或传感器）说明是否实施了独立项目	公司是如何进行功能安全裁剪的： a）子阶段、活动或任务可以合并或拆分 b）活动或任务可以在不同的阶段或子阶段执行 c）活动或任务可以在添加的阶段或子阶段执行 d）阶段或子阶段可以迭代	满足

第 3 章　风险评估及概念设计

功能安全的核心思想在于如何避免电子电气系统发生失效后造成驾驶员或车辆周围人员的人身伤害（如汽车出现反向移动撞倒或碾压行人），电池控制导致失火引起人员烧伤、触电，转向控制异常导致撞车或者翻车等。因此，识别风险、评估风险是功能安全开发的顶层架构，也是关键要素。识别风险、评估风险全面考量系统性、全面性思维的能力，既往失效案例、产品应用场景、近似产品安全问题等均是分析判定的重要参考。同时，如何量化风险指标，将危害和系统进行关联都是风险评估及概念设计部分需要设计开发的。

3.1 危害定义及量化分析

3.1.1 车辆非预期加速 / 减速

1. 真实案例分析

随着电气化的发展，汽车上所应用的电子电气系统数量逐渐增多。电气化在汽车领域的应用，给用户带来了智能化、电动化便利的同时，电子电气系统或部件的失效所带来的风险也对汽车行业发展提出了巨大的挑战。比如 2009 年发生的丰田汽车“刹车门事件”，因电子节气门控制系统的软件设计不合理存在安全隐患引起刹车失灵进而导致车辆加速失控，最终，丰田召回近 70 万辆故障汽车。图 3-1 所示为还原丰田“刹车门事件”模拟测试数据截图。据 NHTSA（美国国家公路交通安全管理局）不完全统计，在 2000—2010 年的 10 年间，先后有 89 人因丰田汽车的“非预期加速”而丧生，此外，还有 57 人因此而重伤，与此相关的用户抱怨则高达 6 200 例。

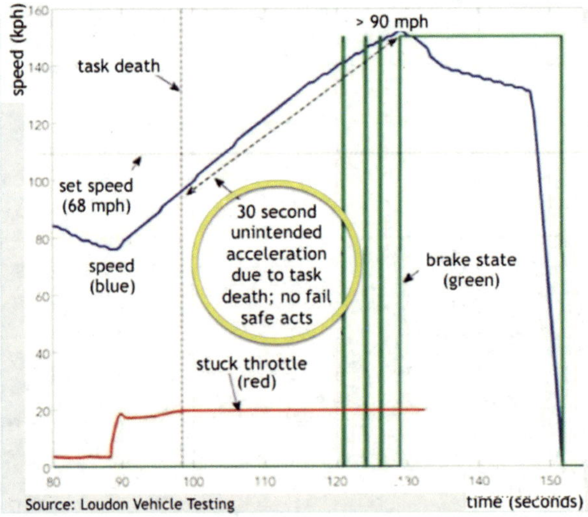

注：蓝色曲线代表车速，红色曲线代表节气门的角度，绿线是刹车，二进制状态分别代表开和关。横、纵轴分别代表时间和车速标度。通过注入特定的故障，意外加速 UA 在整车测试阶段成功复现。

图 3-1 还原丰田“刹车门事件”模拟测试数据截图
（图片来源：https://mp.weixin.qq.com/s/DKEPDcQcbeopNHgoHk3eZg）

另外，对于快速发展的自动驾驶领域，不得不谈近些年频出的特斯拉的自动驾驶事故。2016 年，特斯拉车主在美国佛罗里达州驾驶 MODEL S 在转弯时撞上了一辆卡车。事故车辆行驶时，自动驾驶处于开启模式，但在强烈的日照条件下，自动驾驶系统由于系统的预期外场景发生，导致未能识别出拖挂车的白色车身，因此未能及时启动刹车系统，从而导致事故的发生（图 3-2）。

车辆的“加速失控”等事件主要是由于车辆驱动相关的电子电气系统的系统故障或电子电气部件的随机失效引起的。与此同时，预期外的设计和应用场景同样会导致无法有效控制车辆。在功能安全的风险识别过程中都需要综合考虑，随着自动驾驶的全面应用，预期外的设计和应用场景带来的风险会进一步加剧，感知系统、电子节气门系统、刹车优先系统、巡航系统以及新能源汽车的电机驱动系统、整车控制系统全部都是风险分析中不可缺少的环节。

2. 典型的动力驱动系统组成介绍

典型的电气化汽车（包含 ADAS 功能）动力驱动系统包括辅助驾驶系统、挡位管理系统和动力控制系统。辅助驾驶系统，主要是指随着智能化的应用，辅助驾驶员驾驶、提升驾驶品质的系统，典型的如自适应巡航系统（ACC）、自动紧急刹车系统（AEB）、挡位管理系统（SCU）、交通拥堵辅助系统（TJA）和高速公路辅助系统（HWA）等，这些辅助驾驶系统会对动力驱动系统的控制存在干预，即代替驾驶员执行部分驾驶操作。

图 3-2　发生事故碰撞后的车辆

（图片来源：Collision Between a Car Operating With Automated Vehicle Control Systems and a Tractor-Semitrailer Truck Near Williston, Florida May 7, 2016）

图 3-3 为典型动力驱动控制系统架构示意，各系统的功能简述如下：

（1）自适应巡航系统（ACC）：通过车辆前部的测距传感器和车速信息，与制动防抱死系统（ABS）、整车控制系统（VCU）协调动作，自动实现跟车加速、减速等功能。

（2）自动紧急刹车系统（AEB）：使用雷达测出与前车或者障碍物的距离，然后利用数据分析模块将测出的距离与警报距离、安全距离进行比较，小于警报距离时就进行警报提示，而小于安全距离时即使在驾驶员没有来得及踩制动踏板的情况下，AEB 系统也会启动，使汽车自动减速制动，从而为安全驾驶保驾护航。

（3）挡位管理系统（SCU）：根据驾驶员的请求结合当前系统的状态，输出合适的挡位请求，一般包含“P/R/N/D”4 种挡位信息。

（4）驱动控制系统：解析驾驶员的驾驶意图，并提供驾驶员期望的驱动或制动扭矩，实现车辆的加速或减速行驶。典型的动力驱动控制系统一般会包含整车控制系统与电机控制系统，也有很多驱动架构里面将整车控制系统与电机控制系统合并到一个控制器中。

➢ 整车控制系统（VCU）：通过电子加速踏板识别驾驶员的加速意图，通过电子制动踏板识别驾驶员的制动意图，结合车辆的状态如车速等，解析驾驶员的扭矩需求，并发送给电机控制系统。混合动力系统中，整车控制系统还可以实现两个动力源的扭矩分配等功能。

➢ 电机控制系统（MCU）：接收整车控制系统的扭矩需求，结合自身的状态

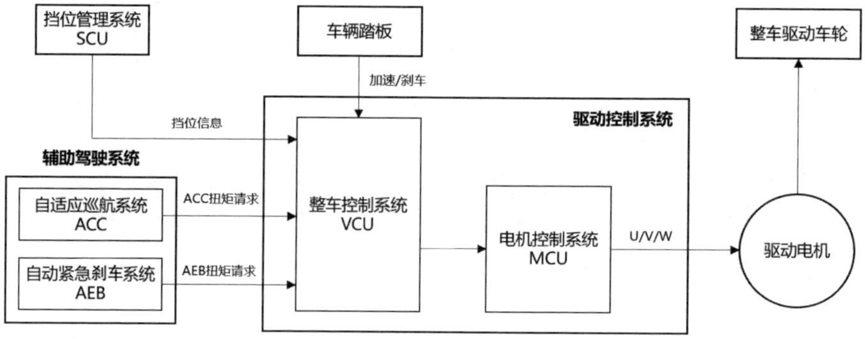

图 3-3　典型动力驱动控制系统架构示意

如转速、相位角度、电压和电流等信息控制 IGBT，实现扭矩输出。

3. 动力驱动系统潜在危害分析

动力驱动系统的功能主要是提供纵向直线的整车加速或减速的轮端驱动力矩，依据新能源汽车的驱动结构不同，动力驱动系统的功能也存在差别，如纯电动车，不存在混动或插电混动汽车具有的离合器和挡位控制等功能。鉴于此，本书将重点关注一般动力驱动系统的基本功能。借鉴标准 SAEJ 2980—2015，动力驱动系统的基本功能如表 3-1 所列。

整车危害是指整车功能如加速、减速、行车、停车等在失效下引起对驾驶员或周围行人产生的人身伤害。本书借鉴标准 SAEJ 2980—2015，简要描述动力驱动系统的功能故障以及引起的整车危害。整车层面的危害如表 3-2 所列。

对于每一个被分析的功能，可以从潜在的非预期系统状态得出相关的整车危害。表 3-3 给出了一个动力驱动系统功能故障与整车危害的关联示例。

表 3-1 动力驱动系统的基本功能示例

功能代号	功能	详细描述和解释
F1	提供驱动系统启 / 停选择	包括带蠕行功能的启停功能
F2	提供可选的行驶方向	表示为前进（D）、后退（R）、空挡（N）和驻车（P），主要是由变速箱系统提供
F3	提供驾驶员需求的驱动扭矩	包括纯发动机、纯电机或混合驱动
F4	提供制动扭矩	这里制动扭矩是指制动能量回收的扭矩或发动机的拖曳力矩，并不代表底盘制动系统的机械制动力
F5	提供驻车选择	主要用于防止车辆溜坡

表 3-2 动力驱动系统导致的整车危害

序号	潜在整车危害	详细解释
1	非预期加速	加速行车或起步行车过程中，整车实际加速速度超过驾驶员期望的加速意图
2	非预期加速丢失	加速行车或起步行车过程中，整车没有输出动力，出现加速无力的现象
3	非预期减速	车辆在制动减速过程中，实际减速速度超过驾驶员制动意图，产生较强制动感
4	非预期减速丢失	车辆在制动减速过程中，出现制动力丢失，产生制动不足现象
5	非预期纵向移动	车辆静止停车过程，突然行车移动
6	非预期纵向移动丢失	车辆无法启动行车
7	非预期反方向的纵向移动	车辆行车启动时，移动方向与驾驶意图相反，如驾驶员切 D 挡，而车辆倒挡行车

表 3-3 动力驱动系统功能故障与整车危害的关联示例

危害序号	功能	功能故障	潜在整车危害	类似合并
F1	提供驱动系统启 / 停选择			
MF1-1	激活 / 不激活系统	非预期的系统激活	非预期的加速	
MF1-2	激活 / 不激活系统	非预期的系统不激活	非预期加速丢失	
MF1-3	激活 / 不激活系统	系统无法激活	无	
F2	提供可选的行驶方向			
MF2-1	按预期方向运动	按非预期方向运动	按不正确的方向运动	
MF2-2	按预期方向运动	不能运动	无	
MF2-3a	挂空挡	非预期的挂前进 / 倒车挡，而不是空挡	非预期的加速	MF1-1
MF2-3b	挂空挡	非预期的挂驻车挡，而不是空挡	纵向移动丢失	MF2-4b

续表

危害序号	功能	功能故障	潜在整车危害	类似合并
MF2-4a	挂空挡	非预期的挂前进/倒车挡，当车辆在空挡时	非预期的加速	MF1-1
MF2-4b	挂空挡	非预期的挂驻车挡，当车辆在空挡时	纵向移动损失	
F3	提供驾驶员需求的驱动扭矩			
MF3-1	提供需求的驱动扭矩	提供的驱动扭矩大于需求	非预期的加速	
MF3-2	提供需求的驱动扭矩	提供的驱动扭矩小于需求	非预期加速丢失	
MF3-3	提供需求的驱动扭矩	提供的驱动扭矩与需求方向相反	非预期减速	
F4	提供制动扭矩			
MF4-1a	提供制动扭矩	提供制动扭矩过多	非预期的减速	
MF4-1b	提供制动扭矩	提供制动扭矩过多	非预期的偏离车道	
MF4-2	提供制动扭矩	非预期的缺少再生制动（油门踏板释放时）	减速丢失	
MF4-3	提供制动扭矩	非预期的缺少拖曳力矩	不能减速丢失	
F5	提供驻车选择			
MF5-1a	提供防溜坡功能	非预期的防溜坡（车辆静止时）	纵向移动丢失	MF2-4b
MF5-1b	提供防溜坡功能	非预期的防溜坡（车辆行驶时）	纵向移动丢失	
MF5-1c	提供防溜坡功能	非预期的防溜坡（车辆行驶时）	非预期的翻转（整车轴向） 横向	
MF5-2	提供防溜坡功能	非预期的溜坡	非预期的纵向移动	
MF5-3	提供防溜坡功能	无防溜坡功能	非预期的纵向移动	

完成系统危害分析后，下一阶段需进行风险评估，其一般步骤如图 3-4 所示。首先将识别出的整车危害与运行场景结合确定危害事件，然后依次确定场景发生概率 E、危害的严重度 S 及危害的可控度 C 指标，最后依据 ISO 26262 第 3 部分的要求确定危害事件的 ASIL 等级，如图 3-5 所示。

依据上述步骤，驱动系统的风险评估示例见表 3-4。

考虑到不同主机厂对可控度 C 的评估方法或原则不一致，安全目标的 ASIL 等级并不一致，存在一定范围，需要企业自行研究或者评估，具体可参考如图 3-6 所示的 ASIL 范围。同时也希望从业者能注意到对于面向不同市场的车辆，场景发生概率 E 也会不同，可以参考应对可控度 C 的方式。

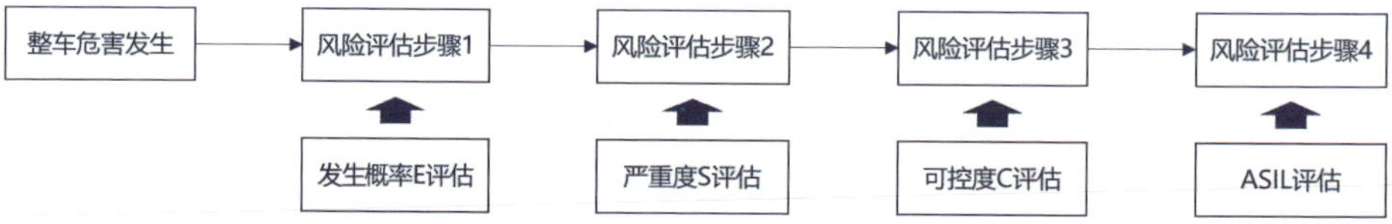

图 3-4 风险评估的步骤

Severity class	Probability class	Controllability class		
		C1	C2	C3
S1	E1	QM	QM	QM
	E2	QM	QM	QM
	E3	QM	QM	A
	E4	QM	A	B
S2	E1	QM	QM	QM
	E2	QM	QM	A
	E3	QM	A	B
	E4	A	B	C
S3	E1	QM	QM	A
	E2	QM	A	B
	E3	A	B	C
	E4	B	C	D

图 3-5 确定 ASIL 的原则

表 3-4 动力驱动系统的风险评估示例

危害编号	功能	功能异常表现	整车层面的危害	假设	危害的详细描述	危害事件（潜在的事故场景—考虑最差情况）	ASIL							备注
							S	理由	E	理由	C	理由	ASIL	
Hzd-01	提供需求的驱动扭矩	提供的驱动扭矩大于需求	非预期加速	对典型的驱动扭矩的车辆评估是有效的；对于高扭矩能力的车辆，应综合考虑距离、碰撞速度及驾驶员反应时间来评估	车辆在城市或乡村道路上，跟随其他车辆后边	车辆前部和其他车辆前撞或后撞	S2	车辆前部与另一辆车的后部以中等速度发生碰撞	E4	跟车行驶是很常见的现象，超过 10% 的运行时间	C2	可通过踩刹车来控制，对大多数情况反应时间足够有效避免特定危害	B	
Hzd-02	提供需求的驱动扭矩	提供的驱动扭矩大于需求	非预期加速		车辆低速行驶，行人在危害区域内	以一定速度和行人正面相撞	S2	碰撞速度相对较慢，因为初速度小，且行人被认为靠近车辆	E3	车辆周围有行人的情况很常见，但行人处于危害区域内的情况占一定比例	C3	面对非预期的加速，车辆靠近，行人降低反应时间，驾驶员会恐慌。少于 90% 的驾驶员或所有交通参与人能够避免危害	B	
Hzd-03	提供制动力矩	提供的驱动扭矩大于需求	非预期减速	无车轮锁止	高速行车变道时，驱动系统提供较大的制动力	若同向车辆距离较近难以及时停住，则会引发正面碰撞	S3	较高速度正面碰撞车辆，存在危害生命的可能	E3	高速公路上超车平均每个月一次或多次发生	C2	其他驾驶员可通过踩刹车实现减速，90% 的驾驶员可避免该伤害	B	

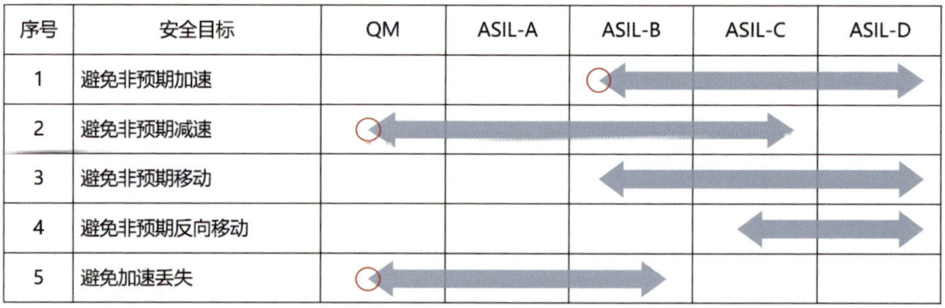

注：其中红色圆圈为 E-GAS 文档定义的驱动系统的安全目标示例。

图 3-6 动力驱动系统的安全目标

另外，行业内对于避免加速丢失即动力丢失的 ASIL 等级定义存在较大争议，重点在于其可控度评估。其中，避免动力丢失的 ASIL 等级与驱动系统的安全状态定义相关。

4. 动力驱动系统量化评估风险

动力驱动系统的安全目标的定量化定义对于后续功能安全概念及系统安全设计开发都至关重要。定量化定义包括安全阈值、特征曲线和故障容错时间间隔（FTTI）三个维度。其中，安全阈值表示一个判定门限，即任何指标超过这个限值都会认为存在安全隐患或者风险；特征曲线是安全阀值的延伸，当安全阀值随着时间变化时，就会演变成多种造成危害的特征曲线；FTTI 是功能安全开发中的核心指标，它表征了失效发生可以容忍的最长时间，也是系统诊断及动作的极限时间。这里以“整车非预期加速”危害为例，介绍如何考虑定量设计安全目标（图 3-7）。

非预期加速的安全阈值、特征曲线、FTTI 需要通过一定的试验和统计分析获得，或者不同主机厂依据自己的开发经验定义。下面主要介绍两种方法。

➢ 试验分析法：选择风险评估过程中识别出的危害场景，利用测试版软件，设计不同安全阈值、特征曲线和 FTTI 组合情况下进行多次试验，分析不同组合试验下引起的整车严重程度和试验人员的可控程度，通过数据统计分析，以评估的严重度 S 和可控度 C 为依据，确定最佳的安全阈值和 FTTI 组合。

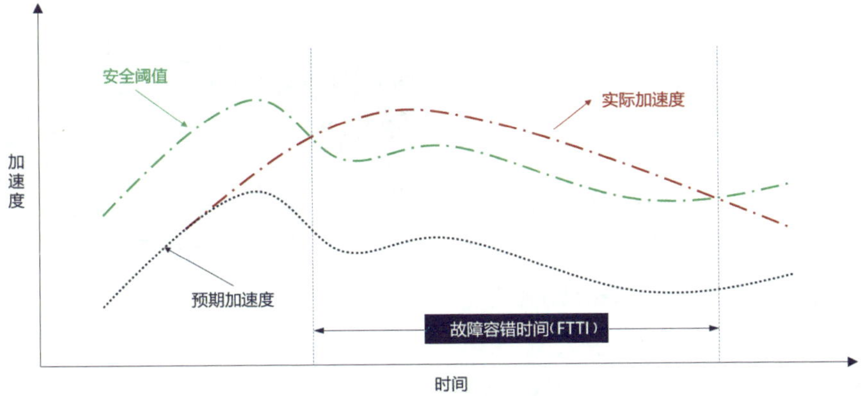

图 3-7 非预期加速的故障容错时间间隔设计

➢ 经验分析法：不同主机厂依据工程开发经验，以避免驾驶员的驾驶恐慌为目标，定义相关的安全阈值、特征曲线和 FTTI。目前，针对“整车非预期加速”危害，业界主要的设计指标为 500~600ms、0.2~0.3g 的加速度。对于初始设计或首款产品，建议采用经验分析法。对于已有经验积累或深入二次开发的企业，建议自行开展或同高校合作开展指标的试验。

3.1.2 车辆起火燃烧

1. 真实案例分析

电池作为代替传统燃油汽车的动力源，随着新能源汽车的发展而被大量普及。为了克服里程焦虑，高能量密度的电池逐渐成为厂商追逐的目标和技术的新方向，但在提升电动汽车的续航里程的同时，安全性和可靠性的问题成为了客户选择新能源汽车的首要顾虑之一。近年来频发的电动汽车的冒烟起火、自燃事故等问题，给新能源汽车的发展敲响了警钟。特斯拉作为电动汽车的领军企业也事故频发。2018 年，重庆某小区地下车库中，一辆特斯拉 MODEL S 在未充电、未被碰撞的情况下发生自燃，幸好被物业及时扑灭；2019 年 4 月，一段特斯拉汽车自燃起火的视频在网络流传。监控视频显示，当晚 8 点左右，一辆停在上海某地下库中的特斯拉 MODEL S 突然自燃爆炸，火势凶猛并迅速蔓延，引燃了停放在一旁的

3 辆汽车。国产电动汽车也未能幸免，2019 年 4 月，蔚来 ES8 在西安的维修服务点发生自燃爆炸（图 3-8）。

图 3-8 电动汽车自燃事故
（图片来源：https://auto.gasgoo.com/a/70105796.html）

对西安蔚来汽车的自燃事故的原因分析，初步结论为底盘遭受严重撞击，导致动力电池包外壳和冷却板大面积变形。电池包内部结构在被挤压的状态下经过一段时间出现短路引发火情。延伸来看，新能源汽车的自燃、冒烟，主要是由于电池系统失效后电池内部的热量生成速率大于散热速率，电池包内的温度会不断上升导致电池包热失控，从而引发整个电池包起火或者爆炸。电池包热失控的主要原因包括温度过高、压力过大。而导致这些的主要化学原因有：嵌锂碳与溶剂的反应，嵌锂碳与 PVDF 黏合剂的反应，电解液的分解反应，正极发生分解反应，锂金属的反应，正、负极活性物质的焓变，电流通过内阻产生热量等。另外，除了化学原因以外，电池管理单元的失效导致充放电不合理，当异常情况如电芯过温、电流过大时没有及时采取保护措施等，都是造成起火可能性的潜在风险。

2. 典型的动力电池管理系统组成介绍

典型的动力电池管理系统是由电池管理单元（BMU）、电芯管理单元（CMU）和电芯等器件构成（图 3-9），监视蓄电池的状态（温度、电压、荷电状态等），为蓄电池提供通信、安全、电芯均衡及管理控制并提供与应用设备通信接口。新能源三电系统中，电池系统作为能量存储单元的主要作用是向整车设备及外部设施提供能量，同时从整车或整车外部吸收能量，包括从充电机吸收能量及整车能量回收等。

电芯：利用锂离子作为导电离子，在阳极和阴极之间移动，将化学能与电能进行相互转换的基本单元装置，通常包括电极、隔膜、电解质、外壳和端子，并被设计成可充电。

CMU：核心功能是对电池系统内单体的电压与温度进行测量，并将采集到的信号通过一定形式发送给 BMU。对电池管理系统的作用：①可以用来累加获取整

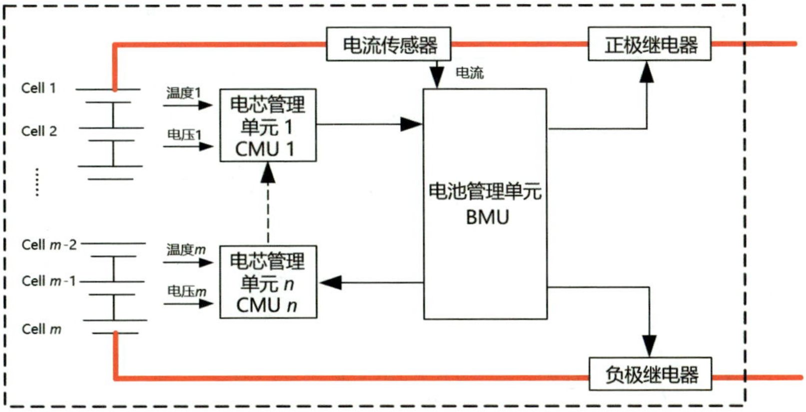

图 3-9 电池系统架构示例

个电压；②依据单体电压压差来判断单体差异性；③检测单体的运行状态。

BMU：估计充电状态（SOC），计算电池包的可用能量和功率限制，并均衡电池包中的电芯。通过附加的冷却或加热系统，防止产生过充、过放电、过电流、电池短路和极端温度。

3. 动力电池管理系统潜在危害分析

通过分析电池管理系统的电子电气部件，找出可能导致热失控的功能失效的因素，同时结合车辆使用场景进行风险评估，确定系统安全目标（表 3-5）。

4. 动力电池管理系统定量设计

不同的电芯材料和不同的模组设计决定了其所允许的最大工作电流、电压和温度具有一定差别。为确定合适的安全门限值，需要通过一定的试验获得，以保证整个生命周期内，在安全门限值范围内工作时不会导致电池产生热失控的失效风险。因此，热失控门限值即任意电芯温度超过均会发生热失控，一般都是电芯制造厂商提供的硬性指标；综合考虑电芯的布置及周围连接材料和 NTC 布置后的温度可以定义为热传播门限值；工作门限值是电池系统工作中最重要的温度指标，用于限制功率、限制电流的逻辑门限。如图 3-10 所示，温度门限一般考虑工作

表 3-5　电池管理系统风险评估示例

危害编号	功能	功能异常表现	整车层面的危害	假设	危害的详细描述	危害事件（潜在的事故场景—考虑最差情况）	ASIL							备注
							S	理由	E	理由	C	理由	ASIL	
HAD-01	提供放电功能	放电量大于预期	动力电池损坏报废，车辆动力丧失	无	电池过放，造成动力电池损坏报废，车辆动力丧失	车辆正常行驶（高速行驶、城市路况、转弯），放电量大于预期，导致电池损坏报废，车辆动力丧失，与后车发生追尾碰撞	S1	车辆动力丧失导致的追尾，引起驾驶员轻度或者中度的伤害	E4	平均运行时间>10%	C1	无危害，人员较大可能逃离	QM	
HAD-02	提供放电功能	电池系统放电时温度大于预期	车辆冒烟、起火、爆炸、释放有害物质	无	电池放电过温，热失控，冒烟、起火、爆炸、释放有害物质，人员伤亡	车辆正常行驶（高速行驶、城市路况、转弯），放电时温度高于预期，导致电池过温，引发热失控，车辆冒烟、起火、爆炸、释放有害物质，伤及乘客和行人	S3	热失控起火、爆炸或产生有害物质，造成人员伤亡	E4	平均运行时间>10%	C2	有泄气、冒烟等预兆，人员可逃离	C	
HAD-03	提供放电功能	放电电流大于预期	车辆冒烟、起火、爆炸、释放有害物质	无	电池充电，过流，热失控，冒烟、起火、爆炸、释放有害物质，人员伤亡	车辆正常行驶（高速行驶、城市路况、转弯），放电时温度高于预期，导致电池过温，引发热失控，车辆冒烟、起火、爆炸、释放有害物质，伤及乘客和行人	S3	热失控起火、爆炸或产生有害物质，造成人员伤亡	E4	平均运行时间>10%	C2	有泄气、冒烟等预兆，人员可逃离	C	

HAD-04	提供充电功能	充电量大于预期	车辆冒烟、起火、爆炸、释放有害物质	无	电池过充，热失控，冒烟、起火、爆炸、释放有害物质，人员伤亡	车辆静止无人看管充电，充电时充电量大于预期，导致电池过充，引发热失控，车辆冒烟、起火、爆炸、释放有害物质，伤及乘客和行人	S3	热失控起火、爆炸或产生有害物质，造成人员伤亡	E4	1个月内多次	C2	一般无严重后果，人员可逃离	C
HAD-05	提供充电功能	电池充电时温度大于预期	车辆冒烟、起火、爆炸、释放有害物质	无	电池充电过温，热失控，冒烟、起火、爆炸、释放有害物质，人员伤亡	车辆静止无人看管充电，充电时，电池温度高于预期，导致电池过温，引发热失控，车辆冒烟、起火、爆炸、释放有害物质，伤及乘客和行人	S3	热失控起火、爆炸或产生有害物质，造成人员伤亡	E4	1个月内多次	C2	有泄气、冒烟等预兆，人员可逃离	C
HAD-06	提供充电功能	充电电流大于预期	车辆冒烟、起火、爆炸、释放有害物质	无	电池充电过流，热失控，冒烟、起火、爆炸、释放有害物质，人员伤亡	车辆静止无人看管充电，充电时电池电流大于预期，导致电池过流，引发热失控，车辆冒烟、起火、爆炸、释放有害物质，伤及乘客和行人	S3	热失控起火、爆炸或产生有害物质，造成人员伤亡	E4	1个月内多次	C2	有泄气、冒烟等预兆，人员可逃离	C
HAD-07	提供充电功能	电池电压小于预期时充电	车辆冒烟、起火、爆炸、释放有害物质	无	电池过放后充电，热失控，冒烟、起火、爆炸、释放有害物质，人员伤亡	车辆静止无人看管充电，充电时电池电压小于预期时充电，引发热失控，车辆冒烟、起火、爆炸、释放有害物质，伤及乘客和行人	S3	热失控起火、爆炸或产生有害物质，造成人员伤亡	E4	1个月内多次	C2	有泄气、冒烟等预兆，人员可逃离	C

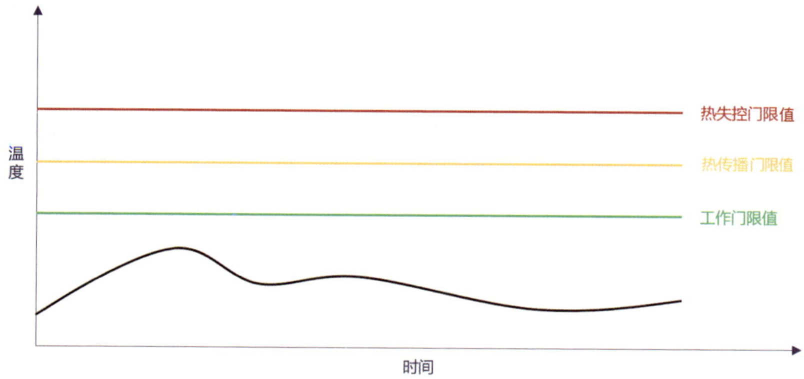

图 3-10　温度安全曲线定义

门限值、热传播门限值以及热失控门限值。

电池的 FTTI 时间，应该在系统没有安全机制的情况下，测试从电池系统故障在电池系统表现出来到发生热失控之间的最小时间间隔。电池管理系统的 FTTI 时间可以通过测试获取。为了使测试获得的 FTTI 值能够涵盖所有的失效情况，通常需要在最坏情况下进行测试。一般需要考虑如下几方面因素：电池系统的最高使用温度；最高充 / 放电电流；寿命接近 EOL 的状态；最高的 SOC 状态。测试开始时，记录从观测量超过安全限制到危害发生时的时间间隔。通过多次测试后，将测试得到的值作为 FTTI 值。很多情况下，对于动力电池管理系统，以上指标均是大于探测的，也就是设计时优先从消除危害的角度出发，这个理念在家用电器的防止触电上被广泛应用。

3.2　概念设计及整体定义

依据本书前述内容介绍的整车层面的危害与安全目标，通过分析动力系统包括驱动控制系统与电池管理系统中功能路径过程中引起整车危害的故障，提出对应的安全措施与要求，形成整体概念设计。

3.2.1 整车动力系统的概念架构

新能源动力系统包括整车控制系统（VCU）、电机控制系统（MCU）和高压电池系统（ESS)。整车控制系统接收驾驶员的操作信息、ACC/AEB 系统的扭矩请求以及整车平台信息如车速等，图 3-11 为整车系统的概念设计示例。电机控制系统接收整车控制系统的扭矩请求和状态指令，输出实际扭矩到整车驱动轮端。高压电池系统通过高压线束与电机控制系统连接，并向电机控制系统提供高压能量，同时接收整车控制系统的状态指令并控制高压闭合和打开。ACC/AEB 系统根据各自的条件判断，请求整车控制系统输出扭矩。

3.2.2 非预期加速 / 减速的功能关联

整车驱动系统的功能安全概念是针对驱动系统内电子电气子系统的失效而引起的整车非预期加速或减速的风险。而整车驱动系统的功能路径设计示例如图 3-12 所示。

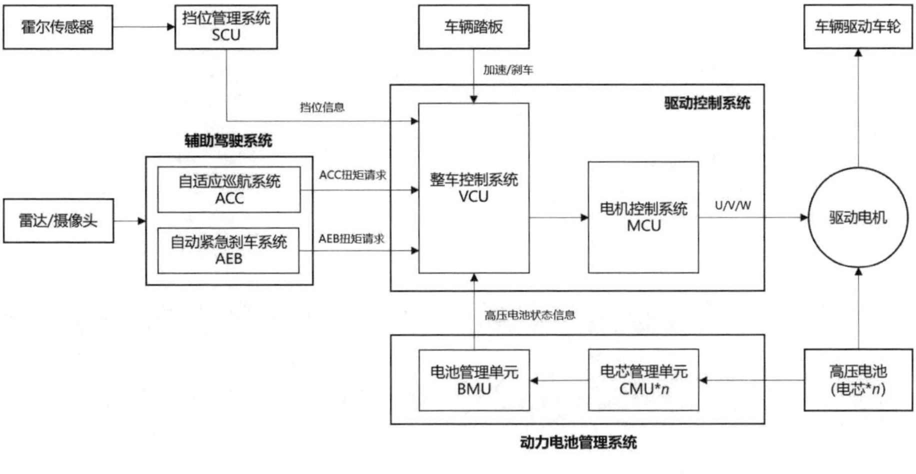

图 3-11　整车系统的概念设计示例

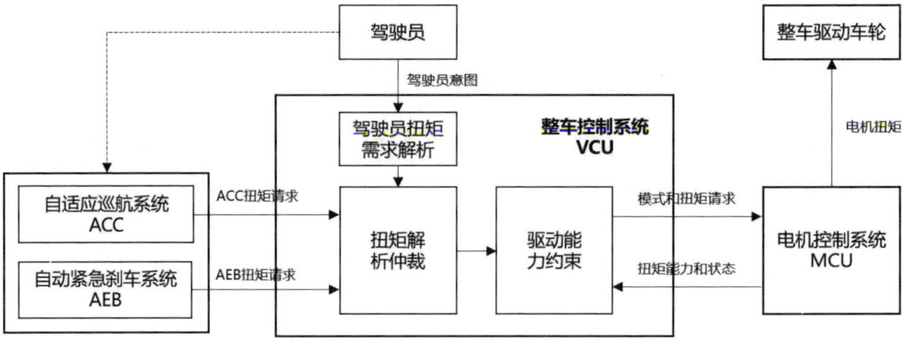

图 3-12　整车驱动系统功能路径设计示例

整车控制系统接收驾驶员意图和 ACC/AEB 扭矩请求，融合仲裁后并在电机控制系统的能力限制内，请求电机控制系统输出符合需求的扭矩到整车驱动车轮。当路径中任意一个环节出现故障时，都会引起整车驱动车轮端的扭矩输出异常，进而引起车辆产生非预期加速或减速的风险。故障树分析如图 3-13 和图 3-14 所示。

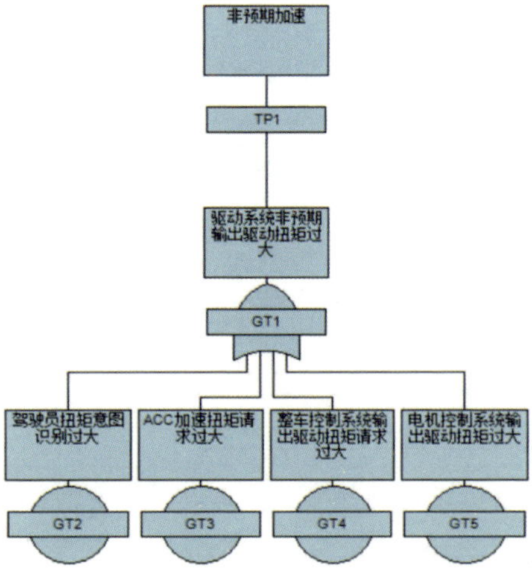

图 3-13　车辆非预期加速的故障树分析

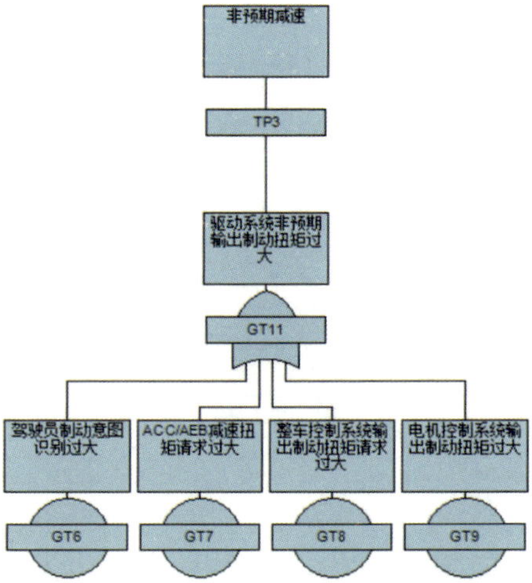

图 3-14　车辆非预期减速的故障树分析

1. 驱动控制系统的安全状态

驱动控制系统主要功能是依据驾驶员意图与外部干预请求，控制电机产生期望的扭矩输出。当系统出现故障导致扭矩输出异常如偏大或偏小时，期望的安全状态是撤掉扭矩输出。因此，驱动控制系统的安全状态可以定义为：在允许的故障容错时间内将输出扭矩降至预设的安全阈值以下，这里可以包括减少输出扭矩和切断动力源驱动、停止扭矩输出两种方式。

2. ACC/AEB 失效关联分析

ACC 功能是根据传感器识别的距离和车速信息，控制车辆系统加速或减速，并请求 VCU 输出加速或减速扭矩。根据上述故障树分析，ACC 依据不同场景和影响范围，最高 ASIL 等级可定义为 ASIL-D，其功能安全要求如下：

- FSR_PS_01：ACC 的加速扭矩请求应不大于安全阈值；
- FSR_PS_02：ACC 的减速扭矩请求应不小于安全阈值。

AEB 功能是根据传感器探测的前车距离，紧急控制车辆制动减速，根据上述故障树分析，AEB 的最高 ASIL 等级可定义为 ASIL-C，其功能安全要求如下：

- FSR_PS_03：AEB 的减速扭矩请求应不小于安全阈值。

这里描述 ACC 的加速扭矩请求应不大于安全阈值是一种常见的设计方式，并不是说 ACC 的加速扭矩请求一定不能大于安全阈值；如果存在 ACC 的设计扭矩大于安全阈值范围的情况，那么，设计人员应该考虑增加监控或者冗余机制作为 FSR，例如大于安全阈值的扭矩需要附加额外的独立标识信号，ACC 的扭矩请求体现离线形成矩阵式数值表格存储在执行控制器中等。

3. VCU 失效关联分析

VCU 功能是识别驾驶员加速或减速意图，并仲裁 ACC/AEB 的扭矩请求，输出电机扭矩请求。根据故障树分析，VCU 依据不同场景和影响范围，最高 ASIL 等级可定义为 ASIL-D，其功能安全需求如下：

- FSR_PS_04：VCU 应检测驾驶意图相关信息的故障；
- FSR_PS_05：VCU 应正确仲裁外部扭矩请求和驾驶员意图；
- FSR_PS_06：VCU 的输出扭矩应在安全阈值范围内。

4.MCU 失效关联分析

MCU 功能是控制电机输出扭矩到轮端，驱动车辆行驶。根据故障树分析，MCU 的最高 ASIL 等级可定义为 ASIL-D，其功能安全要求如下：

➢ FSR_PS_07：MCU 应正确响应整车控制系统的扭矩请求，且输出扭矩应在安全阈值范围内。

基于以上 FSR_PS_01~FSR_PS_07 的需求，分配到当前的驱动系统架构，如图 3-15 所示。

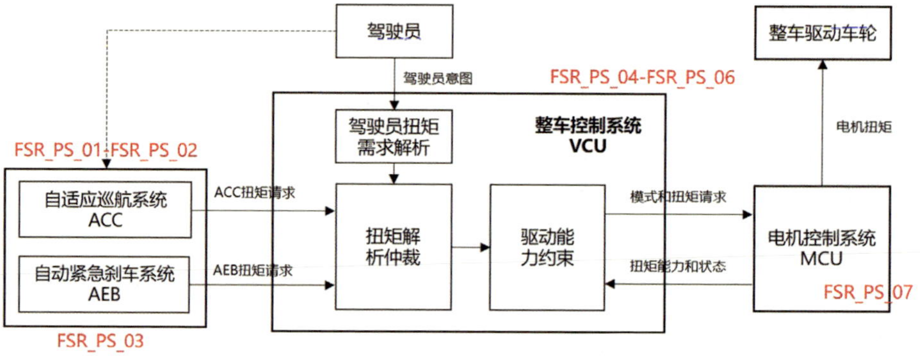

图 3-15　安全需求在驱动系统架构层面分配

3.2.3　防止电池过流 / 过温 / 过压的功能关联

典型的电池管理系统如图 3-16 所示。电池管理系统的功能安全设计目标是避免电子电气系统失效导致的电池热失控。为防止电池热失控，电池管理系统需要根据电池当前的状态控制充放电功率以及其他相关功能。当监控的电池的电流、电压和温度超过安全阈值后，在 FTTI 时间内，通过安全路径进入安全状态。失效后无法进入安全状态分析如图 3-17 所示。

1. 电池管理系统的安全状态

电池管理系统主要功能是采样电芯的温度、电压等信息，控制电芯或电池系统输出期望的电压、电流及主控继电器的状态等。当系统出现故障引发高压电池热失控时，期望的安全状态是断开高压，并提示驾驶员在最短的时间内远

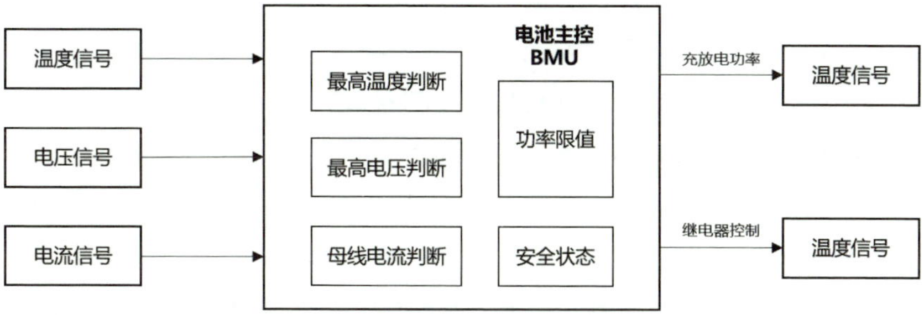

图 3-16　电池管理系统控制示意图

离故障源。因此，电池管理系统的安全状态可以定义为：在允许的故障容错时间内切断高压输出，并提示或预警驾驶员。

2. BMU 失效关联分析

BMU 需要根据采集到的温度、电压和电流信号后控制继电器断开进入安全状态，防止电池热失控。同时在电池单体过充故障退出、消除条件未满足时，维持安全状态。BMU 的安全设计，一般考虑应用层软件功能异常、底层软件功能异常以及控制器异常等维度。BMU 安全分析如图 3-18 所示。

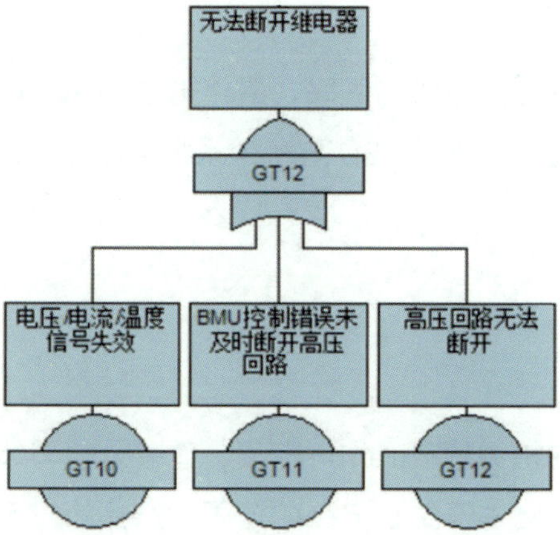

图 3-17　失效后无法进入安全状态分析

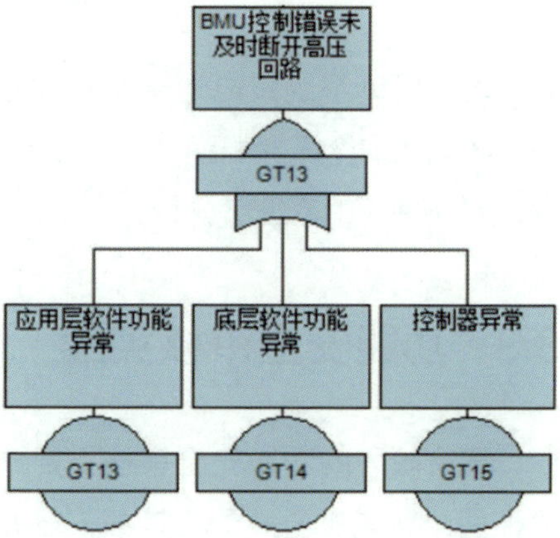

图 3-18　BMU 安全分析

➢ FSR_ESS_01: BMU 应检测输入信号异常；

➢ FSR_ESS_02: BMU 应检测自身软件的运行状态；

➢ FSR_ESS_03: BMU 应检测自身的控制器异常；

➢ FSR_ESS_04: BMU 应检测断开回路异常。

3. CMU 失效关联分析

CMU 的功能是负责采集电芯的温度和电压，需要保证采集到的信号准确、可靠。CMU 的安全设计，一般需要考虑传感器信号采集链路的异常。

➢ FSR_ESS_05: CMU 应检测到传感器信号异常；

➢ FSR_ESS_06: CMU 应检测到传感器采集回路异常。

4. 电芯失效关联分析

电芯失效后，如果发生短路无法通过断开继电器直接断开高压回路，系统仍可能存在热失控的风险。因此，需要通过电芯内部保险丝避免内短路发生。

➢ FSR_ESS_07：在发生电芯内短路时，电芯集成设计方案应有能力断开输出；

➢ 基于以上 FSR_ESS_01~FSR_ESS_07 的要求，在电池管理系统架构层面的分配如图 3-19 所示。

3.2.4 整车动力系统功能安全概念

基于驱动系统和电池管理系统的失效分析和架构关联，最终形成的整车动力系统功能安全概念如图 3-20 所示。功能安全需求 FSR 与各个系统部件建立关联，方便进入子系统级分析。

3.3 功能安全审核实战

概念阶段的功能安全审核主要聚焦在相关项（item）定义、危害分析与风险评估及功能安全概念。其中，相关项定义主要关心产品的范围、产品的应用场景、相关的法律法规等同产品本身相关的架构性信息，主要在于全面性和完

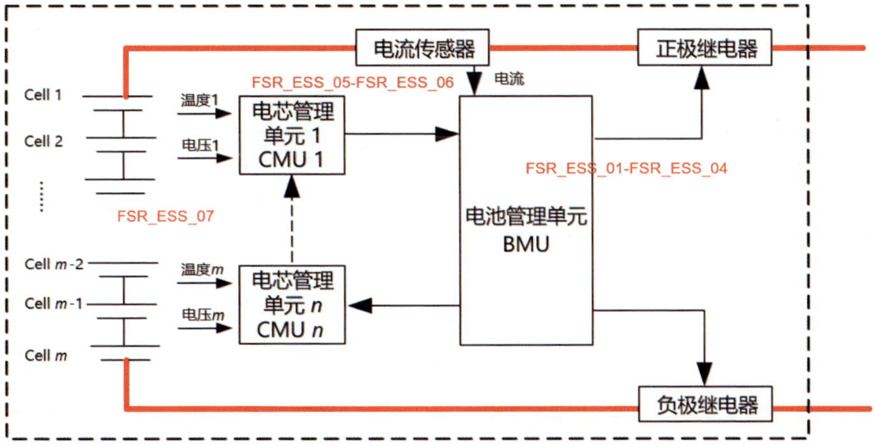

图 3-19 安全需求在电池管理系统架构层面分配

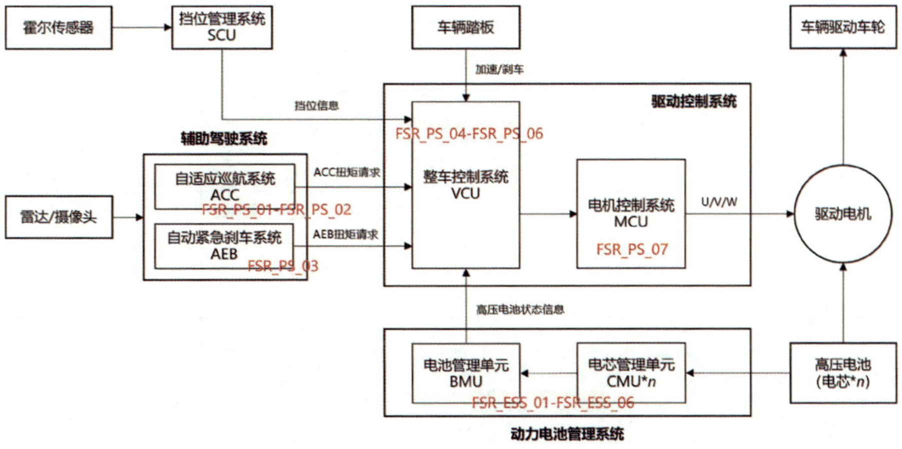

图 3-20 安全需求在整车动力架构层面分配

整性。危害分析与风险评估及功能安全概念是考查功能安全经理或功能安全工程师技术功底和综合设计能力最关键的两部分，也是企业在审核中差距比较大的部分。在这里，针对以上两部分，我们将罗列部分评估实例的检查表（表 3-6），希望设计人员可以实例参考来全面提升设计和加深对 ISO 26262 的理解。

表 3-6 危害分析与风险评估审核手册实例

条款	题目	目标及交付物	编号	条款	交付要点	评判问题	评判结论
5	Item definition	The first objective is to define and describe the item, its dependencies and interaction with the environment and other items. The second objective is to support an adequate understanding of the item so that the activities in subsequent phases can be performed. 5.5.1 Item definition resulting from requirements in 5.4	5.4.1	Functional and non-functional requirements of the Item	公司应说明如何定义具有所需功能的项目产品。产品可以是系统、传感器、ECU、执行器、硬件部件或软件模块	a) 定义中是否说明了项目定义的要求内容？ b) 术语“item”是否在描述中解释？ c) 一个的 item 部分，如系统、子系统、部件、传感器、控制单元、执行器等是否也在说明中进行了说明？ d) 是否有一个 item 的功能性和非功能性需求的描述	满足
			5.4.2	The boundary of the item, its interfaces, and the assumptions concerning its interaction with otheritems and elements	公司应说明如何定义产品的边界以及所需的交互和接口	材料中是否说明如何定义边界、接口以及 item 定义中应包含的内容，如计划的应用车辆类型、item 组件的安装位置以及 item 正常运行的环境条件	满足
			6.4.1	Initiation of the hazard analysis and risk assessment	公司应该说明如何开展 HARA 及相关责任人	a) 是否规定现有项目定义是 HARA 的先决条件？ b) 是否规定 HARA 开展在项目没有内部安全机制的情况下进行评估，即计划实施或已在先前项目中实施的安全机制不应在 HARA 中考虑？ c) 是否确定了执行 HARA 的人员组（来自不同业务线的人员，不仅仅是开发人员）	满足

6	Hazard analysis and risk assessment	The objective of the hazard analysis and risk assessment is to identify and categorise the hazards of the item and formulate the safety goals related to the prevention or mitigation of the hazardous events, in order to avoid unreasonable risk. 6.5.1 Hazard analysis and risk assessment report resulting from requirements in 6.4.1 to 6.4.5. 6.5.2 Verification report of the hazard analysis and risk assessment resulting from requirement 6.4.6	6.4.2.1	Situation analysis	公司应该有相关的定义场景原则或者场景库。危害分析中未考虑的场景应该有说明	是否描述了如何分析 item 各项功能的相关场景？ 提示：应描述部件故障行为将导致危险事件的操作情况和操作模式，包括车辆正确使用和以可预见的方式错误使用车辆的情况	满足
			6.4.2.2	Hazard analysis	公司应该展示 HARA 分析的流程及相应的结果	是否描述了如何确定 item 各种功能造成的相关危险？ 提示： 一可以使用头脑风暴、检查表、质量历史、FMEA 和现场研究等技术来提取项目级别的危险。 一应根据操作情况和危险的相关组合确定危险事件。 一应识别危险事件的后果，例如，如果电动助力转向系统中的电机被阻塞，则方向盘将不再可能移动，或仅在转向力极高的情况下才能移动。这意味着，在城市弯道上驾驶、高速弯道或规避机动等情况应在 HARA 中予以考虑	满足
			6.4.3	Classification of hazardous events	公司应该展示如何定义 S/E/C	是否有流程或者规则来指导定义 S/E/C？ a) S—严重度 b) E—暴露度 c) C—可控度 提示：应该有案例来辅助进行判断	不满足

续表

条款	题目	目标及交付物	编号	条款	交付要点	评判问题	评判结论
			6.4.4	Determination of ASIL and safety goals	公司应说明如何定义与分配危害到相对应的单一安全目标	是否 S/E/C 来判断 ASIL 等级的说明	满足
						是否定义了如何为安全相关危险规定安全目标	满足
						是否定义了安全目标所需的属性？ 安全目标应定义的属性是否有说明	满足
			6.4.5	Verification of the HARA	公司应说明如何执行 HARA 的验证审查，以及相应的检查表（如有）	是否定义了 HARA 的审查方式？ 是否确定了验证评审的内容？ a) 有关情况和危险的完整性 b) 符合项目定义 c) 与相关危害分析和风险评估的一致性 d) 危险事件覆盖范围的完整性 e) 分配的 ASIL 与相应危险事件的一致性	满足
						是否规定了评审员的独立性	裁剪不适用
						是否定义了独立评审人员	裁剪不适用

第 4 章　系统安全设计及验证

相对于功能安全概念阶段，系统阶段更专注于产品的详细设计，涉及系统工程、安全工程和架构设计等不同技术领域。同时，系统阶段也经常扮演着供应链上、下游功能安全的 DIA 交互阶段，是功能安全中非常重要且考验技术水平的阶段。本章重点介绍系统阶段功能安全开发及测试，包括：有哪些安全分析方法，如何进行系统安全设计，系统阶段的安全测试与验证有哪些要求等。针对实战环节，以新能源汽车最关键组成部分的电驱动系统和高压电池管理系统作为案例，帮助读者了解系统阶段的难点与解决方法。

4.1 安全分析方法

系统安全分析的目的是识别功能或系统设计中存在的违背安全目标的失效（包括单点失效或异常）和相关性失效（如共因失效和级联失效）等。ISO 26262 对此提及两种安全分析方法（图 4-1）：

➢ 演绎分析（Deductive analysis）：是一种以自上向下的分析方式，从已知影响结果入手逐步向下分析找到失效原因的方法；

➢ 归纳分析（Inductive analysis）：是一种以自下而上的分析方式，从已知的失效原因入手推导出影响结果的方法。

演绎分析方法是针对 ASIL 等级为 C/D 的功能安全开发所使用的方法，具体常用的方法有故障树分析（FTA）、可靠框图（RBD）、系统理论与过程分析（STPA）等。归纳分析方法是针对所有 ASIL 等级的功能安全开发都强烈推荐使用的方法，具体常用的方法有失效模式与影响分析（FMEA）和事件树分析（ETA）等。

另外，安全分析包括定量分析与定性分析，在系统阶段的安全分析用于辅助系统设计，因此，这个阶段定性的安全分析就足够了。在系统阶段的安全分析过程中，除了上面提及的分析方法，还包括危险和可操作性分析（HAZOP）、接口安全分析（ISA），下面具体介绍各种安全分析方法的含义和使用方法。

4.1.1 失效模式与影响分析（FMEA）

FMEA 是一种可靠性分析方法，也是一种风险分析的方法。它针对可能的风险进行评估分析，发现系统中可能存在的故障，并预测该故障对于整体系统的影响，进而在现有技术的基础上消除这些风险或者将风险降低到可接受的水平。

Methods		ASIL			
		A	B	C	D
1	Deductive analysis	o	+	++	++
2	Inductive analysis	++	++	++	++

图 4-1 ISO 2626：2011 对安全分析方法的要求

FMEA 的目的就是证明在最坏情况下的产品或系统失效也不会超过设计规范的定义，目标是建立一个容错系统，在故障发生时，不仅可以保持系统安全，还可以纠正已发生的故障。在德国汽车工业联合会（VDA）与美国汽车工业行动集团（AIAG）共同发布的第 5 版 FMEA Handbook 中，FMEA 可理解为有 3 种类型：设计层面（Design-FMEA）、过程层面（Process-FMEA）以及监控与系统层面的补充（FMEA-MSR）。其中，Design-FMEA 根据开发阶段不同，实际应用过程又区分为系统层面（System-FMEA）及零部件层面。不同类型的 FMEA 用途对比如表 4-1 所列，均在产品开发过程中扮演着重要的角色，是重要的分析方法。

FMEA 的优势在于识别系统或产品中的单点故障，但是，FMEA 并不能保证能够揭露所有的系统元件故障，大多数的系统缺陷作为一个单独的系统元件故障被发现。另外，多点的元件故障一般难以用该方法分析到，而是采用后面介绍的故障树分析（FTA）。

FMEA Handbook 中详细阐述了 FMEA 分析步骤，具体如表 4-2 所列。行业中多数都是使用专门的软件工具进行 FMEA 分析，目前常用的有 IQ-FMEAPRO 和 Medini Analyze 等，另外也可通过借助 Office Excel 的 VB 编程实现。

表 4-1　不同类型 FMEA 用途对比

序号	类型	用途
1	System-FMEA（SFMEA）	用于系统设计过程失效分析，识别系统或子系统中零部件的功能故障，如某个信号采样偏大或偏小等故障
2	Design-FMEA（DFMEA）	用于零部件设计过程中失效分析，识别零部件设计中参数或设计故障，如某个零件内部电阻短路等故障
3	Process-FMEA（PFMEA）	用于生产制造过程中工艺流程的失效分析，识别制造过程规划中故障，如某个齿轮安装过程缺陷等
4	FMEA-MSR	用于诊断探测维持安全性或法规性时加以应用的监控系统的失效分析，通过评估因监视和响应所产生的降低风险的大小

表 4-2　FMEA 分析步骤

步骤 1	定义范围	启动 FMEA，并制订计划与项目范围，确定分析对象的边界，哪些要分析，哪些不要分析；同时收集历史数据与经验教训
步骤 2	结构分析	依据系统或子系统的架构及其包括的部件要素，建立系统的结构树，包括上、下层级结构以及接口等
步骤 3	功能分析	依据系统要求、特性，以及外部系统的要求等，定义每个系统及部件的功能，将每一层级的功能关联起来，搭建功能网。该过程需要考虑内部与外部的功能要求
步骤 4	失效分析	对于系统中每一项定义的功能，定义其功能失效或故障，并将每一层级的失效关联起来，建立失效网。该过程的失效可通过分析方法，也可依据特性或者历史故障数据等
步骤 5	风险分析	对于失效，进行量化评价即 RPN 评估或者行动优先级 AP；RPN 是按照严重度 S、失效发生概率 O、诊断措施的覆盖率 D 三个维度进行评价，S x O x D=RPN；AP 则是依据 S、O 和 D 的不同组合确定，具体可参考 FMEA Handbook
步骤 6	优化	识别需要采取行动降低的风险，并设计优化措施与分配实施职责与期限；评估实施行动的效果及行动后的风险，改进 FMEA；持续监控，直至全部 / 大部分高风险项内容解决

在功能安全开发应用过程中，常用的 FMEA 分析类型是 System-FMEA，即识别出电子电气系统内部的违反整车层面危害（安全目标）的子系统或零部件的功能失效，并对其设计相应的安全措施，如采样的加速踏板位置偏移。考虑到功能安全要求系统不能存在单点，也就是 FMEA 识别到违反整车危害的系统功能失效或故障（单点）均需要设计安全措施，这种情况是否还有必要进行 RPN 或 AP 评估呢？从笔者开发经验看，功能安全应用场景过程中，RPN 或 AP 评估不是必须项，可以略过该步骤；但从完整性角度进行 RPN 或 AP 评估可以进一步识别出哪些失效是应优先解决的，对安全与降本的平衡性具有一定的指导意义。

另外，在功能安全软件开发阶段，须应用 FMEA 进行软件架构的分析验证，也就是软件 FMEA。软件 FMEA 重点关注的是软硬件或软件间接口异常对于软件的影响及确保没有低 ASIL 对高 ASIL 组件或者信号的干扰。结合经验，软件 FMEA 可以考虑不需要进行 RPN 或 AP 评估，只需要确定严重度（对软件安全功能或要求的违背）。

4.1.2 故障树分析（FTA）

FTA 是电控系统安全性、可靠性分析的最重要和最有效的方法之一。1961 年，美国贝尔电话研究所创造了 FTA 方法并首先应用。如今，FTA 在汽车电子领域扮演着重要的角色。

FTA 是一种使用故障树的树形图形式（图 4-2）将系统表现出来的故障与导致该故障的各种可能原因，通过“与”“或”等逻辑关系关联起来，描述系统中各种事件之间的因果关系，最终目标是为安全措施提供可靠依据，以达到预测与预防事故发生的目的。

FTA 的特点是这种图形化的方法清楚易懂，使人们对所描述的事件之间的逻辑关系一目了然，而且便于对各种事件之间复杂的逻辑关系进行深入的定性和定量分析。FTA 分析过程分为 4 个步骤，如表 4-3 所列。行业中常用的 FTA 分析工具有 Reliability Workbench—Isograph 和 Medini Analyze 等。

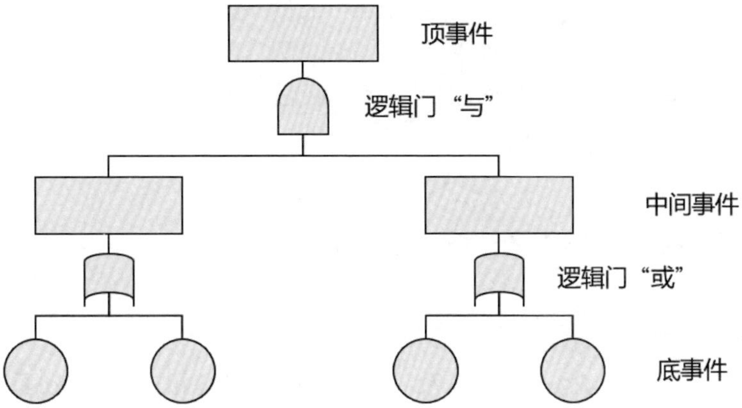

图 4-2 故障树分析形式

表 4-3　故障树分析步骤

步骤 1	系统定义	系统范围 系统功能描述 系统内外部接口
步骤 2	确定顶事件和底事件	顶事件： 　整车危害或系统故障 底事件： 　系统范围内最小组件的失效 　外部干扰（如环境、外部接口等） 　人为干扰（如驾驶员误操作）
步骤 3	建立故障树	利用逻辑门（或 / 与）关联顶事件与底事件
步骤 4	风险分析	最小割集分析，识别系统中的单点失效和多点失效

FTA 在功能安全开发过程中，有以下 4 个方面可以考虑应用：

➢ 概念阶段：以整车危害为顶事件，分析系统或子系统中可能的引起顶事件的故障，定义安全措施，形成安全概念；

➢ 系统阶段：针对系统的功能失效进一步向下分析到部件级别，直至系统边界或系统内最小的模块要素（如传感器或采样路径等），最后依据“与”“或”逻辑分析得到最小割集，并对每个最小割集提出安全需求或安全措施；

➢ 硬件阶段：使用定量 FTA 进行硬件随机失效度量评估，验证 SPFM、LPFM 及 PMHF 是否满足 ASIL 要求；

➢ 安全问题排查：针对产品出现的风险问题寻找根因，找到可能引起该问题的各项失效或误操作的底事件。

4.1.3 系统理论与过程分析（STPA）

STPA 是一种适用于复杂系统的危害分析，基于 STAMP (System-Theoretic Accident Model and Processes，系统理论的事故模型和过程) 的工具。STAMP 是由麻省理工学院的 Nancy G. Leveson 教授于 2012 年正式提出的，其在航天、航空、国防、核电等行业得到了应用。STPA 是一种自上向下的分析方法，可在系统开发早期识别潜在风险因素，其应用范围不仅包括了电子电气系统的功能失效，还包括驾驶员及车辆环境的干扰因素以及人机交互的影响等潜在风险。近年来，随着智能驾驶的发展，STPA 也扩大应用到汽车的智能驾驶领域的失效分析。

STPA 分析具体包括以下 4 个步骤：

➢ 定义系统需要避免的危害：即定义系统的危害，与 FMEA/FTA 的方法是类似的；

➢ 建立系统控制模型：将人、车与系统三者作为一个整体，并建立控制架构，描述交互关系；

➢ 识别不安全的控制行为以及对应的安全约束：不安全控制行为的关键词包括“没有提供控制动作”“不安全地提供控制动作”“过早或过晚地提供控制”“过长时间地提供控制或过早地退出控制”；

➢ 原因与场景分析，细化安全要求：分析系统中控制路径失效，结合场景因素包括特殊环境的干扰等，进一步细化安全要求。

4.1.4 危险和可操作性分析（HAZOP）

FMEA 与 FTA 方法中都涉及功能失效或故障的识别，常用的方法是采用头脑风暴或引导词方法，即 HAZOP 中的失效引导词分析法。HAZOP 是英国帝国化学工业公司（ICI）蒙德分部于 20 世纪 60 年代发展起来的以引导词（Guide Words）为核心的系统危险分析方法，已经有 50 多年的应用历史，最早是用于石油化工等生产装置，近年来，应用范围逐渐扩大到可编程电子系统及道路、铁路等运输系统。HAZOP 中常用的引导词如表 4-4 所列。

以位置传感器的输出电压功能为例，其根据 HAZOP 的引导词定义的部分功能失效示例有以下一些：

➢ NoorNot：没有输出电压；

➢ More：输出电压偏大超过预设值；

➢ Less：输出电压偏小超过预设值。

与 HAZOP 提供的失效引导词类似，SAEJ 2980 针对功能安全开发中功能失

表 4-4 HAZOP 引导词示例

NoorNot	Other than
More	Early
Less	Late
As well as	Before
Part of	After
Reverse (of intent)	Others guide word as needed

效定义罗列了常用的失效引导词指导开发，具体引导词及示例有以下一些：

➢ No function：如没有扭矩输出；

➢ More than function：如扭矩输出过大超过预设值；

➢ Less than function：如扭矩输出过小超过预设值；

➢ Reverse：如扭矩输出反向；

➢ Stuck：如扭矩输出卡滞；

➢ Unintended function：如非预期扭矩输出。

HAZOP 是分析得到功能失效的一种方法，常用于系统性分析和系统层面的功能失效定义，但在功能失效分析时，不应依赖这种方法。功能失效的来源还包括历史故障、售后问题反馈等，而针对传感器或电阻、电容等元器件，其失效则更多参考其使用说明书。

4.2 系统安全设计

4.2.1 经典监控架构

谈到系统安全架构，业内常使用的是 E-Gas 三层监控架构。E-Gas 监控概念源于奥迪、宝马、戴姆勒、保时捷、大众等成员一起通过工作组的形式开展的针对复杂车载控制系统的安全监控架构设计指导性文档，涉及系统架构、软件和硬件的设计理念，广泛应用于传统燃油车和新能源汽车监控与诊断设计领域。

E-Gas 整体设计的主要指导原则如下：

➢ 监控系统需要独立于发动机的控制和驾驶员的反应；

➢ 监控的功能及故障响应的设计要尽可能简单可靠；

➢ 发动机停止工作在系统的安全性设计中也是可以采用的；

➢ 每一次驾驶循环中，系统的关断路径有效性需要被检测；

➢ 系统的关断路径在电源波动时依然是稳定可靠的。

E-Gas 监控概念的核心是三层安全架构设计，如图 4-3 所示。整体设计分为 Level1、Level2 和 Level3，其定义如下：

➢ Level1: 功能层，包括扭矩的解析、功能的诊断等，最直接的理解就是能够实现设计基本功能的软件及相关硬件资源的组合；

➢ Level2: 功能监控层，负责监控功能层的输出结论，简单理解来看，就是软件的冗余校验，但是，由于不想消耗太多资源及避免算法共因，所以基于功能结果的监控；

➢ Level3: 硬件监控层，负责确保 Level1 和 Level2 的运行的硬件环境是正常工作的，异常的运行环境会导致 Level2 的设计起不到很好效果，因此，Level3 在整体的监控架构中作用是不可替代的。

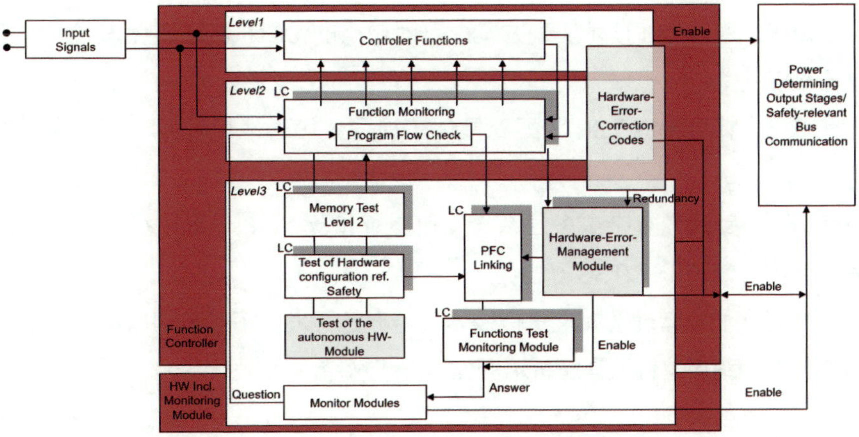

图 4-3　E-Gas 三层安全架构（带锁步核）

4.2.2 系统安全设计方法

功能安全概念规定了系统的安全目标，以及系统所需要的安全功能以实现这些安全目标。而技术安全概念则需要实现以下两部分内容：

➢ 进一步细化安全概念提出的安全功能，也就是从做什么转化为怎么做，得出安全功能的实现技术方案；

➢ 分析安全功能的实现路径，找到系统或技术方案中引起安全功能失效的单点故障、潜伏故障和多点故障，并提出安全措施或安全机制来覆盖这些故障。

具体而言，从功能安全需求（FSR，Functional Safety Requirement）/ 功能安全概念（FSC，Functional Safety Concept）导出到技术安全需求（TSR，Technical Safety Requirement）以及技术安全概念（TSC，Technical Safety Concept）的步骤如下：

步骤 1：针对每一条 FSR/FSC，详细制订该条 FSR/FSC 的实现技术方案，也可以理解为 FSR/FSC 在系统初始架构要素中的功能执行路径，从传感器→控制器→执行器的实现路径；

步骤 2：FSR/FSC 的实现技术方案为对象，进行 FTA 或 FMEA 分析，识别出该实现技术方案中违背该条 FSR/FSC 的单点故障和双点故障；

步骤 3：针对单点故障，设计相应的具体诊断机制或安全措施；

步骤 4：针对双点故障，设计相应的避免潜伏故障的诊断机制或安全措施；

步骤 5：汇总上述技术实现方案、针对单点的诊断机制和避免潜伏的诊断机制，形成 TSR；

步骤 6：将导出的 TSR 分配到具体实现要素如硬件和软件，优化系统架构设计，即 TSC；

步骤 7：针对较复杂或多层系统，可重复步骤 1—6 过程进行迭代设计，直至完成整个系统的 TSR/TSC 开发。

考虑更方便读者理解如何进行技术安全概念开发，下面分别以执行器供电系统示例与加速踏板位置采样解析示例作进一步解释。

[示例 1] 执行器供电系统 TSR 开发

本示例来自 ISO 26262：2011 第 10 部分，该系统的功能是根据驾驶员的请求给执行器供电，整体设计目标是：

Safety Goal 1: Avoid activating the actuator while the vehicle speed is greater than 15 km/h : ASIL C

为实现该目标，示例中的概念方案是增加安全的 Redundant Switch，并依据车速实现独立的控制，即提出如下概念需求：

➢ Requirement B. 1: the VS ECU sends accurate vehicle speed information to the AC ECU. => ASIL C

➢ Requirement B. 2: the AC ECU does not power the actuator if the vehicle speed is greater than 15 km/h => ASIL X (C)

➢ Requirement B. 3: the VS ECU sends accurate vehicle speed information to the Redundant Switch. =>ASIL C

➢ Requirement B. 4: The Redundant Switch is in an open state if the vehicle speed is greater than 15 km/h.=> ASIL Y (C)

考虑该系统比较简单，可依据示例中描述的概念需求 B.3 和 B.4，很快地构建出其实现技术方案（图 4-4），即：冗余开关接收车速信息，并且当车速大于 15km/h 时主动切断供电。

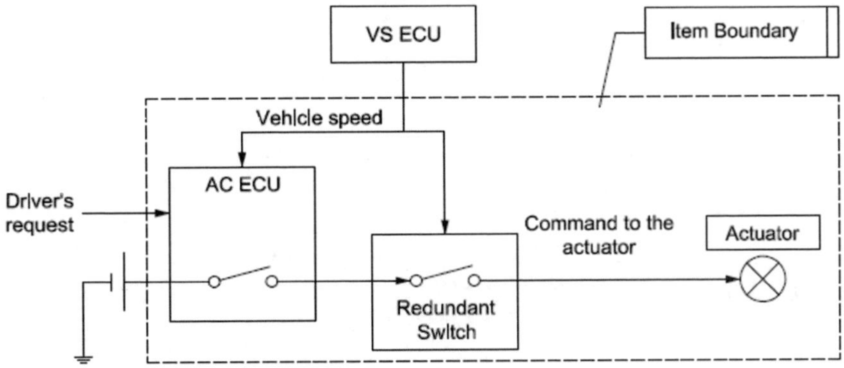

图 4-4　执行器供电系统

为了进一步分析并导出 TSR，需要分析该实现技术方案中存在哪些故障而引起安全功能无法实现，即违背概念需求 B.3 或 B.4。

根据图 4-4 所示的功能实现路径，进行 FMEA 分析可快速得出该技术方案存在的违背安全目标的失效。以冗余开关为例，当冗余开关出现卡滞故障时，车速大于 15km/h 时也无法实现切断供电，如图 4-5 所示。因此，需要对该故障提出进一步的诊断机制。

因此，该 Safety Mechanism 1 即是根据概念要求 B.3 经过分析后导出的 TSR，并分配到系统要素中，如图 4-6 所示。按照上述方法针对每条概念需求进行分析，最后汇总所有的技术实现方案细化要求和诊断机制或安全措施，并将要求分配给具体系统要素实现，即实现了整个技术安全概念的开发。

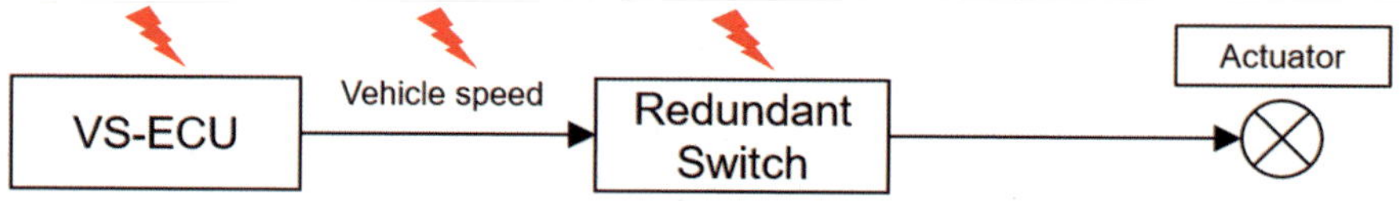

Safety Mechanism 1：冗余开关应在上电初始化过程诊断 stucktoclose 故障，且诊断覆盖率达到相应的要求 => ASIL Z

图 4-5　冗余供电路径失效分析

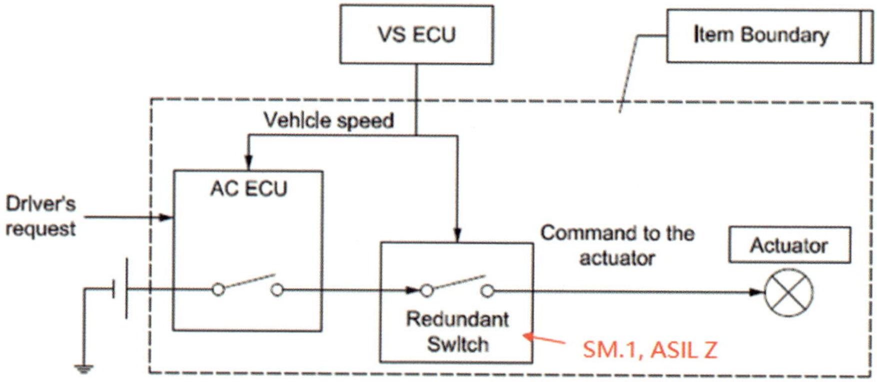

图 4-6　执行供电安全概念

[示例 2] 加速踏板位置采样 TSR 开发

本示例以 FSR_PS_04（整车控制系统应检测驾驶意图相关信息的故障）为出发点，阐述 TSR/TSC 导出过程分析。FSR_PS_04 的内容描述如下：驾驶意图相关的信息包括了加速踏板位置、制动踏板位置及换挡杆位置信息，本部分以加速踏板位置采样为示例进行 FSR/FSC 导出 TSR/TSC 的过程分析。

依据 FSR，加速踏板位置诊断的实现技术方案如图 4-7 所示。

步骤 1：为了实现 FSR_PS_04 的要求，需要对上述提出的采样方案进行细化并提出安全要求，即对其形成 TSR，描述如下（以下 TSR 仅作为部分示例，并不完整也不作为实际开发的依据参考）：

➢ TSR_AccPed-001：加速踏板传感器选择应满足 TBD 精度要求（ASILx）；

➢ TSR_AccPed-002：控制器应设计提供 5V 供电给加速踏板传感器（ASILx）；

➢ TSR_AccPed-003：控制器应通过 ADC 模块对加速踏板信号进行采样，且采样过程应进行滤波处理（ASILx）；

➢ TSR_AccPed-xxx：……

步骤 2：为避免加速踏板采样路径的故障引起无法采样等失效，需要对实现

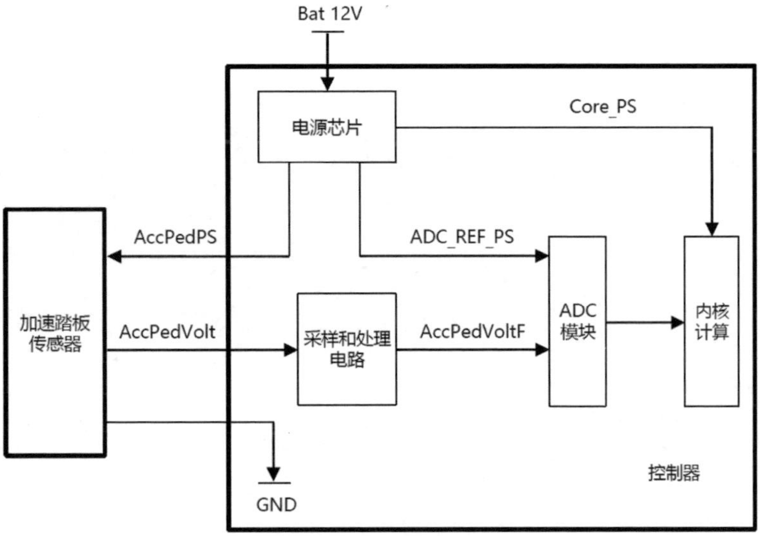

图 4-7 加速踏板采样方案

技术方案进行失效分析，找到功能安全实现方案中的风险点。由图 4-8 可知，加速踏板位置采样路径中失效可以分为加速踏板传感器、采样和处理电路、ADC 位置模块和内核计算（软件）等部分，具体如表 4-5 所列。

使用 IQ-FMEAPRO 工具，分析得到失效网络，如图 4-8 ~ 图 4-10 所示。

表 4-5　加速踏板采样路径中的失效模式

类型	失效模式
加速踏板传感器	信号短路到电源 信号短路到地或开路 供电短路到电源 供电短路到地或开路 接地开路
采样和处理电路	电压信号丢失 电压信号偏移 电压信号卡滞
ADC 模块	AD 转换卡滞 AD 转换偏移 AD 短到地或短到供电
供电模块	供电过压 供电欠压
内核计算（包含软件）	数据计算故障

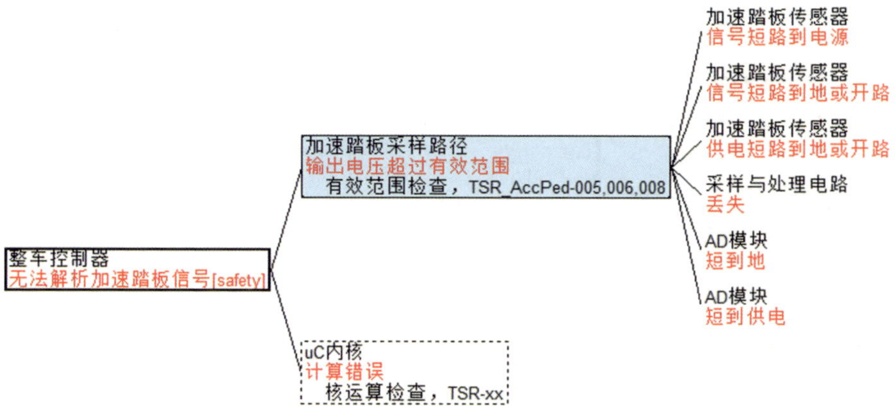

图 4-8　无法解析加速踏板的失效分析

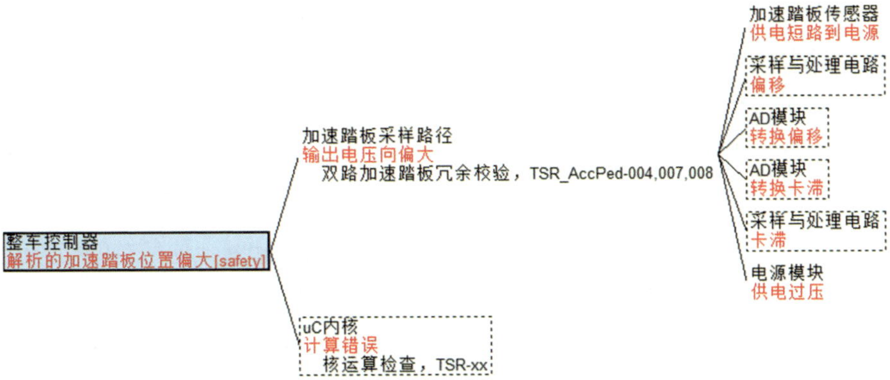

图 4-9　加速踏板解析偏大的失效分析

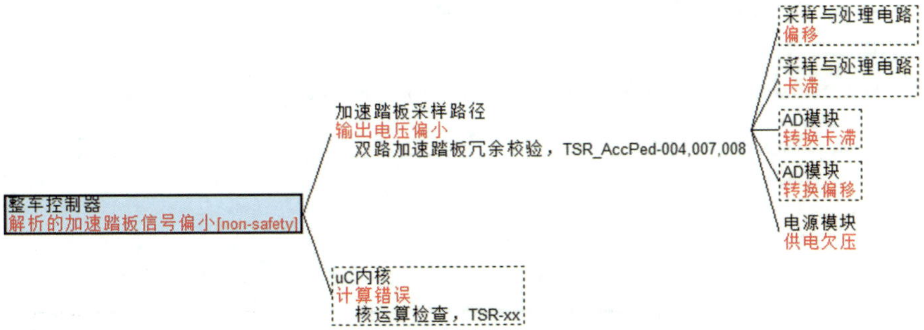

图 4-10　加速踏板解析偏小的失效分析

这里需要关注的是，确定失效对安全目标的影响的方法有售后故障数据、仿真分析和故障注入试验分析等方法。故障注入试验分析方法更接近实际情况，也是最常用的方法。

步骤 3：根据步骤 2 中 FMEA 分析得到的故障，提出对应的诊断机制即导出 TSR，具体描述如下：

➢ TSR_AccPed-004：使用两路加速踏板采样路径，并对两路信号进行 Cross-Check 校验，以探测加速踏板采样偏移失效（ASILx）；

➢ TSR_AccPed-005：应对每一路加速踏板信号进行有效范围校验，以探测如下加速踏板采样短地、开路、短电源失效（ASILx）；

➢TSR_AccPed-006：当一路加速踏板信号超过规定的（min，max）范围时，认为该路踏板信号有故障（ASILx）；

➢TSR_AccPed-007：当两路加速踏板位置电压的 Cross-Check 的结果超过规定阈值，且持续时间超过 debounce 阈值时，应认为加速踏板信号有故障（ASILx）；

➢TSR_AccPed-008：当检测任一故障时，应将加速踏板信号有效标志位为无效（ASILx）。

步骤 4：汇总分析得出的所有 TSR，并将其分配到技术实现方案的相关要素中，重新优化技术实现方案即得到 TSC。该示例的 TSC 如图 4-11 所示。

4.2.3 驱动控制系统安全设计示例

作为新能源汽车尤其是纯电动汽车的核心动力部件，驱动控制系统的功能安全的正确实施显得尤为重要。驱动控制系统的重要功能是解析驾驶员的动力需求，

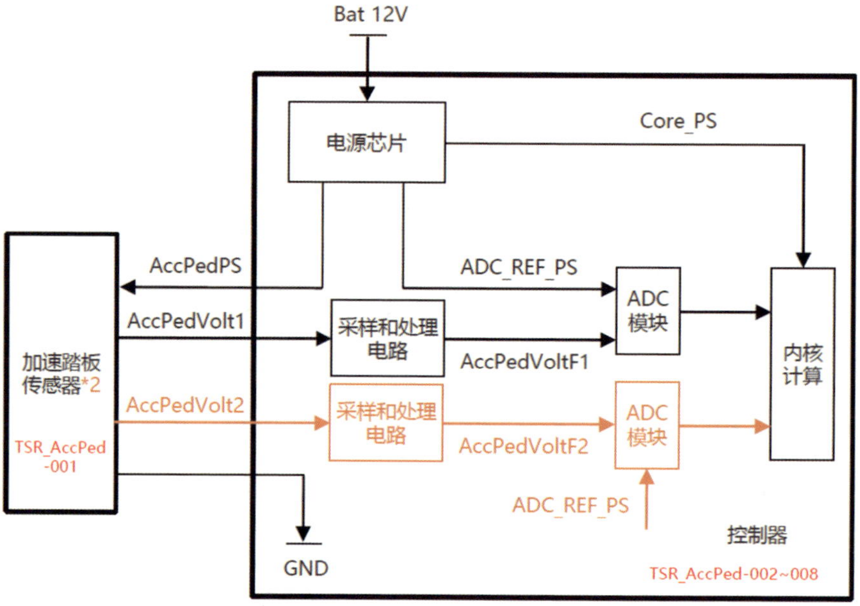

图 4-11 加速踏板位置采样的 TSC

并控制驱动电机输出对应的扭矩大小。为保证在整个扭矩传递、输出路径在故障时不会带来危害人身安全的事故，应对扭矩输出是否符合驾驶员期望进行监控，并且检测危害事件发生时系统能及时切断动力。

表 4-6 所列是根据行业通用的新能源汽车驱动控制系统的组成和功能设计，将常用的系统部分安全机制进行阐述，供各位读者参考。

表 4-6　加速踏板采样路径中的失效模式

系统要素	安全机制简述	软件	硬件
CAN 通信和信号	信号冗余传送和校验，常见的机制有 AUTOSAR 使用的 CRC 算式、整帧 checksum、信号 Protectionvalue 以及 RollingCounter 机制等（TSR001）	√	
	Level1 和 Level2 使用独立的信号解码路径（TSR002）		√
加速踏板位置解析	使用双路相互独立冗余的加速踏板采样，包括 2 个传感器、2 条采样和处理电路、2 个独立的 ADC 模块等（TSR003）		√
	两路加速踏板电压特性相异（TSR004）		√
	每一路加速踏板电压进行有效范围诊断（TSR005）	√	
	两路加速踏板进行合理性 cross-check 校验（TSR006）	√	
	ADC 模块的参考电压进行过、欠压诊断（TSR007）	√	
旋变位置解析	使用双路相互独立冗余的旋变采样路径分别用于 Level1 和 Level2（TSR008）		√
	旋变电压进行有效范围诊断（TSR009）	√	
	旋变电压进行 sin 和 cos 平方和校验（TSR010）	√	

续表

系统要素	安全机制简述	软件	硬件
三相电流解析	使用相互独立冗余的三相电流采样路径分别用于 Level1 和 Level2 （TSR011）	√	√
	相电流进行有效范围诊断（TSR012）	√	
	三相电流进行三相电流和校验（TSR013）	√	
扭矩输出	独立的扭矩期望和实际扭矩估算路径（TSR014）	√	√
	扭矩期望与实际扭矩对比，违背安全目标时在 FTTI 内进入安全状态（TSR015）	√	
	独立的进入安全状态的控制路径（TSR016）		√
控制器硬件设计	对影响安全目标的供电进行过欠压诊断（TSR017）	√	√
	使用带有如下等机制的主芯片和外部够芯片（TSR018）： • 锁步核或 coretest 机制 • 内存诊断和保护，如 ECC、MPU • 独立时钟监控机制 • 支持程序流监控的外部狗芯片		√
避免潜伏的机制	硬件实现安全机制的上电自检，如进入安全状态的硬件路径、主芯片自带的硬件保护机制等（TSR019）	√	√

依据上述安全机制，驱动控制系统的一个技术安全概念示例如图 4-12 所示。借鉴 E-Gas 三层架构设计，功能层 Level1 按照 QM 要求开发，功能监控层 Level2 与硬件监控层 Level3 按照图 4-12 所示相应 ASIL 等级开发。

功能层 Level1 依据加速踏板位置、换挡杆位置、车速等信息识别驾驶员扭矩需求，同时考虑系统能力，最后控制扭矩输出。

功能监控层 Level2 的整体思想是使用独立于 Level1 算法估算驾驶员的期望

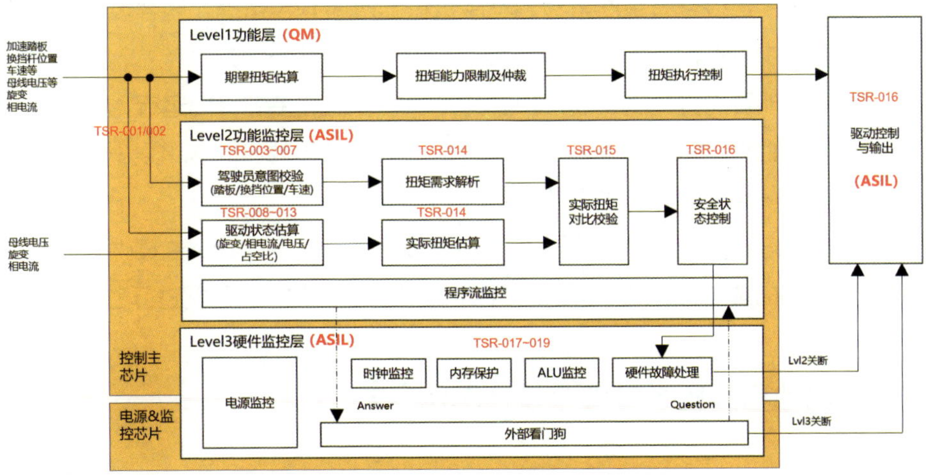

图 4-12 驱动控制系统 TSC 示例

扭矩，同时依据驱动系统状态估算实际系统输出，当实际输出与期望的差值大于一定数值，并持续超过一定时间时，则采用相应的故障动作也就是进入安全状态。同时，这里说的“独立于 Level1”不仅是估算期望扭矩，还包括了输入信息，如加速踏板位置信息、相电流信息等，均与功能层 Level1 保持独立，使用两个独立的信息采集与处理路径。

硬件监控层 Level3 需要涉及软件和硬件的交互，监控的机制需要软件与硬件的配合，也可以单独通过软件或硬件实现。本书中驱动系统的功能安全示例中的 Level3 内容涉及软件的方面有以下一些：

（1）电源监控：针对主芯片供电、安全相关的传感器的供电，进行供电过压、欠压的诊断，且识别到故障时应及时触发 Level3 关断路径，关闭驱动输出。

（2）逻辑运算单元 ALU 保护：运算单元是一个控制器的核心，也是监控功能层 Level2 正常执行的基础。目前常用的保护机制有锁步核校验、指令集测试等。

（3）内存保护：内存分为 FLASH 和 RAM。对于内存的保护，主要是涉及数据翻转、错误的访问、错误的数据等。常用的安全机制有：ECC/EDC（主芯片硬件实施）、MPU（主芯片硬件 + 软件配合实施）和 Safety RAM（原补码校验，单独软件实现）。

（4）程序流检查：主要是检测程序执行的时序是否正确，内容涉及功能监控层 Level2 的程序以及 Level3 的程序。

（5）外部看门狗机制：通过独立的外部芯片监控主芯片的运行。在设定时间窗口内正确回答独立硬件监控单元的问题，如果超时或者回答错误一定次数，则触发控制器 Reset 或者安全状态。

同时，对于最高等级 ASIL-C/D 的系统开发，还需要避免 Level3 硬件的潜伏故障对安全目标的影响。因此，需要对硬件监控层 Level3 的安全机制进行上电自检。

4.2.4 电池和高压系统安全设计示例

新能源汽车另外的核心部件，包括电池和高压系统。电池的主要功能是储能，提供充电和放电功能；高压的主要功能是将新能源系统的高压部件进行连接。为保证电池系统的安全，需要合理控制充放电功率，保证电芯安全，在电芯发生失控之前能够及时通过车辆的声、光进行报警，提示驾驶员离开。同时，为避免人员触碰到高压导致触电，除了需要采用机械防护保证人员无法直接接触到高压部件外，系统还需要实时监控高压系统的完整性以及高压系统与车辆电平台之间的绝缘。

通过典型的新能源汽车电池管理系统（BMS，Battery Management System）的组成和功能设计（图 4-13），对常用的系统部分安全机制进行阐述，供各位读者参考，具体如表 4-7 所列。

电池管理系统的一种功能安全实施案例如图 4-14 所示。整体借鉴 E-Gas 三层架构设计，功能层 Level1 按照 QM 要求开发，功能监控层 Level2 与硬件监控层 Level3 按照相应 ASIL -C/D 等级开发。

功能层 Level1 实现 BMS 的基本功能，包括状态估计、充放电限制、继电器控控制、热管理以及实现基本的故障诊断。由于 Level1 的失效不会直接违反安全目标，因此，Level1 可以按照 QM 要求开发，可以大大降低开发难度和开发工作量。

功能监控层 Level2 的整体的思想是使用独立于 Level1，采用尽可能简单的算法监控电芯的状态、高压互锁状态、绝缘状态和碰撞状态，当电压、温度和电流异常并且并持续超过一定时间，或者高压互锁失效、绝缘阻值过低以及发生碰撞

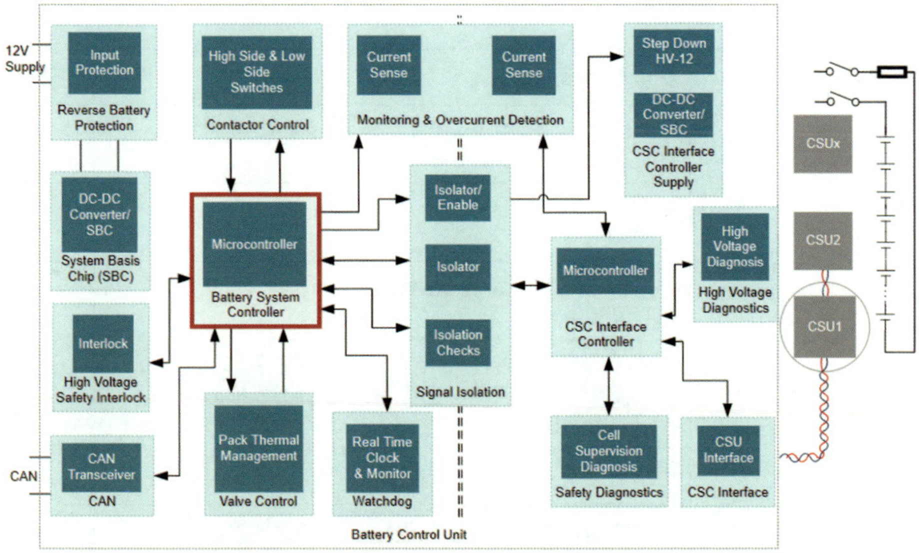

图 4-13 典型 BMS 和高压系统
（图片来源：https://www.ti.com.cn/solution/cn/battery-management-system-bms）

表 4-7 电池和高压系统部分安全机制列表

系统要素	安全机制简述	软件	硬件
CAN 通信和信号	信号冗余传送和校验，常见的机制有 AUTOSAR 使用的 CRC 算式、整帧 Checksum、信号 Protectionvalue 以及 Rollingcounter 机制等（TSR001）	√	
	Level1 和 Level2 使用独立的信号解码路径（TSR002）	√	√
电芯电压解析	使用双路冗余路径对电芯电压进行采样，包括 2 条处理电路、2 个独立的 ADC 模块等（TSR003）		√
	两路电压采样滤波系数相异（TSR004）		√
	对电芯电压采样链路进行监控（TSR005）	√	√
	对电芯电压采样线状态进行监控（TSR006）	√	

续表

系统要素	安全机制简述	软件	硬件
	每一路电芯电压进行有效范围诊断（TSR007）	√	
	两路电芯电压进行 Cross-Check 校验（TSR008）	√	
	对采样结果传递路径进行通信保护（TSR009）	√	√
电芯温度解析	使用双路冗余路径对电芯温度进行采样，包括 2 条处理电路、2 个独立的 ADC 模块等（TSR010）		√
	两路温度采样滤波系数相异（TSR011）		√
	对电芯温度采样链路进行监控（TSR012）	√	√
	对电芯温度采样线状态进行监控（TSR013）	√	√
	每一路电芯温度进行有效范围诊断（TSR014）	√	
	两路电芯电压进行 Cross-Check 校验（TSR015）	√	
	对采样结果传递路径进行通讯保护（TSR016）	√	
系统电流解析	使用两个电流传感器对系统电流进行冗余采样（TSR017）		√
	电流传感器应满足异构要求（TSR018）		√
	使用独立采样路径对系统电流进行采样，包括 2 条处理电路、2 个独立的 ADC 模块等（TSR019）		√
	每一路系统电流进行有效范围诊断（TSR020）	√	
	两路系统电流进行 Cross-Check 校验（TSR021）	√	
高压互锁状态	采用低压回路检测高压接插件、外壳连接状态（TSR022）		√
	对高压互锁检测回路进行监控（TSR023）	√	

续表

系统要素	安全机制简述	软件	硬件
绝缘状态	检测高压母线对车身之前的绝缘阻值（TSR024）	√	
	对绝缘状态回路进行监控（TSR025）	√	
碰撞识别	应识别车辆是否发生了碰撞（TSR026）	√	√
安全功能	识别到电芯过欠压，在允许的 FTTI 时间内进入安全状态（TSR027）	√	
	识别到电芯过温，在允许的 FTTI 时间内进入安全状态（TSR028）	√	
	识别到系统过流，在允许的 FTTI 时间内进入安全状态（TSR029）	√	
	识别到电池热失控，在允许的 FTTI 时间内进行报警（TSR030）	√	
	识别到绝缘异常，在允许的 FTTI 时间内进入安全状态（TSR031）	√	
	识别到高压互锁异常，在允许的 FTTI 时间内进入安全状态（TSR032）	√	
	识别到碰撞，在允许的 FTTI 时间内进入安全状态（TSR033）	√	
关闭路径	应具备两路独立冗余切断高压路径（TSR034）		√
控制器硬件设计	对影响安全目标的供电进行过欠压诊断（TSR035）	√	√
	使用带有如下机制的主芯片和外部够芯片（TSR036）： • 锁步核或 coretest 机制 • 内存诊断和保护，如 ECC、MPU • 独立时钟监控机制 • 支持程序流监控的外部狗芯片		√
避免潜伏的机制	硬件实现安全机制的上电自检，如进入安全状态的硬件路径，主芯片自带的硬件保护机制等（TSR037）	√	

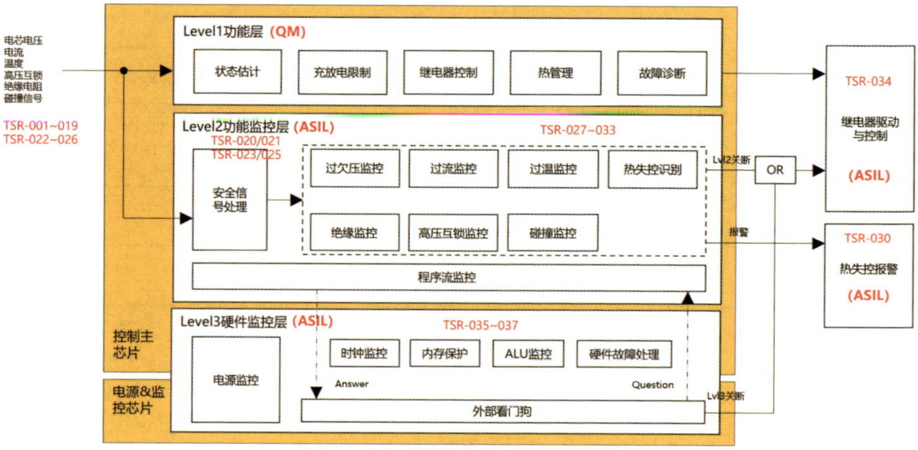

图 4-14 BMS 与高压系统 TSC 示例

的时候，系统采取相应的故障动作也就是进入安全状态。为了保证 Level2 能够不受 Level1 失效的影响，Level2 的信号处理应与 Level1 保持独立，使用两个独立的信息处理路径。避免与 Level1 有过多的耦合。

电池管理系统 Level3 与驱动系统类似，Level3 也需要涉及软件和硬件的交互，监控的机制需要软件与硬件的配合，也可以单独通过软件或硬件实现。由于电池管理系统需要满足最高等级 ASIL-C/D 的系统开发要求，为避免 Level3 硬件的潜伏故障对安全目标的影响，也需要对硬件监控层 Level3 的安全机制进行上电自检。

4.2.5 系统开发常用工具介绍

依据 ISO 26262 的要求，为实现系统设计满足如图 4-15 所示的原则，一般可使用半形式化如 SysML 语言 + 自然语言实现。行业内用得比较多的、支持系统设计的工具有 Medini Analyze、IBM Rhapsody 和 Enterprise architect 等。

Medini Analyze 是 Ansys 公司开发的一款支持 ISO 26262 开发活动的工具，它提供一系列绑定在模型化环境中的先进分析方法，包括：

➢ 针对电子电气系统和软件控制功能的安全分析和设计，以及适用于 ISO 26262、IEC 61508、ARP 4761 和 MIL-STD-882E 的特定模板；

Properties		ASIL			
		A	B	C	D
1	Hierarchical design	+	+	++	++
2	Precisely defined interfaces	+	+	+	+
3	Avoidance of unnecessary complexity of hardware components and software components	+	+	+	+
4	Avoidance of unnecessary complexity of interfaces	+	+	+	+
5	Maintainability during service	+	+	+	+
6	Testability during development and operation	+	+	++	++

图 4-15　系统设计原则

➢ 将架构 / 功能设计与质量、可靠性和功能安全分析方法进行集成；

➢ 可支持运行情境分析、危险与风险分析 (HARA)、功能性风险评估 (FHA)、FTA、FMEA、FMEDA、FMECA 概率可靠性分析以及硬件失效指标；

➢ 依照 SAE J1739、VDA 质量手册、AIAG 等标准进行产品设计及相关流程的质量分析；

➢ 完整的端到端可追溯功能；

➢ 工作成果和文档的定制化生成；

➢ 团队协作支持，包含模型化高级对比和合并技术；

➢ 集成 Ansys SCADE Architect、IBM® Rational® DOORS®、IBM® Rational® Rhapsody®、Enterprise Architect、MATLAB®/Simulink®、Stateflow®、PTC Integrity™、Microsoft® Office、TortoiseSVN、IBM® Rational® ClearCase®、Jama Software 等工具。

IBM Rhapsody 是 IBM 公司基于 UML/SysML 的模型驱动开发集成环境，用于嵌入式和实时系统的系统设计开发工具。Rhapsody 的主要功能如下：

➢ 使用行业标准建模语言：UML、SysML、DoDAF 等；

➢ 支持可视化模型仿真；

➢ 支持 C、C++、Java 等语言开发环境，做到模型平台无关性；

➢ 支持常用的嵌入式实时操作系统，如 VxWorks、嵌入式 Linux、Android、OSEK、QNX 等；

➢ 基于 Jazz 平台与 DOORS、RTC、RQM 无缝集成。

Enterprise architect 是 Sparx Systems 公司的旗舰产品。它覆盖了系统开发

的整个周期，除了开发类模型之外，还包括事务进程分析、使用案例需求、动态模型、组件和布局、系统管理、非功能需求、用户界面设计、测试和维护等。该工具特点：

- 高价值、端到端的建模，支持软件和系统工程的完整的建模生命周期；
- 建模、管理和跟踪需求；
- 强大的文档生成能力；
- 源代码的生成和反向工程；
- 先进的模型驱动架构，包括 C#、DDL、EJB、Java、Junit、NUnit、WSDL、XSD 的建模转化；
- 支持 SysML 系统工程和仿真；
- 业务流程建模；
- 基于 UML 2.4.1 语言；
- 高效的项目管理。

当然，支持系统设计的工具还很多，本书不作一一罗列。依据笔者经验来看，Medini Analyze 与 ISO 26262 要求更加契合，IBM Rhapsody 和 Enterprise architect 的系统工程建模则更加强大。

4.3 系统测试与验证

系统测试与验证在功能安全开发流程中属于下游环节，也是确保安全机制与安全措施被正确、有效地实施的最后“守门人”，是非常重要的环节。ISO 26262：2018 中对系统测试与验证内容、测试用例的导出方法均提出了相应的要求。

4.3.1 系统测试内容与方法

系统测试内容与方法从软硬件层面、系统层面与整车层面提出了要求，相应的测试内容、测试方法以及 ASIL 等级要求如表 4-8 所列。

表 4-8　系统测试内容与方法列表

测试环节	测试内容	测试方法	ASIL 等级要求			
			A	B	C	D
硬件和软件集成与测试	技术安全要求在硬件和软件层面的正确执行	a. 基于需求的测试	++	++	++	++
		b. 故障注入测试	+	++	++	++
		c. 背靠背测试	+	+	++	++
	安全机制在硬件和软件层面的正确功能性能、准确性和时序	a. 背靠背测试	+	+	++	++
		b. 性能测试	+	++	++	++
	外部和内部接口在硬件和软件层面执行的一致性和正确性	a. 外部接口测试	+	++	++	++
		b. 内部接口测试	+	++	++	++
		c. 接口一致性检查	+	++	++	++
	安全机制在硬件和软件层面的诊断覆盖率的有效性	a. 故障注入测试	+	+	++	++
		b. 错误猜测法测试	+	+	++	++
	在硬件和软件层面的鲁棒性水平	a. 资源使用测试	+	+	+	++
		b. 压力测试	+	+	+	++
系统集成与测试	功能安全和技术安全要求在系统层面的正确执行	a. 基于需求的测试	++	++	++	++
		b. 故障注入测试	+	+	++	++
		c. 背靠背测试	○	+	+	++
	安全机制在系统层面的正确功能性能、准确性和时序	a. 背靠背测试	○	+	+	++
		b. 故障注入测试	+	+	++	++
		c. 性能测试	○	+	+	++
		d. 错误猜测法测试	+	+	++	++
		e. 来自现场经验的测试	○	+	++	++

续表

测试环节	测试内容	测试方法	ASIL 等级要求			
			A	B	C	D
	外部和内部接口在系统层面执行的一致性和正确性	a. 外部接口测试	+	++	++	++
		b. 内部接口测试	+	++	++	++
		c. 接口一致性检查	+	+	++	++
		d. 交互 / 通信测试	++	++	++	++
	系统层面的鲁棒性水平	a. 资源使用测试	○	+	++	++
		b. 压力测试	○	+	++	++
		c. 特定环境条件下的抗干扰性和鲁棒性测试	++	++	++	++
整车集成与测试	功能安全要求在整车层面上的正确执行	a. 基于需求的测试	++	++	++	++
		b. 故障注入测试	++	++	++	++
		c. 长期测试	++	++	++	++
		d. 现实生活条件下的用户测试	++	++	++	++
	安全机制在整车层面的正确功能性能、准确性和时序	a. 性能测试	+	+	++	++
		b. 长期测试	+	+	++	++
		c. 现实生活条件下的用户测试	+	+	++	++
		d. 故障注入测试	○	+	++	++
		e. 错误猜测法测试	○	+	++	++
		f. 来自现场经验的测试	○	+	++	++
	整车层面内外部接口实现的一致性和正确性	a. 内部接口的测试	+	+	++	++
		b. 外部接口的测试	+	+	++	++
		c. 交互和通信的测试	+	+	++	++

续表

测试环节	测试内容	测试方法	ASIL 等级要求			
			A	B	C	D
	整车层面的鲁棒性水平	a. 资源使用测试	+	+	++	++
		b. 压力测试	+	+	++	++
		c. 特定环境条件下的抗干扰性和鲁棒性测试	+	+	++	++
		d. 长期测试	+	+	++	++

1. 基于需求的测试

基于需求的测试是指针对功能性和非功能性安全要求的测试，非功能性要求可理解为功能开发的“约束”，如性能、精度、可靠性、时间、运行限制等。

2. 故障注入测试

故障注入测试是使用特殊的方法向系统正常运行功能中注入故障。可以通过特殊的测试接口在软件中完成，也可以通过特殊准备的硬件完成。该方法不仅可验证安全机制的正确实施，也可用于提高安全要求的测试覆盖率，因为在正常运行中安全机制不会被调用。如通过故障注入电机扭矩输出故障，可验证驱动系统中扭矩监控机制是否正确实施。

3. 性能测试

性能测试是为了验证安全机制在正常运行环境中的性能表现，包括容错时间、约束能力以及响应时间等。如验证碰撞后高压系统是否能够在 5min 内断开高压。

4. 外部接口测试 / 内部接口测试 / 接口一致性检查

接口测试的对象包括软硬件接口（如模拟和数字输入输出）、ECU 内部接口（如串行 SPI 等）、ECU 外部接口（如硬线、CAN 通信等），以及系统内部组件之间的接口、系统与外部其他系统之间的接口。接口一致性检查，可以静态检查，也可以动态测试。

5. 错误猜测法测试

错误猜测法测试是使用专家知识和经验教训中收集的数据来预测被测对象的错误。如果测试者有相似测试对象的经验时，错误猜测法是一种有效的方法。该方法主要基于测试者大量的测试经验或可以预估故障概率较高的区域，结合其他测试方法进行验证。如售后问题、类似项目开发过程中遇到的问题等。

6. 资源使用测试

资源使用测试重点评估系统或安全机制的鲁棒性，包括极端情况下 CPU 负载、静态电流消耗、通信负载等，目的是验证最恶劣案例的情况不会耗尽资源。如测试 RAM 的使用示例、CPU 负载、最大堆栈使用量等。

7. 压力测试

压力测试是为了验证测试对象在高运行负荷或高环境要求下是否能够正确运行。因此，测试可以通过施加高负荷或异常的接口负荷以及一些外部影响（总线负载、电击等）完成，也可以是极限的温度、湿度或机械冲击测试。

8. 交互 / 通信测试

交互 / 通信测试包括系统要素间、被测系统和车辆其他系统间交互 / 通信测试。如 CAN 通信周期等。

9. 来自现场经验的测试

该方法是采用从现场收集到的经验和数据，针对错误的系统行为或者新发现的运行工况进行分析，从而设计相应的测试用例来验证系统或安全机制的正确性。

10. 特定环境条件下的抗干扰性和鲁棒性测试

该方法是一种特殊的压力测试，如电磁兼容性（EMC）和静电放电（ESD）测试等。

11. 长期测试 / 现实生活条件下的用户测试

长期测试 / 现实生活条件下的用户测试，类似于来自现场经验的测试，但使用的样本量更多，将普通用户当作测试者，且不局限于之前规定的测试场景，而是在日常生活或现实运行条件下进行测试。比如系统在量产前的耐久测试等。

4.3.2　系统测试用例导出方法

安全机制与安全措施的正确性、完整性的验证，除了使用恰当的测试方法外，合适、完整的使用测试用例也是重要的方面。因此，ISO 26262 给出了编写测试用例的方法，如表 4-9 所列。

ISO 26262 虽然提出了 9 种测试用例导出方法，实际使用过程中并非每一种都需要使用，这里重点介绍场景的 4 种测试用例导出方法。

表 4-9　系统测试用例导出方法

测试用例设计方法	ASIL 等级要求			
	A	B	C	D
a. 需求分析	++	++	++	++
b. 内外接口分析	+	++	++	++
c. 等价类分析（软硬件集成）	+	+	++	++
d. 边界值分析	+	+	++	++
e. 错误猜想	+	+	++	++
f. 功能依赖分析	+	+	++	++
g. 相同限制条件、连续性、独立故障来源分析	+	+	++	++
h. 环境条件或操作使用分析	+	++	++	++
i. 场景分析	+	++	++	++

1. 需求分析

从需求正面出发，按照需求进行分解设计用例，一般包括正常功能与不正常功能。比如，加速踏板的有效电压是 0.5~4.5V，则基于需求，设计的测试用例选择加速踏板电压为 2V（正常输入）与 5V（不正常输入）测试加速踏板的有效性判断。

2. 等价类分析

该方法是将程序所有可能的输入和输出数据划分成若干等价类，然后从每个等价类中选取具有代表性的数据作为测试用例，从而保证测试用例具有完整性和代表性。比如，选择加速踏板的有效电压是 0.5~4.5V 为例，将有效范围分为 3 个区间：（0.4，1.5），（1.5，3），（3，4.5），每个区间选取一个代表性数据，如 1V、2.5V、4V 进行验证。

3. 边界值分析

对输入或输出的边界值进行测试，通常边界值分析法是作为对等价类划分法的补充，此时的测试用例通常来自等价类的边界。比如，加速踏板的有效电压是 0.5~4.5V，以最小边界 0.5V 为例，选择其边界值前、后两个数据，加上边界值数据如 0.4V、0.5V、0.6V 进行验证。

4. 错误猜想

根据经验猜想可能的错误，并以此设计测试用例的方法，用作测试用例设计的补充，而不能单独用来设计测试用例，否则会造成测试的不充分。如加速踏板的电压不存在负值，可选择 −0.1V 数据进行验证。

4.3.3 系统故障注入测试示例

系统级故障注入一般包括硬件在环测试和实体测试，实体测试包含整车级、子系统级不同层级，理论上越接近整车，风险表现越直观。比如，对于高度自动驾驶必备的激光雷达传感器，子系统级故障注入代表以激光雷达个体点云输出来进行终端表现判断，整车级故障注入代表以最终整车基于当前系统设计、算法设计下激光雷达故障是否发生风险来评判。不同层级对于功能安全的测试而言是同等重要的，但测试结果触发的更改是有所区别的，这一点需要各位从业者自行在工作中去把握和平衡。

硬件在环测试是以实时处理器运行仿真模型来模拟受控对象的运行状态，通过 I/O 接口与被测的 ECU 连接，对被测 ECU 进行全方面、系统的测试。硬件在环测试在安全性、可行性和合理的成本上都有非常大的优势，缩短开发时间和降低成本的同时提高 ECU 的软件质量，降低汽车厂商的风险。对于系统故障注入测试而言，如下 3 种情况建议优先选择硬件在环测试：

- 故障注入测试过程中，有可能造成实际安全风险的用例；
- 故障注入测试过程中，有可能造成车辆部件损坏的用例；
- 故障注入的用例在实车中很难实施。

On-semi 针对摄像头的故障注入用例是针对子系统级进行的。2004 年起，On-semi 在汽车应用上引入 CMOS 传感器，逐渐地，ADAS 辅助系统开始应用。由于 ADAS 系统是功能安全相关的功能，因此摄像头成为了安全相关的器件，而且随着自动驾驶的自动化程度不断提升，要求越来越高。On-semi 针对故障注入是否影响安全进行了流程图的说明，如图 4-16 所示。

依照故障注入的结果，可以发现图像会发生畸变、错位等故障形态（图 4-17），无论哪一种形态都肯定会造成物体或环境识别的错误，进而引发自动驾驶风险。这种故障注入的方式可以作为传感器（例如摄像头、毫米波雷达、激光雷达等）供应商的故障注入关注层级，至少做到当明显性能偏差时在安全时间范围内直观提示感知系统，但图像的异常是否一定会影响到整车的安全还取决于整车的应用。

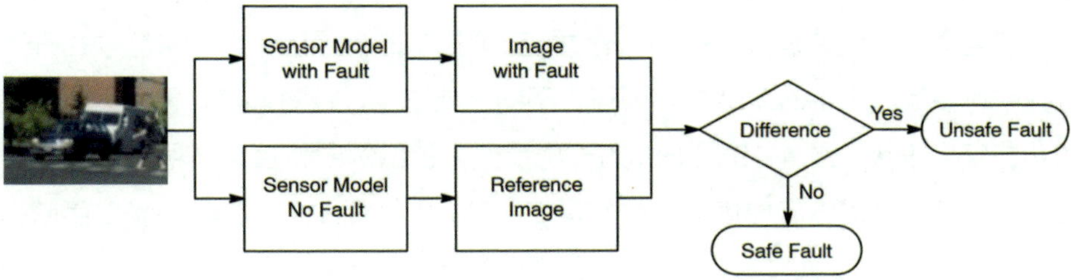

图 4-16　判断是否是安全故障的流程

图 4-17　故障注入的测试结果

相比于子系统级故障注入，整车故障注入测试用例更加直观，如图 4-18 所示。选定车辆在 creep 模式或者空挡动力耦合情况下（整车级场景选择可以参考 HARA 分析的结果作为故障注入的测试用例），通过针对驱动子系统控制器故障注入的方式验证扭矩异常超 0.25g(假设为安全目标) 故障时系统的响应时间，来判断是否存在安全风险。使用数据采集设备（整车一般会选择 ETAS 或者 Vector 工具）获得数据，观测到从扭矩输出异常到系统反应进入安全状态的时间有 1.13s，不满足 500ms 要求，测试结果为未通过，需要优化扭矩监控机制的响应。

4.4　功能安全审核实战

HSI（Hardware Software Interface）全称为硬件–软件接口，用于定义软件和硬件的接口来说明软件如何使用硬件资源。一般，HSI 制定是由系统团队牵头，由硬件团队和软件团队深度参与讨论，完成三方确认签署的。为方便大家理解，ISO 26262 提供了 HSI 的开发示例，阐述了 HSI 需要包含的内容，如内存、ADC 通道资源等，具体可参考 ISO 26262。

这里需要说明的是，HSI 并不是功能安全独有的一项活动，在实际项目开发过程中可参考原规定的 HSI 文档即可。不同之处在于，针对接口，需要区分不同的功能安全等级。图 4-19 是 HSI 的一个示例，该示例中将接口按照资源类型进行分类，并定义清晰软件信号、硬件模块、Pin 序号和名称、功能、ASIL 等映射关系。

功能安全审核实战如表 4-10 所列。

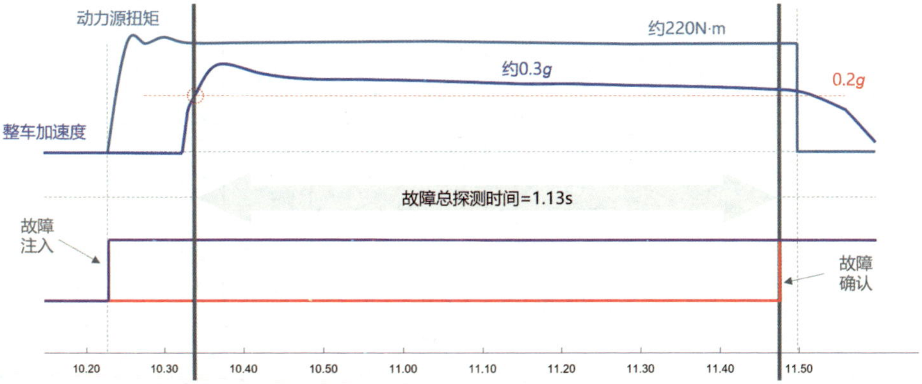

图 4-18 整车故障注入测试示意

No.	Function	Port Name	SW Signal Name	Signal Name	MCU Port	Physical Meaning	Type
1	Temp Monitoring	AI_NTC1	AI_NTC1	AiBrd1Temp1	AN0	*This is the channel that is used by the MCU to read the Board 1 Temperature Value.* Temp= 1/(LN(AiBrd1Temp1/(4096-AiBrd1Temp1))/4000+1/(250+25))-250	ANI
2	HV Control	DO_HSD1	DO_HSD1	DoHSD1En	P11.5	*This is the control channel between HSD and MCU.* 0: Disable High Side Driver 1: Enable High Side Drvier	DO
3	Speed Control	DI_FDB	DI_FDB	DiCompFeedback	P10.1	*This is the back up feedback channel between sensor and MCU. Signaling is performed to satisfy <REQ PD2008.xx>* 0: Signal not exceed threshold value 1: Signal exceed threshold value	DI
4	Power Monitoring	AI_PS8	AI_PS8	AiPowerDiagA	AN16	Reserved	ANI
	...	...	...	...	...	...	...

图 4-19 HSI 示例

表 4-10　系统安全设计及验证审核手册实例

条款	题目	目标及交付物	编号	条款	交付要点	评判问题	评判结论
6	Specification of the technical safety requirements	The first objective of this subphase is to specify the technical safety requirements. The technical safety requirements specification refines the functional safety concept, considering both the functional concept and the preliminary architectural assumptions (see ISO 26262-3). The second objective is to verify through analysis that the technical safety requirements comply with the functional safety requirements.	6.4.1	Specification of the technical safety requirements	公司需要展示形成 TSR 的相关流程、依据和使用的工具	如何定义创建 TSR 的程序？ 在确定技术安全要求时，是否预先确定了需要考虑的下列问题？ a） 外部接口，如通信和用户接口（如适用） b） 限制条件，例如环境条件或功能限制 c） 系统配置要求	满足
						如何将 TSR 追溯到更高级别的安全要求	满足
						TSR 与上级安全要求的一致性如何保证	满足
						TSR 与上级安全要求的完整性如何保证	满足
			6.4.2	Safety mechanisms	公司应说明其如何选择安全机制，包括使用和未采用方法的理由，以及如何证明所选安全机制是充分的	如何定义安全机制的选择方法	满足
						根据哪些方面选择或确定使用的安全机制	满足
						不适用的安全机制是否合理	满足
						安全机制是否规定为技术安全要求，是否分配给软件和硬件	满足

		6.5.1 Technical safety requirements specification resulting from requirements in 6.4.1 and 6.4.2. 6.5.2 Technical safety concept resulting from requirements in 6.4.3 to 6.4.6. 6.5.3 System architectural design specification resulting from requirements in 6.4.3 to 6.4.6. 6.5.4 Hardware-software interface (HSI) specification resulting from requirements in 6.4.7. 6.5.5 Specification of requirements for production, operation, service and decommissioning resulting from requirements in 6.4.8.				以下方面是否预先确定了安全机制？ a）向安全状态的过渡 b）容错时间间隔 c）紧急操作间隔，如果不能立即达到安全状态 d）保持安全状态的措施	满足
			6.4.3	ASIL Decomposition	公司应说明其为什么在系统级应用ASIL分解；如果采用ASIL分解，则应演示ASIL分解的应用程序	是否应用了ASIL分解？如果是，ASIL分解在技术安全要求规范中如何识别，以及在来源和衍生安全要求之间的标记如何	满足
			6.4.4	Avoidance of latent faults	公司应说明避免潜在故障的程序及其采用的方法	是否为按照ASIL-C/ D分类的产品或所有ASIL分类的产品定义了潜在故障的避免措施	满足
						是否有说明？说明如何分别处理？如何在技术安全要求中考虑多点故障	满足
						在关于避免潜在故障的说明中，应根据以下要求开发防止双点故障潜在的安全机制： a）指定ASIL-D的技术安全要求的ASIL-B b）指定ASIL-B和ASIL-C的技术安全要求的ASIL-A c）ASIL-A指定的安全技术要求的工程判断	满足

续表

条款	题目	目标及交付物	编号	条款	交付要点	评判问题	评判结论
		6.5.6 Verification report for system architectural design, the hardware-software interface (HSI) specification, the specification of requirements for production, operation, service and decommissioning, and the technical safety concept resulting from requirements in 6.4.9. 6.5.7 Safety analyses report resulting from requirements in 6.4.4	6.4.5	Production, operation, service and decommissioning	公司应分别说明针对 POSD 特殊程序的安全要求，公司还应说明哪些未在 POSD 应用的安全需求	是否有规定生产、操作、维护、维修和停用的安全技术要求，以确保产品在投放生产后的功能安全	裁剪不适用
			6.4.6	Verification and validation	公司应说明安全技术要求的验证和确认程序，并证明所采用的方法是否充分	如何定义技术安全要求的验证	部分满足，存在较小差距
						验证方法是否根据产品的 ASIL 分类确定	部分满足，存在较小差距
						验证评审的内容是否明确，应评价哪些内容？ a）与功能安全概念的符合性和一致性 b）符合初步建筑设计假设	部分满足，存在较小差距

第 5 章 硬件电路安全设计及验证

硬件电路安全设计是实现产品或系统功能安全的基础。要满足具有 ASIL 等级的功能安全需求，需要相应 ASIL 等级的硬件或通过一定的系统设计使硬件组合达到相应的 ASIL 等级。本章将首先介绍如何针对常见元器件进行失效分析，然后讲解如何进行诊断覆盖率评估，最后介绍如何设计安全机制及常见的安全机制及其原理，并分享实际 FMEDA 计算案例。

5.1 硬件电路失效分析

芯片是硬件电路的核心，外围电路多半是为了搭建芯片需要的环境，保证芯片正常工作或为了延展芯片的功能而设计的。本节首先对几款典型芯片进行失效分析，再以降压（BUCK）电路、电流采样电路为例，介绍如何进行芯片外围电路失效分析。

5.1.1 典型芯片的失效分析

芯片的分类方式有很多，比如可以按照晶体管工作方式、功能等进行分类。在对芯片进行功能安全分析时，对于不同复杂度的芯片有着不同的分析方法。对于功能较为单一的芯片，可以直接在 ISO 26262 中找到对应的分析方法；对于较为复杂的芯片，则需要拆分后再分别在 ISO 26262 中找到对应的分析方法；对于可编程芯片，除了要拆分外，还要根据芯片的实际软件开发使用的硬件资源确定安全相关的硬件部分。因此，针对芯片的种类，为了便于读者的理解，划分为小芯片、大芯片和可编程电路三部分进行阐述。

1. 小芯片

对于功能单一的小芯片，失效分析通常有两种处理方式。第一种方式为按功能分类直接在 ISO 26262 第 11 部分中找对应的芯片（可以参考大芯片部分的电源芯片基础角色失效分析）。第二种方式适用于那些在 ISO 26262 第 11 部分中没有对应的芯片或在第一种方式的基础上进一步分析其引脚以完善分析的全面性。

在分析引脚时，通常考虑以下失效情形：

- 引脚短路到地；
- 引脚短路到电源；
- 引脚短路到临近引脚；
- 引脚开路。

以 TPS7A7001 的稳压器（LDO）为例，这是一个为了支持有低输入电压和低压降要求的应用而设计的可以支持 2A 电流的稳压器。其封装和各个引脚的功能如图 5-1 所示。

以 EN 引脚为例：该引脚为芯片的使能信号的输入端。当不使能时，芯片进入关断模式以进一步降低功率耗散（表 5-1）。

在分析时，需要覆盖上面的所有结果来分析该芯片的失效分别会对系统造成什么影响。如果是影响安全的失效，判断是否有其他安全机制对其进行覆盖。

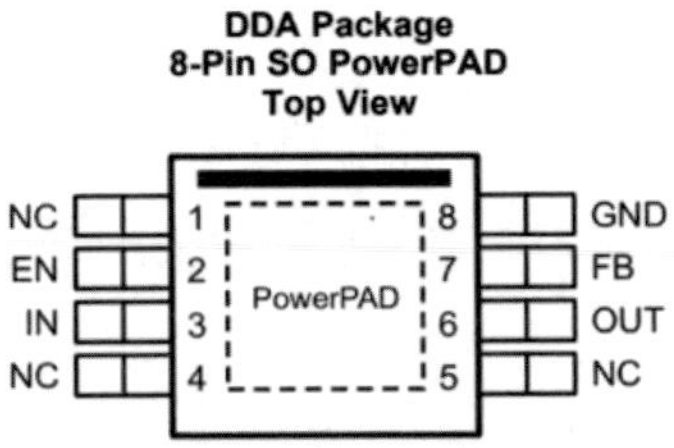

PIN		I/O	DESCRIPTION
NAME	NO.		
EN	2	I	Enable input. Pulling this pin below 0.5 V turns the regulator off. Connect to V_{IN} if not being used.
FB	7	I	This pin is the output voltage feedback input through voltage dividers. See the Table 2 for more details.
GND	8	–	Ground pin
IN	3	I	Unregulated supply voltage pin. It is recommended to connect an input capacitor to this pin.
NC	1, 4, 5	–	Not internally connected. The NC pins are not connected to any electrical node. It is recommended to connect the NC pins to large-area planes.
OUT	6	O	Regulated output pin. A 4.7-μF or larger capacitor of any type is required for stability.
PowerPAD			TI strongly recommends connecting the thermal pad to a large-area ground plane. If an electrically floating, dedicated thermal plane is available, the thermal pad can also be connected to it.

图 5-1　TPS7A7001 封装及引脚功能

表 5-1　TPS7A7001 EN 引脚失效分析

Pin	失效情形	功能	结果
EN	短路到地	有影响	无输出，芯片被关断
EN	短路到电源	有影响	芯片正常工作，但是无法通过 EN 引脚关断芯片
EN	短路到 NC 引脚	无影响	
EN	短路到 FB 引脚	有影响	芯片正常工作，但是无法通过 EN 引脚关断芯片
EN	开路	有影响	无输出，芯片被关断

2. 大芯片

对于大芯片，其跟小芯片最大的区别就是其功能的多样性。因此，分析大芯片时，要全面地去分析到各个功能失效，包含基础角色和扩展角色两部分。

与上文提到的 LDO 小芯片相比，电源管理芯片这样的集成式芯片可以定义为大芯片，不仅涵盖了多个 LDO 的功能，还提供了更加高效、驱动能力更强的 DCDC 功能及监控等功能。

1）对电源管理芯片的基础角色进行失效分析

以 ECU 的电源管理芯片为例，它的基础角色可以被认定为是：提供在规定范围内电压的电能给用电器件。对于这个基础功能，ISO 26262 第 11 部分给出的失效模式如下：

(1) Output voltage higher than a high threshold of the prescribed range (i.e. over voltage — OV)

(2) Output voltage lower than a low threshold of the prescribed range (i.e. under voltage — UV)

(3) Output voltage affected by spikes

(4) Incorrect start-up time (i.e. outside the expected range)

(5) Output voltage accuracy too low, including drift

(6) Output voltage oscillation within the prescribed range

(7) Output voltage affected by a fast oscillation outside the prescribed range but with average value within the prescribed range

(8) Quiescent current (i.e. current drawn by the regulator in order to control its internal circuitry for proper operation) exceeding the maximum value

对于这些失效模式，分析其是否会违背安全目标，最直接、最准确的方式就是对其输出端口进行故障注入测试。一个方法就是，将原来的输出端口断开，用外部供电设备模拟故障电压（OV/UV）引到电路板上。如果需要模拟某种波形，比如 Incorrect start-up time，可以使用电阻配上电容的方式进行，观察该控制器是否会产生违反安全目标的行为。

2）对电源芯片的扩展功能进行失效分析

对于一块电源芯片来说，如果要考虑是不是在分析时只关注上述的这些失效模式就足够了，那么就还是需要回归到其本身的所有角色（功能以及要求）。ISO 26262 第 11 部分中所列的这些失效均是对其基础功能而言的失效。但对于一个拥有高安全目标的系统来说，电源芯片承担的角色通常不仅局限于提供电能。因此，在分析一个电源芯片失效的时候，除了要考虑其基础功能失效的影响外，还要考虑其在系统中承担的扩展功能的失效的影响才足够全面。

对于这种内部集成了很多功能的芯片，为了避免遗漏，最好的方法是按照这块芯片的 Block Diagram 把各个模块拆出来在数据表（Datasheet）中找出它们对应的功能，然后按照 HAZOP 来定义每个模块的失效模式。以 TPS65917-Q1 电源管理单元为例，如图 5-2 所示。

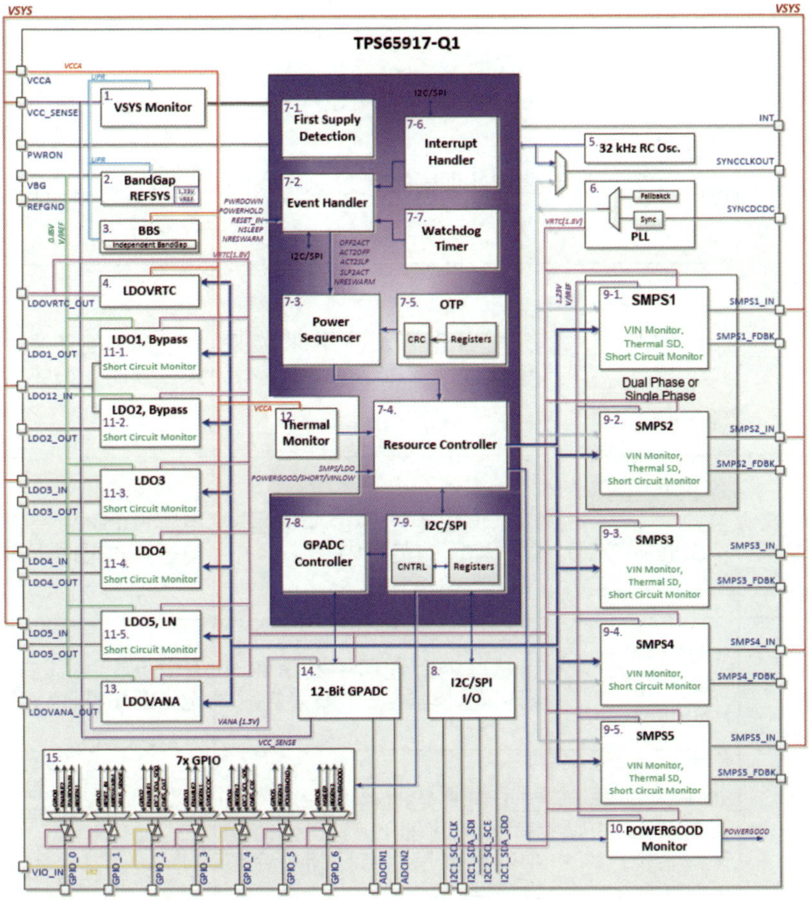

图 5-2 TPS65917-Q1 Block Diagram

通过图 5-2 可以看到，TPS65917-Q1 除了提供 5 个可配置的降压型开关模式电源（SMPS）为大电流用电器件供电以及 5 个 LDO 为低电流用电器件供电外，还包括表 5-2 内所列的功能。

表 5-2 TPS65917-Q1 功能及失效分析

对应编号	模块	功能描述	失效模式
12	芯片自身温度检测 (Thermal Monitors)	两个独立测温模块中任意一个检测到过温后会通过中断发警告给系统；如果温度持续上升，芯片会在 Die 损坏前关断	高温时没有报错 未高温时误报错
7-7	集成看门狗定时器 (Watchdog Timer)	监控处理器的状态	处理器不正常时没触发 Reset 处理器正常时误触发 Reset
14	通用模数转换器 - 电流监控 (GPADC - Load Current Monitor)	芯片自带 ADC，用来监控 SMPS 负载电流	过流时没有报错 未过流时误报错
10	输出电压正常监控 (POWERGOOD Monitor)	指示输出电压是否在编程的输出电压的范围内	电压过低时没有报错 电压未过低时误报错
7-6	中断处理器 (Interrupt Handler)	当芯片内有任何中断事件时用来向处理器发中断警告	有中断事件时没有发中断 无中断事件时误发中断
7-5	对于内部非易失性存储的循环冗余校 (OTP CRC)	在上电开始时检验一次性可编程存储器 (OTP Memory) 中的数值是否有比特位完整性错误	有完整性错误时没有被探测，执行了错误的上电时序 无完整性错误时上电被终止

在分析时，需要考虑用 HAZOP 来分析芯片的全部功能发生失效时分别会对系统造成什么影响。如果是影响安全的失效，是否有其他安全机制对其进行覆盖。

3. 可编程电路

无论是上述的小芯片还是大芯片，针对这类专用集成电路（ASIC）芯片，如果芯片是安全相关的，在失效分析时都默认所有的硬件资源与安全相关。但是，针对可编程电路（PLD），厂商为保证通用性，在设计中集成了规模巨大的门电路，部分存在下游开发实践中并未用到的可能，因而需要结合具体的应用场景，确定应用到哪些硬件资源以及各自所占的比例，这一点在 FMEDA 的计算过程中尤其需要注意。如果按照传统的 MCU 处理方式将所有 FPGA 硬件资源纳入计算，将导致安全相关的模块失效率偏高，如表 5-3 所列。

在上述可编程电路设备中，FPGA 以其高并行计算效率、高可编程灵活性、短开发周期等优势得到了越来越广泛地应用。特别是当前智能驾驶尚处于探索阶段，专用的 ASIC 芯片缺少大规模市场支撑的条件下，FPGA 成为了多数智能驾驶公司控制器的优先选择。一个典型的 FPGA 的结构由如图 5-3 所示部分组成。

表 5-3　TPS7A7001 EN 引脚失效分析

PLD 种类	具体描述
可编程阵列逻辑（PAL）	一次性可编程阵列逻辑，“或”阵列固定，只有“与”阵列可编程
门阵列逻辑（GAL）	类似于 PAL 的功能，具有可多次编程的特点
复杂可编程逻辑器件（CPLD）	非易失性可编程逻辑器件，内部结构基于乘积项 (Product term)，程序存储采用 EEPROM/FLASH，组合逻辑资源丰富，集成度低
现场可编程门阵列（FPGA）	易失性可编程逻辑器件，内部架构基于查找表 (Look up Table)，程序存储采用 SRAM，外挂 EEPROM，时序逻辑资源丰富，集成度高

FPGA 架构主要包括可配置逻辑块 CLB（Configurable Logic Block）、输入输出块 IOB（Input Output Block）、内部连线（Interconnect）和其他内嵌单元四个部分。以 Xilinx Kintex-7 系列 FPGA 为例，各模块的主要功能主要如下。

（1）CLB 是 FPGA 的基本逻辑单元。实际数量和特性会依器件的不同而改变。每个 Slice 里面有 4 个 6 输入 (6：1) 的 LUT（Look-up tables，查找表）和 8 个存储单元（Storage）以及进位逻辑（Carry Logic）和多路选择器（Multiplexers），如图 5-4 所示。

（2）FPGA 可支持许多种 I/O 标准，因而可以为系统设计提供理想的接口桥接。FPGA 内的 I/O 按 Bank 分组，每个 Bank 能独立支持不同的 I/O 标准。目前最先进的 FPGA 提供了 10 多个 I/O Bank，能够提供灵活的 I/O 支持。

（3）内部布线则负责在 CLB 和 I/O 之间传递信号。布线有几种类型：设计用于专门实现 CLB 互连（短线资源）；器件内的高速水平和垂直长线（长线资源）；时钟与其他全局信号的全局低 Skew 布线（全局性专用布线资源）。一般，各厂家设计软件会将内部布线任务隐藏起来，用户根本看不到，从而大幅降低了设计的复杂性。

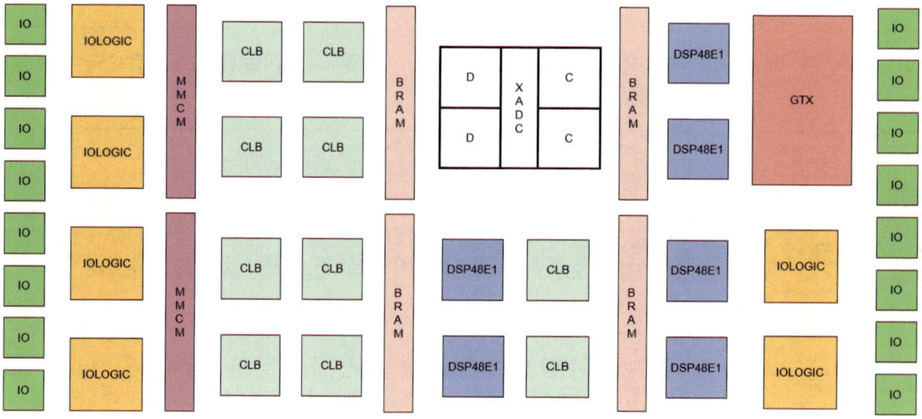

图 5-3　Xilinx Kintex-7 FPGA 主要架构框图

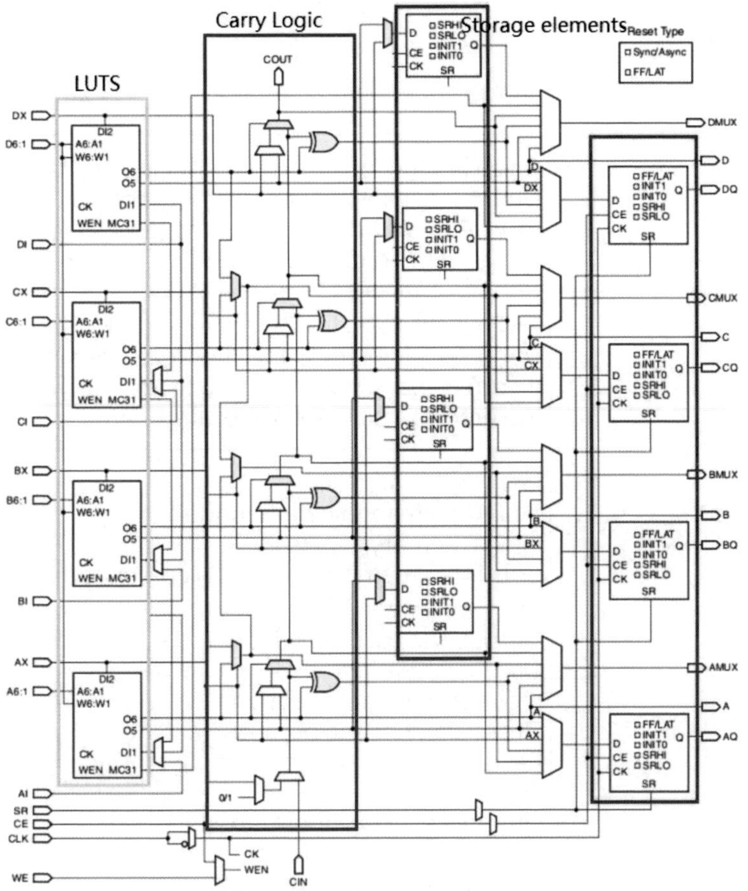

图 5-4 CLB 内部结构

（4）内嵌硬核单元包括 RAM、DSP、DCM（数字时钟管理模块）及其他特定接口硬核等。如 Xilinx Kintex-7 系列 FPGA，集成了 BRAM、XADC、DSP、GTX 等，拓展了 FPGA 在存储、模数转换、数值信号处理、高速收发等方面的性能。表 5-4 所列展示了 FPGA 的常见失效模式。

如前所述，实际的项目开发中所应用的硬件资源只占 PLD 所有资源的一部分。图 5-5 所示为某项目开发完成后，FPGA 软件实际使用的资源情况。在进行安全分析和 FMEDA 计算时，应根据硬件资源的实际使用情况，确定需要纳入分析和计算的模块及其比例。

表 5-4 FPGA 各组件失效模式参考

PLD 种类		失效模式
CLB	LUT	Given instruction flow(s) not executed (total omission) Un-intended instruction(s) flow executed (commission) Incorrect instruction flow timing (too early/late) Incorrect instruction flow result
	Carry Logic	Given instruction flow(s) not executed (total omission) Un-intended instruction(s) flow executed (commission) Incorrect instruction flow timing (too early/late) Incorrect instruction flow result
	Storage	Memory corruption Stack health for overflow, underflow Illegal memory access Corrupted memory address (Memory Addressing)
	Multiplexers	Output is stuck (i.e. high or low) Output is floating (i.e. open circuit) Incorrect channel selection Offset affecting the output signal too high Resistive or capacitive coupling among input channels and Output signal including crosstalk Resistive or capacitive coupling among selectors and output signal including crosstalk Incorrect output dynamic range (i.e. outside the expected range) Attenuation of the output signal Drift affecting the output signal Spikes affecting the output signal (i.e. during switching)
IOB		Stuck Open Stuck Close Bridging fault Drift or oscillation or offset
BRAM		Memory corruption Stack health for overflow, underflow Illegal memory access Corrupted memory address (Memory Addressing)

续表

PLD 种类	失效模式
GTX	Stuck Open Stuck Close Bridging fault Drift or oscillation or offset
DSP Blocks	Permanent corruption of the function implemented by the logic block Transient corruption of the function implemented by the logic block
XADC	Stuck Open Stuck Close Drift or oscillation or offset

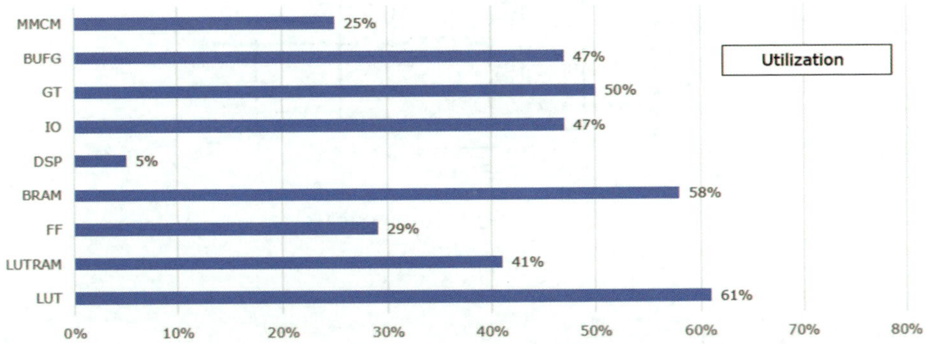

图 5-5　某项目 FPGA 实际使用资源比例情况

5.1.2　典型外围电路的失效分析（BUCK 电路 / 电流采样电路）

芯片的很多功能实现是需要依靠外围电路的。一种快速直接的方式是把整个电路当作一个模块，按照 ISO 26262 中列出的失效模式，进而直接分析其结果的影响。但做全面的失效分析一定要是把上文提到的芯片以及电路中每个元器件都拆开来看。本书依然以电源电路作为案例，分析一个实现降压功能的 BUCK 电路及一个可以用来实现监控功能的电流采样电路。

1.BUCK 电路

对于 BUCK 电路，由于涉及的元器件众多，如果每个元器件都用故障注入的方式进行分析，这个过程会耗时很长，工程开发中兼顾效率的办法可以采用仿真的手段。

以一个较为简单的 BUCK 电路为例。

LTM8073 是一个降压型开关模式电源。其输入电压范围为 3.4~ 60V，输出电压范围为 0.8~15V，如图 5-6 所示。

利用仿真软件建模的方式对该芯片 Pin 脚和周围元器件失效后对电源影响进行评估，通过在模型上进行更改（如注入故障），观察仿真后的失效电压波形，如图 5-7 所示。

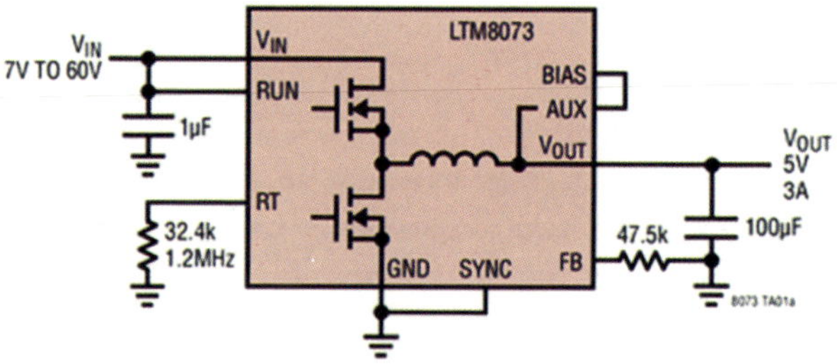

图 5-6　LTM8073 芯片电路图

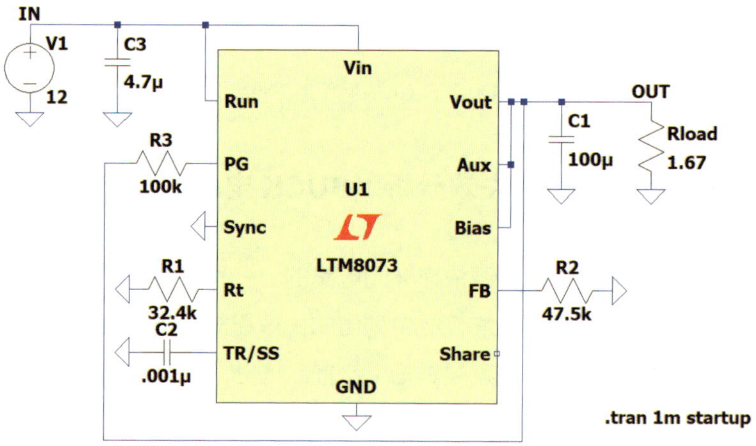

图 5-7　LTM8073 芯片电路图 LTspice 仿真模型

仿真时，通常使用的软件有 Multisim 和 TINA，如果公司没买这些软件也可以考虑用免费的 LTspice。图 5-8 所示就是该电路在 LTspice 中的仿真模型，其中蓝色曲线为输入电压，绿色曲线为输出电压。

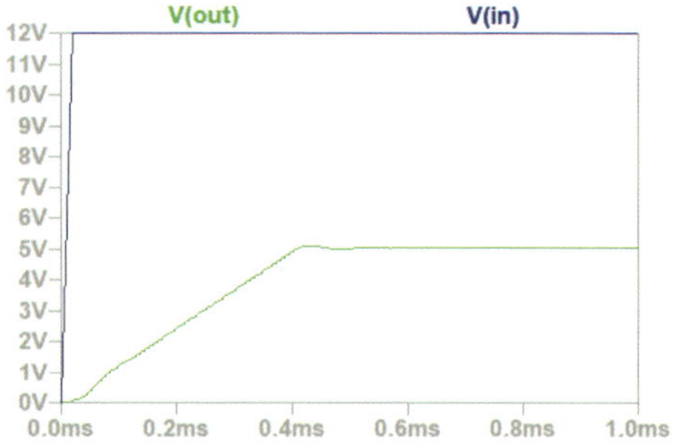

图 5-8 LTM8073 芯片电路图 LTspice 仿真输出（无故障）

当需要模拟该芯片 FB 引脚的电阻短路或该引脚短路到地时，在模型中把 FB 引脚的电阻值配置成 0，如图 5-9 中红框所示。

再次运行仿真，输出电压的波形发生了如图 5-10 所示的变化 (暂时将该曲线记为 Q1)。

利用仿真软件自带放大镜功能对输出波形进行放大，可以看到输出波形在 3.3V 左右震荡，如图 5-11 所示。

通过仿真结果可以判断这样的输出电压对整个系统会产生什么样的影响，是否存在安全风险。类似的处理，当需要判断 RUN 引脚开路对输出有什么影响时，即可在模型中剪断 RUN 引脚的连接线，如图 5-12 所示。

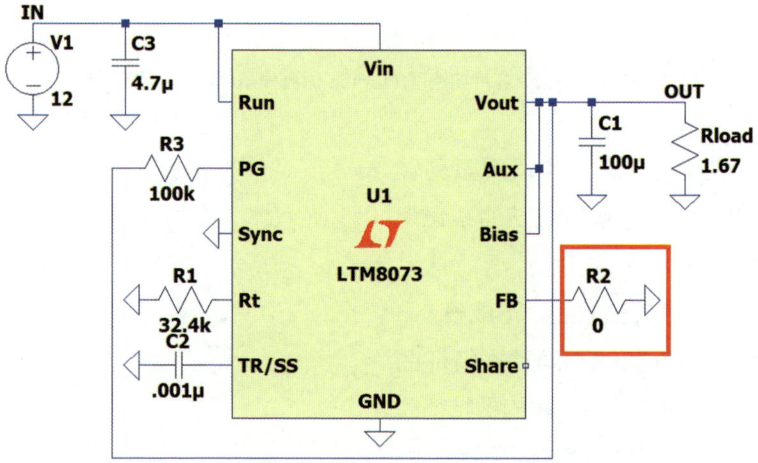

图 5-9 LTM8073 芯片电路图 LTspice 仿真模型（R2 短路）

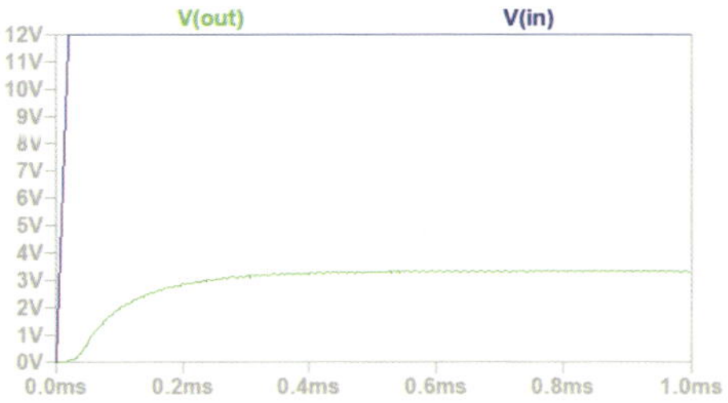

图 5-10 LTM8073 芯片电路图 LTspice 仿真输出（R2 短路）

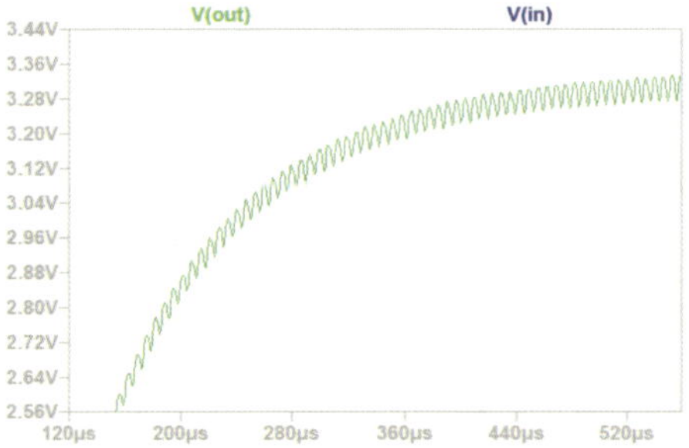

图 5-11 LTM8073 芯片电路图 LTspice 仿真输出（R2 短路局部放大）

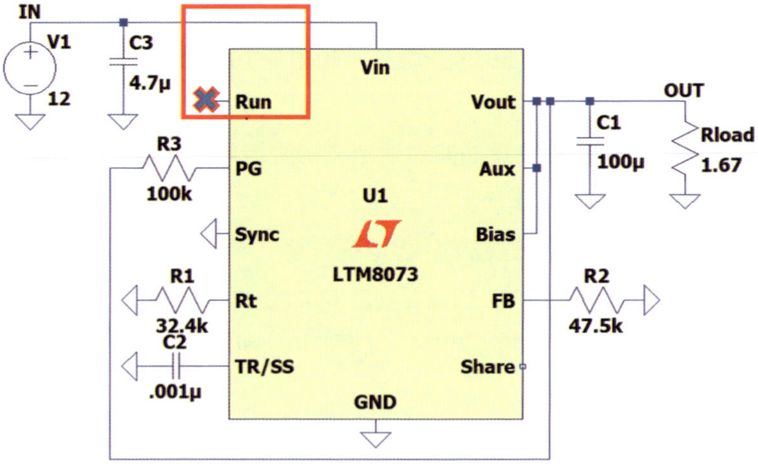

图 5-12 LTM8073 芯片电路图 LTspice 仿真模型（Run 引脚开路）

再一次运行仿真，可以观察到输出电压持续为 0V（暂时将该曲线记为 Q2），如图 5-13 所示。

当梳理完各种失效后，形成表 5-5 作为总结，用以归纳不同种类特征曲线，再分析或测试这几种输出的特征曲线会对整个系统造成的影响会不会影响安全。

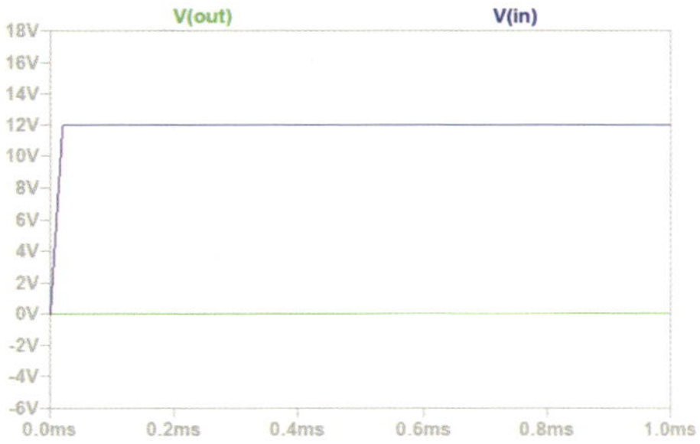

图 5-13 LTM8073 芯片电路图 LTspice 仿真输出（Run 引脚开路）

表 5-5 BUCK 电路元器件失效曲线

部件	失效模式	故障表现（Q 曲线）	备注
R2	开路	Q3	输出电压在 0.8V 左右震荡
	短路	Q1	输出电压在 3.3V 左右震荡
U1	PIN(Run) 开路	Q2	输出电压为 0V
	PIN(Vin) 开路	Q2	输出电压为 0V

当完成总结后，通常很多元器件、Pin 脚最终的失效后果是一样的，意味着在后期故障注入时便可以用同一种失效去覆盖模拟其他同样后果的失效。

2. 电流采样电路

图 5-14 所示是一个采用了 LTC2066 的低功耗电流检测电路。该电路采集流经 Rsense 的电流，在 U1 的 OUT 端输出对应的电压值。在无故障时，输出和输入的关系为 0.1V/A。输入输出的波形如图 5-15 所示。

当模拟 C1 发生短路时，可以将 C1 两端的线直连起来，如图 5-16 中的红框所示。

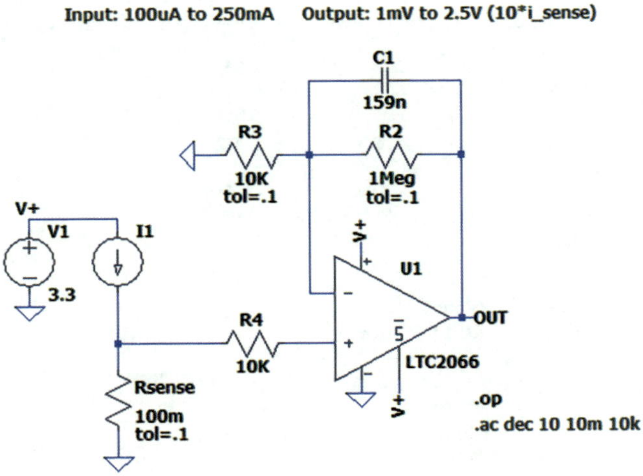

图 5-14 电流采样电路

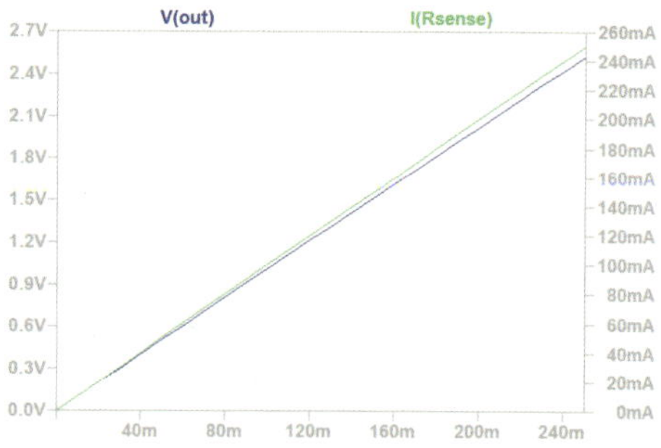

图 5-15　电流采样电路输入 LTspice 仿真输出（无故障）

此时，输出和输入的关系变为 0.001V/A。输入输出的波形如图 5-17 所示。

当 R3 发生短路时，如图 5-18 红框所示。

输出和输入的关系变为非相关，OUT 端输出持续为 3.3V，如图 5-19 所示。

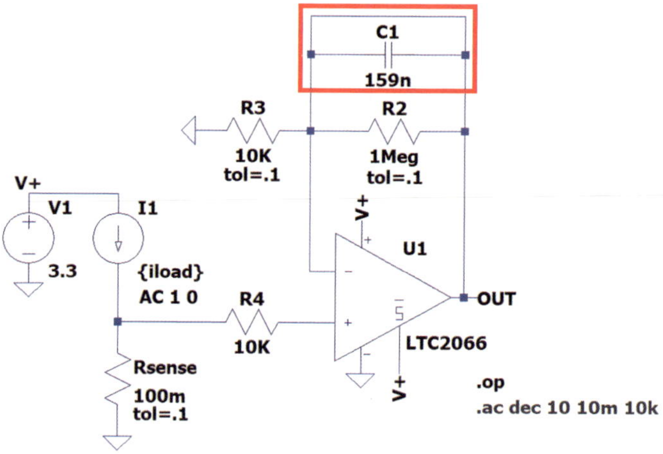

图 5-16　电流采样电路 LTspice 仿真模型（C1 短路）

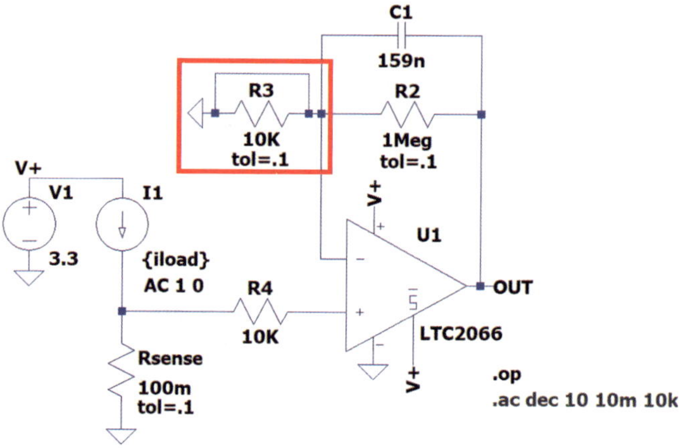

图 5-18　电流采样电路 LTspice 仿真模型（R3 短路）

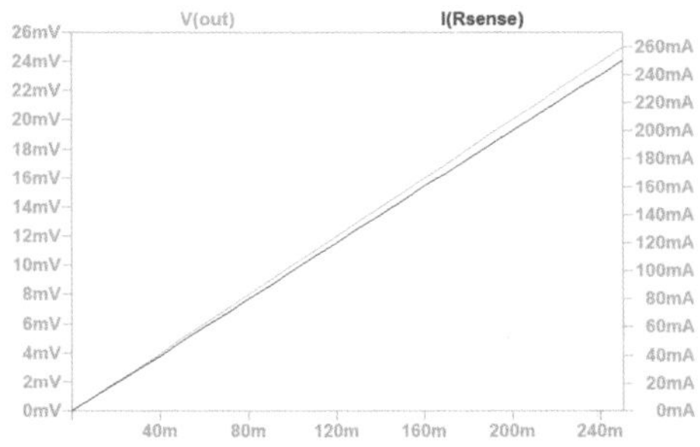

图 5-17 电流采样电路输入 LTspice 仿真输出（无故障）

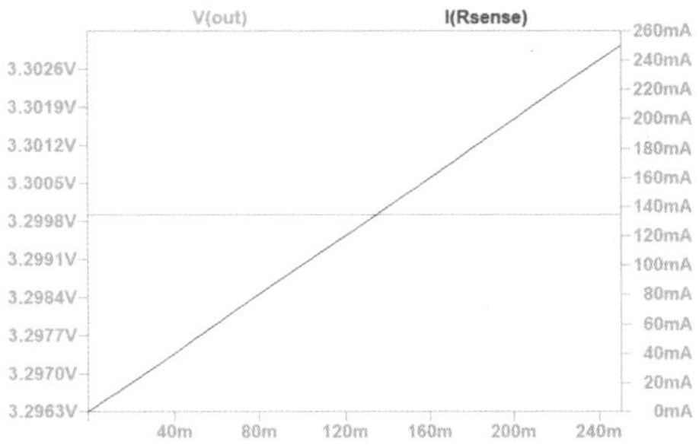

图 5-19 电流采样电路 LTspice 仿真输出（R3 短路）

针对此类传感器电路，将最后表 5-6 中所列的输出输入关系代入对整体影响的分析中（比如代入软件算法模型中）进行风险评估。

5.2 诊断覆盖率评估

针对硬件要素的失效需要设计安全机制，并评估安全机制是否满足相应的诊断覆盖率要求。本节介绍如何评估安全机制的诊断覆盖率，这部分也是设计安全机制最关键的评估。

5.2.1 诊断覆盖率评估方法

诊断覆盖率指的是硬件要素失效率中，由实施的安全机制探测或控制的失效率所占的比例。由该定义直接评估诊断覆盖率，需要基于大量的硬件随机失效事件考察安全机制的有效性，实际操作中很难实现。一般情况下，对诊断覆盖率分

表 5-6 电流采样电路元器件失效曲线

部件	失效模式	输出和输入的关系
无失效	无	0.1V/A
C1	短路	0.001V/A
R3	短路	V（out）= 3.3V, 与输入无关

为三个等级：Low(60%)、 Medium(90%) 和 High(99%)。基于 ISO 26262，提供以下两种较为简单的确定诊断覆盖率的方法。

1. 基于能够探测的失效模式

一个典型的系统（包含传感器、控制器、执行器）硬件要素如图 5-20 所示。

对于硬件要素来说，其失效模式分布呈一定的统计规律。基于硬件要素的失效模式分布，能够诊断某些失效模式或失效模式的组合，得出相应的诊断覆盖率 (DC, Diagnostic Coverage)。针对图 5-20 所示系统所含硬件要素，低诊断覆盖率（Low DC）、中诊断覆盖率（Medium DC）和 高诊断覆盖率（High DC）三种不同的诊断覆盖率与其所需要能够覆盖的失效模式如表 5-7 所列。

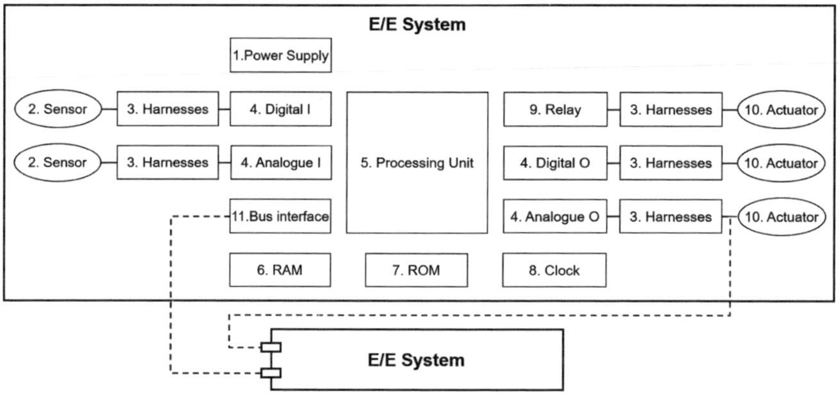

图 5-20 常见系统硬件

表 5-7 系统硬件要素失效模式与诊断覆盖率

要素	Low DC(60%)	Medium DC(90%)	High DC(99%)
Harnesses including Splice and Connectors	Open circuit	Open circuit	Open circuit
	Short circuit (to ground)	Short circuit (to ground, to power, neighboring pins)	Short circuit (to ground, to power, neighboring pins)
			Resistive drift between neighboring pins

续表

要素	Low DC(60%)	Medium DC(90%)	High DC(99%)
Relays	Failure to energize/de-energize	Failure to energize/de-energize	Failure to energize/de-energize
	Welded contacts	individual contacts welded	individual contacts welded
Actuator (detailed analysis may be necessary for technology specific failure modes*)	Open circuit	Open circuit	Open circuit
	Short circuit (to ground)	Short circuit (to ground, to power)	Short circuit(to ground, to power, neighboring pins); Out-of-range
	Out-of-range	Out-of-range	Frozen (physically or electrically stuck, locked)
	Stuck (electrically, physically)	Frozen (physically or electrically stuck, locked);	Drift or oscillations; Offset in the valid range;
Sensor/ Switch (detailed analysis may be necessary for technology specific failure modes*)	Out of range	Out of range	Out of range
	Stuck in range	Stuck in range	Stuck in range
		Offsets	Offsets
		Oscillations	Oscillations
Processor CPU, ALU, Program Sequence, Clock	Stuck CPU, Addressing modes (self-test)	CPU Addressing modes for stuck at wrong value (self-test)	Independent test of the core CPU to detect both stuck-at and sequential errors in addressing modes
	Stuck ALU (self-test)	ALU for stuck at wrong value (self-test);	ALU (including used math library and instruction set); Independent test for ALU errors
	Stuck Registers (GPIO, internal RAM)	Registers (GPIO configuration registers, internal RAM) for stuck at wrong value	Registers (GPIO, Configuration Registers, internal RAM); Test for corruption/errors

续表

要素	Low DC(60%)	Medium DC(90%)	High DC(99%)
	Stuck Clock	Clock, Software Program Sequence Execution: [Watchdog test with a different time base and time window along with logical monitoring of program sequence]	Software Program Sequence and Execution: Temporal and logical monitoring of program sequence
	Program flow/sequence stuck	Interrupt/Event Manager health for Stuck at failure mode (including illegal interrupts)	Clock/Timers-independent tests
	Stuck Interrupt/Event manager		Interrupts/Event Manager Health (including illegal interrupts)
Analog to Digital Converter, Digital I/O	Stuck open	Stuck open	Stuck Open
	Stuck Close	Stuck Close	Stuck Close
		Drift or offset	Drift or oscillation or offset
Power Supply	Under/over voltage	Under/over voltage	Under/over voltage
		Drift	Drift
			Power spikes
Memory (RAM, ROM/FLASH, EEPROM)	Stuck memory	Memory corruption	Memory corruption
	Stack overflow, underflow	Stack overflow, underflow	Stack health for overflow, underflow
		Illegal memory access	Illegal memory access
			Corrupted memory address (Memory Addressing)
Serial Communication	Corrupted data (incorrect data)	Aged data (delay, repeated data)	Aged data (delay, repeated data, re-sequencing)
	Loss of data	Corrupted data (incorrect data, insertion of data, re-sequencing)	Corrupted data (incorrect data, insertion of data, re-sequencing)

续表

要素	Low DC(60%)	Medium DC(90%)	High DC(99%)
	Interrupted data (partial data transmit or no data transmit)	Loss of data	Loss of data
	Message repetition	Interrupted data (partial data transmit or no data transmit)	Interrupted data (partial data transmit or no data transmit)
		Message repetition	Masquerading (legitimacy of the functional source, illegal additions of data to an authentic message, replaying an authentic message)

注：1. 本表所列要素失效模式并非在所有场景下均是影响安全的，如果某失效模式并不影响安全，即使所采用的安全机制并不能探测该失效模式，也并不降低该安全机制的有效性。例如：如果电源的振荡和偏移不影响安全，所采用的安全机制仅能诊断电源过压、欠压和毛刺，仍然可以评估诊断覆盖率为 High。

2. 本表是失效模式与诊断覆盖率的映射，其背后假设是失效模式分布。以传感器为例，在表中，即假设 Open circuit， Short circuit (to ground)， Out-of-range， Stuck in the valid range 占比为 60%，加上 Offset in the valid range 占比为 90%，再加上 Oscillation 占比为 99%。如果有数据表明，对特定类型传感器失效模式 Open 占比为 90%，即使只针对 Open 设计了安全机制，对传感器的诊断覆盖率也能够声明为 Medium。

2. 基于采用的安全机制

根据对硬件要素采用的安全机制，ISO 26262 同样给出了可供参考的诊断覆盖率。

例如：针对传感器，若只采用短电源、短地诊断（即表 5-8 中的 Sensor valid range），诊断覆盖率为 Low；若采用双冗余传感器做相互校验（即表 5-8 中的 Sensor correlation)，诊断覆盖率为 high。

两种诊断覆盖率的评估方法各自的适用场景如表 5-9 所列。

表 5-8 ISO 26262 Part5 Table D.9 传感器安全机制与诊断覆盖率

Safety mechanism/ measure	See overview of techniques	Typical diagnostic coverage considered achievable	Notes
Failure detection by on-line monitoring	D.2.1.1	Low	Depends on diagnostic coverage of failure detection
Test pattern	D.2.4.1	High	—
Input comparison/ voting (1oo2, 2oo3 or better redundancy)	D.2.4.5	High	Only if dataflow changes within diagnostic test interval
Sensor valid range	D.2.8.1	Low	Detects shorts to ground or power and some open circuits
Sensor correlation	D.2.8.2	High	Detects in range failures
Sensor rationality check	D.2.8.3	Medium	—

注：根据能够覆盖的失效模式与根据采用的安全机制评估诊断覆盖率，双方并无本质的不同。表 5-8 中安全机制与诊断覆盖率的关联，其背后逻辑依然是安全机制—能够覆盖的失效模式—失效模式分布。如合理性校验 Sensor valid range，能够诊断表 5-7 传感器失效模式中的 Out of range, Stuck in range，诊断覆盖率为 Low。而对于相互校验或多路表决 Input comparison/ voting (1oo2, 2oo3 or better redundancy) 则能够诊断 Out-of-range，Offsets，Stuck in range，Oscillations，诊断覆盖率为 High。

表 5-9 诊断覆盖率的评估方法适用场景

场景	建议方法
1. 针对器件失效仅采用单个安全机制 2. 安全机制有诊断覆盖率参考	无基于采用的安全机制
1. 针对器件失效仅采用单个安全机制 2. 安全机制无诊断覆盖率参考	基于能够探测的失效模式
针对器件失效仅采用多个安全机制	基于能够探测的失效模式

5.2.2 诊断覆盖率评估思考点

按照 ISO 26262 要求，安全机制的诊断周期 + 故障动作时间应该小于 FTTI，以保证能够及时地发现故障以进入安全状态。但是，受限于诸如芯片负载率等资源限制，有时会出现安全机制的诊断周期大于 FTTI 的情况。对于此种情况的安全机制面临两个问题：是否提升安全性？是否能够定义诊断覆盖率？硬件故障导致危害事件发生，还需要两个条件：系统置于危害场景；驾驶员不具备该场景下的可控性。

而 FTTI 的导出，正是置于最坏场景（Worst case）下，对安全机制诊断周期的时间要求。为保守起见，我们不能假设系统在运行期间未处于危害场景或驾驶员具有可控性，但系统在未运行期间则可完全满足上述假设。

假设某硬件要素的 FTTI 经危害分析和风险评估为 50ms，但由于条件限制，只进行上电自检，诊断覆盖率为 DC_1，在系统 off 关闭与 on 开启状态下分别具有失效率 λ_1 和 λ_2，处于 off 关闭状态下的时间占比为 $1-\tau$，处于 on 开启状态下的时间占比为 τ（图 5-21）。

从硬件要素生命周期来讲，处于 off 关闭状态下的硬件故障所造成的危害能够部分避免。由实施的安全机制探测或控制的失效率所占的比例为

$$DC=\frac{\lambda_1\times(1-\tau)\times DC_1}{\lambda_1\times(1-\tau)\times\lambda_2\times\tau}$$

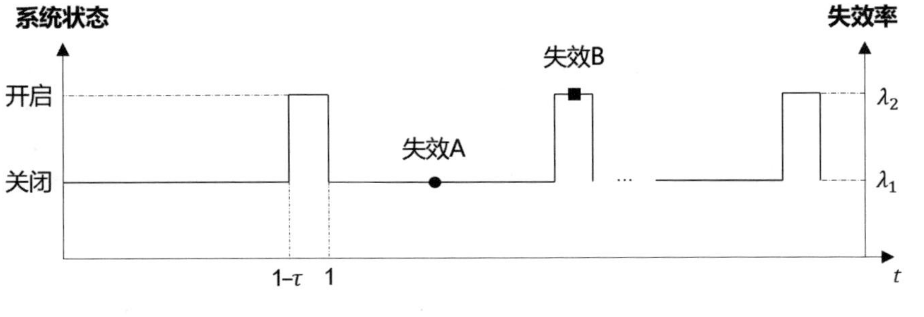

图 5-21　硬件要素生命周期

基于计算结果，安全机制能够提升系统的安全性。

但现有的诊断覆盖率评估体系本身并不包含对 λ_1 的考量。SN 29500 或 IEC 62380 等元器件要素的失效率均是指硬件要素在 on 开启状态下的失效率，随机硬件失效概率度量（PMHF）也只考量硬件要素在 on 开启状态下的影响。因此，该安全机制并不提升当前硬件架构指标计算方法下的诊断覆盖率，按照 ISO 26262，诊断周期大于 FTTI 的安全机制认为是无效的，诊断覆盖率为 0。

5.3 硬件安全机制设计

5.3.1 安全机制的设计思路

当完成失效分析和诊断覆盖率评估后，如果当前的安全机制不能满足诊断覆盖率要求，就需要增加新的安全机制。制定安全机制可以从以下三方面考虑。

（1）特征提取，包括合理范围、斜率范围等。故障表现和正常表现存在交集，为了防止故障误报，是诊断覆盖率无法达到 100% 的主要原因。

示例：Sensor valid。

（2）冗余比较。冗余比较对各失效模式都能够达到 High 的诊断覆盖率。需要注意的是避免共因失效的影响。

示例 1：对被诊断要素进行完全冗余，如双核锁步。

示例 2：对被诊断要素进行一定的算法压缩，以减小资源消耗，主要应用于信息交换的场景（内存数据读取、通信等），典型的有错误和检查纠正码（ECC，Error Correcting Code）、循环冗余校验（CRC，Cyclic Redundancy Check）、校验和（Checksum）等。

（3）通过给定特定输入，观察是否能够有预期输出。

示例 1：ADC 诊断。

示例 2：绝大部分安全机制的自检，通过注入故障，观察能否被安全机制检测，如 ECC 自检。

5.3.2 典型安全机制简介

在一个由传感器、控制器和执行器构成的系统中，常规传感器的数据采集，一般有如下处理流程：在 ADC 中进行模数转换，在 CPU 中进行指令运算，在内存中进行写入和读取，最终由控制器进行输出驱动执行器或者输出到通信端。下面针对 ADC、CPU 和内存的常用安全机制进行介绍。

1.ADC 诊断

以英飞凌（Infineon）TC27xADC 的 VADC 为例，典型 ADC 结构如图 5-22 所示。

外部输入的信号经过通道（Channel）选择，再由 S&H Unit（Sample and hold unit）信号处理，转换电路（Converter）进行转换，输出的值被存储到寄存器中。一般而言，对于 ADC 的诊断关注于 Channel 选择与 Converter 转换模块。结合表 5-7，考虑到有 Channel 选择，ADC 常见的失效模式如下：

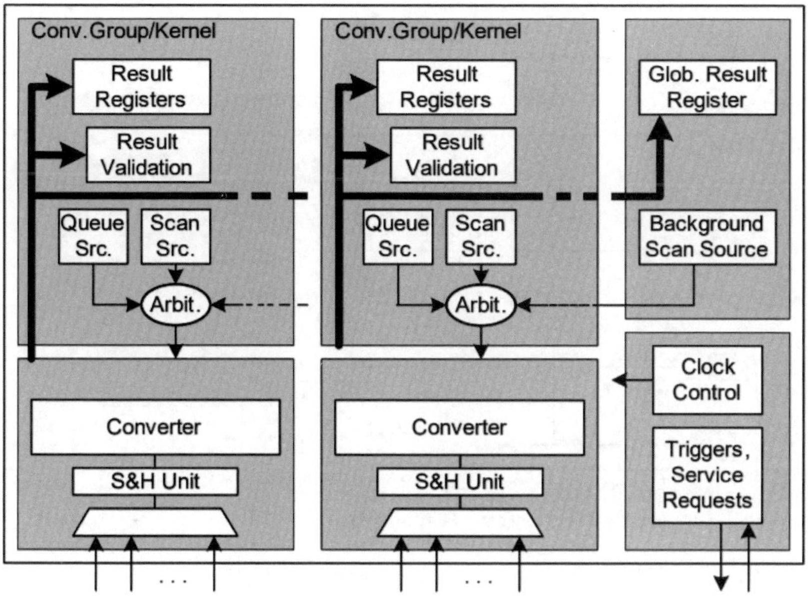

图 5-22 TC27xADC 的 VADC 架构图

➢ ADC 通道选择卡滞；

➢ 开路；

➢ 短路；

➢ 漂移或振荡。

对于上述失效模式，Infineon 设计了如图 5-23 所示的安全机制进行诊断。

ADC 通道选择卡滞：通过 Multiplexer Diagnostics 切换不同的通道（如 VDDP 和 VSS），观察 ADC 输出的值是否发生预期的变化。

开路、短路：须结合具体的信号特征进行诊断。

漂移或振荡：通过 Converter Diagnostic 进行诊断，当 Converter Diagnostic 的上下开关分别连接某一电阻组合时，将得到确定的输出值，观察 ADC 输出的值是否符合预期。例如，当开关 1、2 闭合时，预期 ADC 输出的值为 2.5V；若输出的值偏差超出范围（3V），则该通道发生漂移故障。理论上，还可能是 VAREF 值漂移、电阻 R1 值漂移、电阻 R2 偏移、开关动作错误等原因。虽然无法更精确地定位，但当 ADC 漂移时，能够通过该安全机制进行诊断。

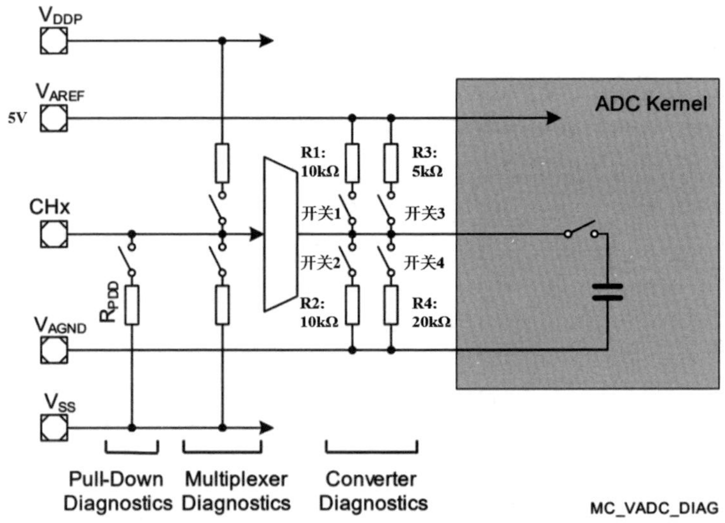

图 5-23　TC27x 的 VADC 诊断架构图

注：图中 V_{AREF} 电压值，电阻 R1、R2、R3 和 R4 的阻值仅为示例，并非英飞凌该型号芯片实际参数。

2. 双核锁步

CPU 是控制器中执行指令计算的核心硬件要素，CPU 主要模块包括算术和逻辑运算单元（ALU）、寄存器、地址运算、中断处理、控制逻辑、配置寄存器等，不同的子模块具有不同的失效模式，单独对每个子模块失效模式设计安全机制将使安全机制变得非常复杂。特别是针对核心要素 ALU，传统的指令集测试由于运行在 CPU 内部存在共因失效，难以达到高的诊断覆盖率。而即使采用智能外部看门狗进行监控，由于种子和钥匙（Seed and Key）设计很难遍历所有指令集，对 ALU 运行的诊断覆盖率依然有限。因此，采用完全冗余 CPU 的双核锁步应运而生，其一般架构如图 5-24 所示。

双核锁步处理器系统包括两个独立处理器。通常，一个处理器设置为 Master，允许结果输出；另一个处理器设置为 Checker，只负责监控 Master 的工作情况，不允许结果输出。在 Lock-step 状态下，两个核完成相同的任务，两个处理结果逐条进行比较，当发现有不一致的结果出现时，表明出现故障。

注 :1. 为了防止电源或时钟的瞬态故障对双核造成共因失效，在 Master Core 和 Checker Core 回路的不同环节会做延时处理。

2. 为了降低潜伏故障，会对双核锁步安全机制进行自检，即由 Fault Gen 生成一个错误的数据，如果 Comparator 不能检测出来，则双核锁步安全机制出现故障。

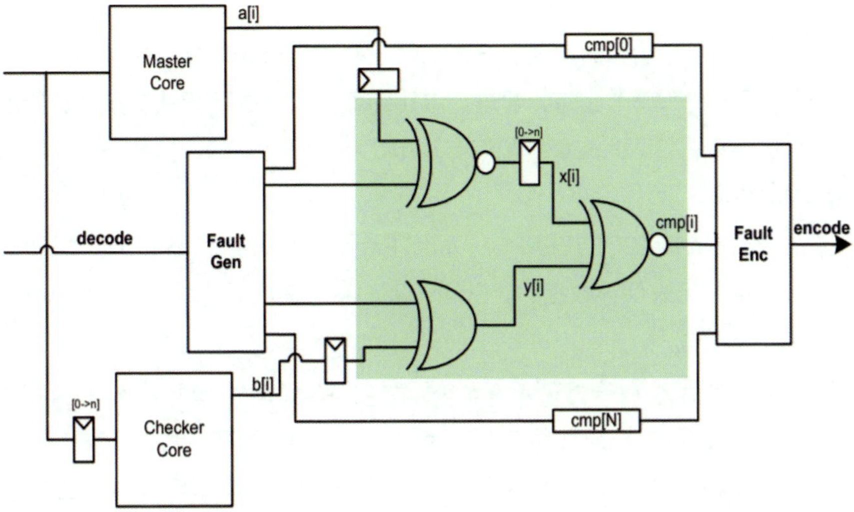

图 5-24　TC27x 的双核锁步架构

3. ECC

对于内存，当操作时序和电路稳定性正常时，一般不会造成整个存储单元不能读取或者全部出错，而是整个存储单元只有一个或几个比特出错。比如，常见的由封装衰变的 α 粒子或者中子等引起的软错误影响范围局限于几个比特。

针对内存的单比特或者有限比特故障，广泛采用的安全机制是 ECC。其基本原理在前文中已进行了简要说明，即利用压缩算法，对原始数据进行了冗余。在数据读取时，通过对数据计算的 ECC 值和读取的 ECC 值进行比较，以判断是否有内存故障发生。与 CRC、Checksum 等机制相比，ECC 的一个显著特点是能够纠正单比特错误。基于直观经验，如果要根据冗余进行修正，多是基于多路表决原理的（双路冗余仅能够判断出现故障，但无法判断究竟是谁出了故障，因而一般需要三分之二表决来确定正常值和异常值），直观想象需要构建比数据场更庞大的校验场。但 ECC 基于更小的校验场、巧妙地实现了纠错。下面对 ECC 的该特点进行分析。

在 ECC 技术出现之前，内存中应用最多的就是“奇偶校验”。不带“奇偶校验”的内存中的每个字节（Byte）只有 8 位，若它的某一位存储出了错误，就会使其中存储的相应数据发生改变而导致应用程序发生错误。而带有“奇偶校验”的内存在每个字节（8 位）外又额外增加了 1 位用来进行错误检测，使这组代码中“1”的个数为奇数（奇校验）或偶数（偶校验）。

但奇偶校验存在明显的不足——无法修正错误：只知道 8 比特中有部分比特发生错误，无法判断哪个比特。要进行单比特修正，首先要解决的是单比特翻转的定位问题，要深入理解 ECC 是如何实现单比特错误定位的，需要先了解带 ECC 的内存数据结构。

以一个 2KB 的带 ECC 的 EEPROM 为例，Page 分为 Main 和 Spare 区，如图 5-25 所示。Main 区是用来保存数据的。Spare 区一般用来标记坏块和保存对 Main 区数据的 ECC 校验码。

理论上，对于 8 比特数据的单比特错误，通过算法设计，最少可以用 3（即 $\log_2 8$，二分查找法）比特数据来表示单比特翻转的位置。在具体的诊断实践中，一般是针对 256 字节数据（256×8 的矩阵）做 ECC 校验，生成 6 个（即 $2\times\log_2 8$，后面会讲解为什么会翻倍的原因）比特的列校验数据，16 个（即

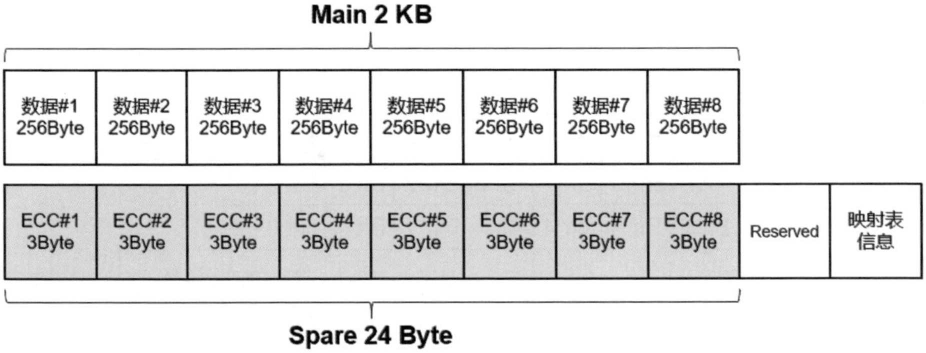

图 5-25 带 ECC 的 EEPROM 数据块示例

2×$\log_2$256) 比特的行校验数据。其他两位用 1 补足，共 3 字节的校验数据，存在于 OOB (Out of Band) 区内，如表 5-10 所列。

其中，CP0—CP5 为 6 个比特位，表示 Column Parity（列极性），图表中标蓝区域。每一个列极性为 4 列共 1024 位的异或结果，如 CP0 为第 0，2，4，6 列的异或结果。RP0—RP15 为 16 个比特位，表示 Row Parity（行极性），图表中标绿区域。每一个行极性为 128 行共 1024 位的异或结果，如 RP0 为第 0，2，4，6，…，252，254 字节的异或结果。

要实现单比特纠错，须确定以下两个问题：

➢ 故障定位；

➢ 要确认是原始数据出错，而不是 ECC 的校验数据出错。

故障定位分列定位和行定位两步，以简单的列定位为例，将 256 行简化为 2 行，假设待校验的数据为 2 个字节，0×45（二进制为 0100 0101）和 0×38（二进制为 0011 1000），其列校验码如表 5-11 所列。

从表 5-11 可以计算出 CP5 —CP0 的值，列在表 5-12 的第 1 行（原始数据）。假设现在有一个数据位发生变化，0×38 变为 0×3A，也就是 Byte 1 的 Bit 1 由 0 变成了 1，计算得到新的 CP5—CP0 值放在表 5-12 第 2 行（变化后数据）。新、旧校验码求异或的结果放在表 5-12 第 3 行。可见，当 Bit 1 发生变化时，将引起相关联的列校验值中的 CP1、CP2、CP4 发生变化，而与之无关的 CP0、CP3、CP5 无变化。

表 5-10　针对 256 字节数据的 OOB 结构

Byte 0	Bit 7	Bit 6	Bit 5	Bit 4	Bit 3	Bit 2	Bit 1	Bit 0	RP 0	RP2	RP 4	…	RP 14
Byte 1	Bit 7	Bit 6	Bit 5	Bit 4	Bit 3	Bit 2	Bit 1	Bit 0	RP 1				
Byte 2	Bit 7	Bit 6	Bit 5	Bit 4	Bit 3	Bit 2	Bit 1	Bit 0	RP 0	RP3			
Byte 3	Bit 7	Bit 6	Bit 5	Bit 4	Bit 3	Bit 2	Bit 1	Bit 0	RP 1				
…	…	…	…	…	…	…	…	…	…	…	…		
Byte 252	Bit 7	Bit 6	Bit 5	Bit 4	Bit 3	Bit 2	Bit 1	Bit 0	RP 0	RP2	RP 5		RP 15
Byte 253	Bit 7	Bit 6	Bit 5	Bit 4	Bit 3	Bit 2	Bit 1	Bit 0	RP 1				
Byte 254	Bit 7	Bit 6	Bit 5	Bit 4	Bit 3	Bit 2	Bit 1	Bit 0	RP 0	RP3			
Byte 255	Bit 7	Bit 6	Bit 5	Bit 4	Bit 3	Bit 2	Bit 1	Bit 0	RP 1				
	CP 1	CP 0	CP 1	CP 0	CP 1	CP 0	CP 1	CP 0					
	CP 3		CP 2		CP 3		CP 2						
	CP 5				CP 4								

表 5-11　2 字节列校验码示例

	Bit 7	Bit 6	Bit 5	Bit 4	Bit 3	Bit 2	Bit 1	Bit 0
Byte 0	0	1	0	0	0	1	0	1
Byte 1	0	0	1	1	1	0	0 → 1	0
	CP 1	CP 0	CP 1	CP 0	CP 1	CP 0	CP 1	CP 0
	CP 3		CP 2		CP 3		CP 2	
	CP 5				CP 4			

表 5-12　2 字节单比特翻转列校验结果

	CP 5	CP 4	CP 3	CP 2	CP 1	CP 0
原始数据	1	1	1	1	0	0
翻转后数据	1	0	1	0	1	0
求异或	0	1	0	1	1	0

当单比特发生变化时，原始数据的列极性和翻转后数据的列极性求异或时具有以下典型特征：

➢ 3 个列极性发生翻转；

➢ CP5 与 CP4，CP3 与 CP2，CP1 与 CP0 不同时为 1。

ECC 能够用较小的校验场实现纠错的原因可归纳为以下两点：

➢ 校验场更小是因为对 1024 比特做了异或处理，仅用 1 比特进行奇偶校验；

➢ 能够确保是数据场位翻转而非校验场位翻转，是因为校验场数据具有典型特征，可以首先对校验场是否发生翻转做判断。

ECC 执行时，将从 OOB 区中读出的原 ECC 校验和新 ECC 校验和按位异或，有以下几种结果：

➢ 全为 0，则表示不存在错（或是出现了 ECC 无法检测的错误）；

➢ 1 个比特位为 1，表示 OOB 区出错；

➢ 11 个比特位为 1，表示存在一个比特错误，且可纠正；

➢ 其他情况均表示出现了无法纠正的错误。

5.4 FMEDA 计算实例

量化评估硬件指标是功能安全与汽车领域传统的质量控制的显著区别。硬件指标量化评估的目的是评价系统的鲁棒性，以及评估违背安全目标的风险大小。

失效分析及失效率数据收集是 FMEDA 两项大量耗时工作，针对其中遇到的一些问题可以做简化处理，有以下条目可供参考：

（1）针对无失效模式分布数据的情形，可假设失效率随失效模式均匀分布。

（2）针对普通家用乘用车，汽车全生命周期的运行时间可以假设为 5000h。

⑶ 对于安全目标，一般有偏差（不会要求 0 偏差），如针对驱动系统非预期加速不超过 0.2g。因而，针对改善信号品质的功能失效，一般认为是安全故障，包括：

➢ 信号滤波电容开路 / 偏移；

➢ 电源滤波电容开路 / 偏移，电源滤波磁珠短路；

➢ 阻抗匹配电阻偏移；

➢ 上拉 / 下拉电阻偏移。

（4）上拉 / 下拉电阻短路，认为无法实现输出低电平（或高电平）的目的，同时有短路风险，影响安全，一般为单点故障；针对输出 Pin 脚的上拉 / 下拉电阻开路，认为无法实现输出高电平（或低电平）的目的，影响安全，一般为单点故障；针对输入 Pin 脚的上拉 / 下拉电阻开路，认为在输入电路开路时导致该引脚处于悬空状态，状态不可控，一般为潜伏故障。

（5）ISO 26262 给出的诊断覆盖率参考，多是针对单点故障的诊断覆盖率。对于安全机制覆盖部分（称为双点故障），需要接着评估潜伏故障的诊断覆盖率。由于绝大部分安全机制探测到失效后都采用记录—报警，潜伏故障的诊断覆盖率可评估为 100%。

下面以 5.1.2 小节的 BUCK 电路为例，针对安全目标“避免非预期加速”，说明如何进行 FMEDA 的计算。系统假设如下：参考第 3 章图 3-11 车辆非预期加速的故障树分析，针对安全目标“避免非预期加速”，需要“避免驾驶员扭矩意图识别过大”，落实到加速踏板传感器电源上，需要“避免加速踏板传感器电源过压”，如图 5-26 所示。

本设计中采用双路加速踏板传感器进行相互校验（安全机制 SM1），为避免传感器电源的共因失效，两路加速踏板传感器分别采用独立的 LTM8073 供电，因而能够诊断出单个加速踏板传感器电源过压。加速踏板传感器供电电路如图 5-27 所示。

本处仅针对图 5-27 中加速踏板传感器电源电路中的一路“LTM8073 及外围电路 1”（具体电路图参考图 5-7，LTM8073 芯片电路图 LTspice 仿真模型），说明如何针对安全目标进行 FMEDA 计算。

由于对加速踏板传感器电源的需求为避免过压，因而针对电源芯片本身而

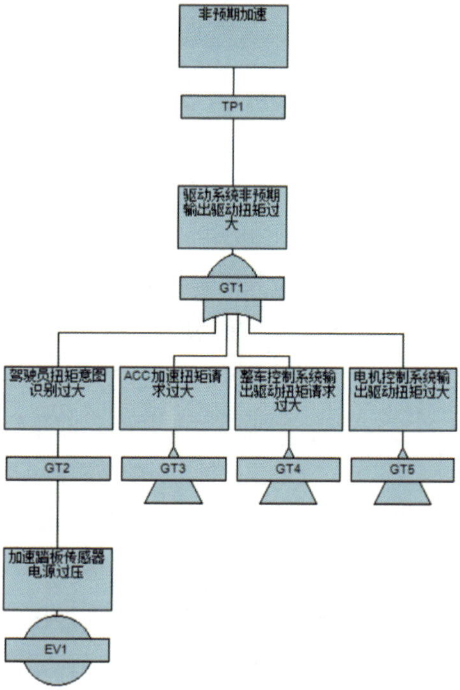

图 5-26　车辆非预期加速的故障树分析（局部）

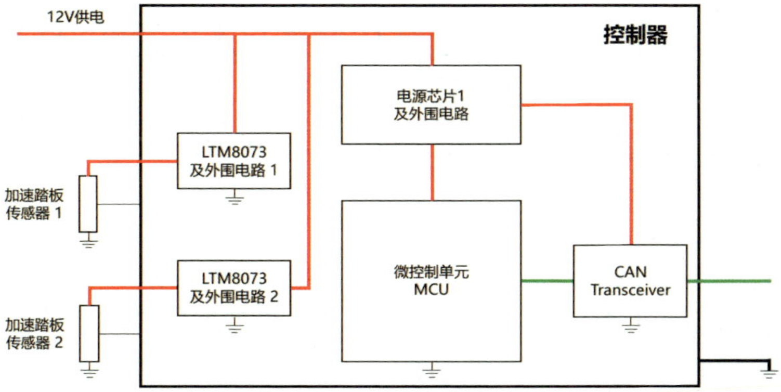

图 5-27　加速踏板传感器供电电路

言，只有过压、Spike 违反安全目标，电源欠压、偏移、振荡均不违反安全目标，为安全故障。通过电路仿真可知，外围电路 R1，R2，R3，C1，C2，C3 的短路、开路均不造成电源输出过压，因而电路该硬件要素为安全无关。

针对电源过压和毛刺，参考 ISO 26262 第 5 部分 "D.2.4.5 Input comparison/voting (1oo2, 2oo3 or better redundancy)"，安全机制 SM1 对单点故障的诊断覆盖率评估为 99%。当诊断到单路加速踏板传感器电路故障时，即进行亮灯提示驾驶员，对潜伏故障的诊断覆盖率评估为 100%。

LTM8073 及外围电路 1 的 FMEDA 计算如表 5-13 所列。

5.5　功能安全审核实战

功能安全审核实战如表 5-14 所列。

表 5-13 FMEDA 计算示例

组件名	失效率/FIT	在计算中是否需要考虑的安全相关组件	失效模式	失效率分布	在缺少安全机制时失效模式是否有违背安全目标的潜在可能	安全机制（多个）是否允许失效模式违背安全目标	考虑到违背安全目标的失效模式覆盖率	残余或单点故障失效率 /FIT	在结合其他无关失效时失效模式是否会导致违背安全目标	探测方法？安全机制（多个）是否允许预防潜伏的失效模式	考虑到潜伏失效的失效模式覆盖率	潜伏多点故障失效率 / FIT
电源芯片	39.66	是	欠压	30%	X	SM1	99%	0.12	X	SM1	100%	0
			过压	30%								
			漂移	30%								
			振荡	5%								
			电源尖峰	5%	X	SM1	99%	0.02	X	SM1	100%	0
C3	2	否	开路	20%								
			短路	80%								
R3	2	否	开路	90%								
			短路	10%								
R1	2	否	开路	90%								
			短路	10%								
C2	2	否	开路	20%								
			短路	80%								
C1	2	否	开路	20%								
			短路	80%								
R2	2	否	开路	90%								
			短路	10%								

注：对特定的安全目标而言，执行安全相关的功能或诊断的要素（本例中 R1, R2, R3, C1, C2, C3）是否是安全相关的要素，需要分析要素的所有失效模式的失效后果是否违反安全目标后才能判断。其余电路同理，可以计算出电路中与安全相关要素总失效率、单点 / 残余故障失效率、潜伏故障失效率，从而得出硬件架构指标。

表 5-14 硬件电路安全设计及验证审核手册实例

条款	题目	目标及交付物	编号	条款	交付要点	评判问题	评判结论
8	Evaluation of the hardware architectural metrics	6.5.6 Verification report for system architectural design, the hardware-software interface (HSI) specification, the specification of requirements for production, operation, service and decommissioning, and the technical safety concept resulting from requirements in 6.4.9. 6.5.7 Safety analyses report resulting from requirements in 6.4.4	8.4.1	Concepts for diagnostic coverage regarding single-point faults and latent-faults	公司应解释确定诊断覆盖范围的概念	诊断覆盖率、单点故障度量和潜在故障度量有哪些概念? 这些概念是在哪个指南中定义的	满足
			8.4.2	Concepts for diagnostic coverage regarding residual faults	公司应解释确定诊断覆盖范围的概念	安全机制如何根据残余故障和相关潜在故障确定安全相关硬件元件的诊断覆盖范围	满足
			8.4.3	Determination failure rates	公司应说明如何确定单个硬件元件的故障率	如何确定分析中使用的硬件部件的故障率? 在哪个指南中描述了该程序? 提示: a）通常使用公认的行业来源 b）基于现场返回或测试的公司特定统计数据 c）基于定量和定性论据的工程方法的专家判断	满足
			8.4.4 to 8.4.8	Calculated values for the metrics	公司应在应用工具中演示如何计算不同指标的值	如何确定单点故障指标和潜在故障指标的目标值	满足
						用什么方法确定单点故障和潜在故障的值	
			8.4.9	Verification of the hardware metrics	公司应说明使用哪些方法验证硬件指标，以及它们如何为分析的正确性和完整性提供证据	验证评审采用哪种方法来证明分析的技术正确性和完整性	满足

续表

条款	题目	目标及交付物	编号	条款	交付要点	评判问题	评判结论
9	Evaluation of safety goal violations due to random HW failures	The objective of the requirements in this clause is to make available criteria that can be used in a rationale that the residual risk of a safety goal violation, due to random hardware failures of the item, is sufficiently low. 9.5.1 Analysis of safety goal violations due to random hardware failures resulting from requirements in 9.4.2 or in 9.4.3. 9.5.2 Specification of dedicated measures for hardware, if needed, including the rationale regarding the effectiveness of the dedicated measures resulting from requirements 9.4.1.2 and 9.4.1.3. 9.5.3 Verification review report of evaluation of safety goal violations due to random hardware failures resulting from requirement 9.4.4	9.4.2	Evaluation of Probabilistic Metric for random Hardware Failures (PMHF)	公司应说明所采用的方法并说明为什么所用方法足以确定因随机硬件故障而违反每个安全目标的最大概率的定量目标值	验证评审采用哪种方法来证明分析的技术正确性和完整性	部分满足，存在较小差距
						使用哪种方法来确定因随机硬件故障而违反每个安全目标的最大概率的定量目标值	满足
						使用哪种方法来证明硬件体系结构的单点、残余和双点故障的定量目标值已实现	满足
						如果硬件部件发生单点故障，使用哪些专用措施？ ［提示］ 专用措施包括： a）设计特征，如硬件部件过度设计（例如电气或热应力额定值）或物理分离（例如印刷电路板上触点的间距） b）对来料进行特殊的样品测试，以降低发生这种故障模式的风险 c）老化试验 d）作为控制计划一部分的专用控制装置 e）安全相关特殊特性的分配	满足
			9.4.3	Evaluation of each cause of safety goal violation	公司应解释因随机硬件故障而导致违反安全目标的每个原因的评估程序	单点故障、剩余故障和双点故障采用哪种评估程序	满足
			9.4.4	Verification review	公司应说明硬件指标的验证方法	验证评审采用哪种方法来证明分析的技术正确性和完整性	部分满足，存在较小差距

第 6 章　软件安全设计及验证

作为汽车电子嵌入式系统，软件涵盖从操作系统、底层驱动到应用层算法等多方面，同安全都是密不可分的。随着自动驾驶领域的发展，软件的角色变得更加重要。软件的功能安全在 ISO 26262 的第 6 部分，主要涵盖了软件的设计和测试验证两部分内容。很多从业者谈及软件符合功能安全时，更多地会认为软件的功能安全等同于符合流程。希望借助本章的讲解和说明，能让大家深刻理解软件安全设计的难点及重要性。

6.1 软件安全架构介绍

6.1.1 三层安全架构体系

延续第 4 章系统阶段的经典监控架构介绍，软件安全设计依然可以从 E-Gas 三层架构中提取关键设计理念。E-Gas 针对的典型系统如图 6-1 所示，基本的思想是外围系统一内部系统，内部系统分为传感器、控制器和执行器。在这个系统概念里，传感器是加速踏板传感器，控制器是 ECU（Engine Control Unit），执行器是节气门。实际上，在大家展开安全架构设计的时候，需要时刻关注将系统解耦和模块化，这对于软件的安全设计是非常重要的。

关于 E-Gas 安全架构的核心理念和设计，这里再回顾一下，图 6-2 所示是其中之一的安全架构（带锁步核），整体设计分为 Level1、Level2 和 Level3，其定义如下：

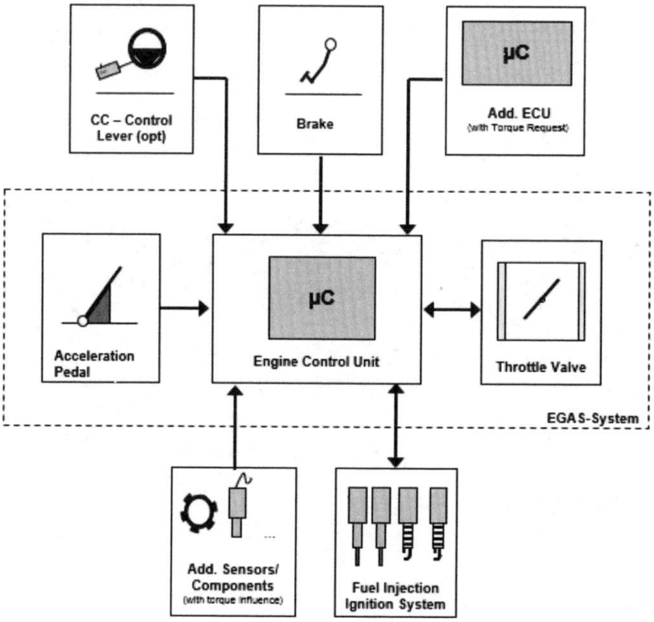

图 6-1 E-Gas 典型系统组成及边界

（1）Level1: 功能层，包括扭矩的解析、功能的诊断等，最直接的理解就是能够实现设计基本功能的软件及相关硬件资源的组合。

（2）Level2: 功能监控层，负责监控功能层的输出结论，简单理解来看，就是软件的冗余校验，但是，由于不想消耗太多资源及避免算法共因，所以基于功能结果的监控。

（3）Level3: 硬件监控层，负责确保 Level1 和 Level2 的运行的硬件环境是正常工作的，异常的运行环境会导致 Level2 的设计起不到很好效果，因此，Level3 在整体的监控架构中作用是不可替代的。

图 6-3 是 Level2 算法架构的一个示例（汽油歧管喷射），其整体思想是计算实际系统输出的扭矩和此刻系统允许输出的安全现值之间的差值，当差值大于一定数值及一定时间时，采用相应的故障动作。同时，方案为了避免出现误报或者漏报的情况，每一项用于计算的信号或者相应的传感器都应该具有相应的诊断及故障动作，这也是软件开展功能安全设计很关键的理念，输入信号是需要高完整性和准确性的。

针对 Level3 的硬件监控层，需要涉及软件和硬件的交互，监控的机制可以通过软件实现，也可以通过硬件实现。这里罗列了 E-Gas 中涉及软件方面的问题：

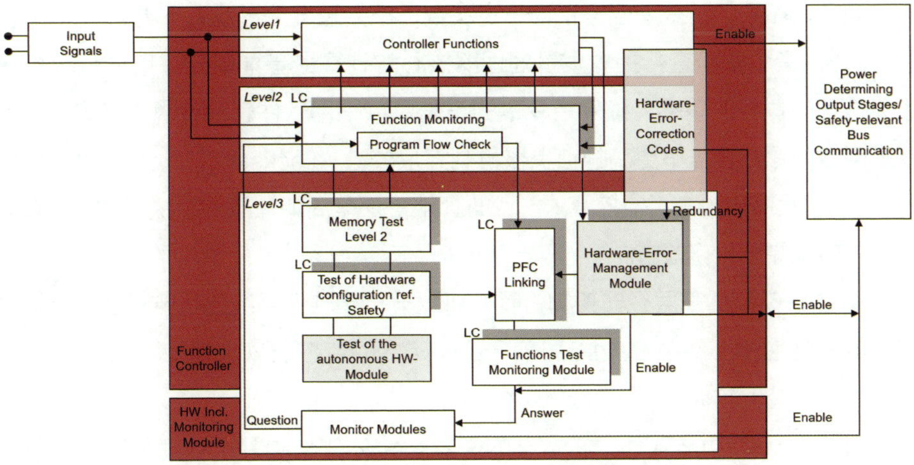

图 6-2 E-Gas 三层安全架构（带锁步核）

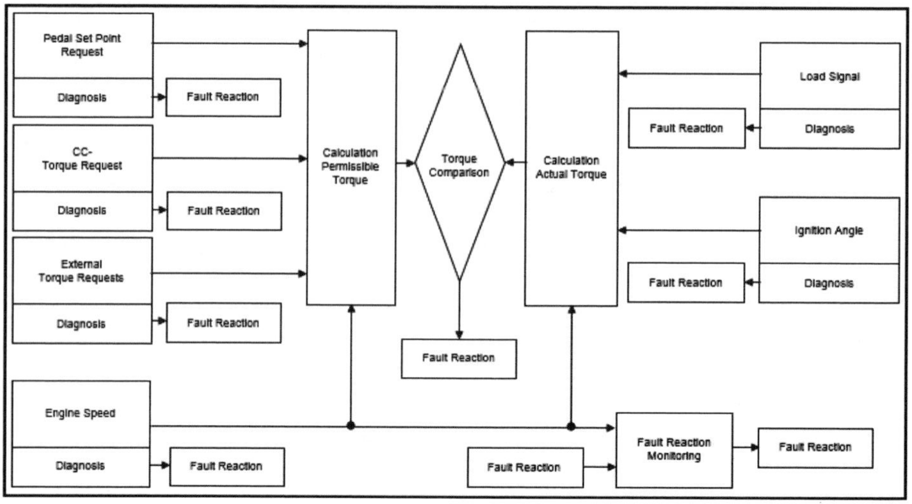

图 6-3　三层架构 Level2 算法架构示例

（1）ROM 检查：针对 ROM 的检查，主要是涉及数据翻转、错误的刷写、错误的数据等，软件在其中扮演着检测对比算法的角色，当然，ROM 的检查通过硬件也可以实现。

（2）应答机制检查：软件需要在设定时间窗口内正确回答独立硬件监控单元的问题，如果超时或者回答错误一定次数，都会触发重置或者下电。

（3）指令集检查：指令集是处理器核心的计算最基本单元，也是 Level2 监控算法正确执行的基础，确保指令集的正确可以采用软件辅助计算应答方法，或者采用目前诊断覆盖率更高的锁步核机制冗余校验（Lockstep-Core）。

（4）程序流检查：监控算法、诊断算法等都是周期性按顺序执行的，因此，执行时序也需要进行检查。

通过 E-Gas 的三层经典架构，我们可以分析出软件层级的功能安全设计需要考虑的软件包括 Level1 的功能层软件、Level2 的监控层软件以及 Level3 的部分支持硬件监控层软件。

对于 Level1 功能软件，它本身的失效在整体架构中并不会违反安全目标，理应可以按照 QM 来开发，但考虑到软件本身的可靠性，建议依照 ASIL-A 或者

ASPICE CL2 级进行开发，毕竟，一个产品只确保安全但可靠性很差是没有办法交付给客户的；对于 Level2 和 Level3 的软件，按照安全分析，需要依靠系统的最高 ASIL 等级开发。具体原则总结如表 6-1 所列。

当然，并不是说非三层架构设计软件无法实现功能安全开发或者产品无法符合功能安全要求。E-Gas 三层架构能够很清晰地实现层级递进式的监控设计，尤其适用于功能软件复杂的产品。如表 6-2 所列的其他方式，如果功能软件相对复杂，高 ASIL 等级的产品在导致软件开发的工作量大量增加的同时安全性也很难兼顾；当然，如果应用层软件相对简单（例如滤波算法、局部优化、状态机等函数），采用表 6-2 所列方式会更好。

6.1.2 AUTOSAR 架构体系

汽车开放系统架构（AUTOSAR，AUTomotive Open System Architecture）是一个由汽车制造商（例如宝马、福特、通用、大众）、供应商（例如博世、安波福、奥托立夫）以及工具开发商（例如 MathWorks，Vector，ETAS）于 2002 年

表 6-1　软件开发遵循原则参考

层级	建议遵循原则	考虑因素
Level1—功能软件	ASIL-A/ASPICE CL2	确保软件基本的可靠性
Level2—监控软件	系统的最高 ASIL 等级	功能安全开发要求
Level3—支持硬件监控层软件		

表 6-2　非三层架构开发遵循原则参考

层级	建议遵循原则	考虑因素
应用层	系统的最高 ASIL 等级	功能安全开发要求
底层—支持硬件监控层软件		

开始联合发起及推广、致力于为汽车工业开发一个开放、标准化的软件架构。该软件架构有利于车辆电子系统软件的交换与更新，并为分布式、高效管理愈来愈复杂的车辆电子、软件系统提供了一个基础。此外，尤其在平台化应用开发中，AUTOSAR 能够在确保产品及服务质量的同时，进一步提高成本效率。图 6-4 形象地介绍了 AUTOSAR 建立的目标和扮演的角色。

AUTOSAR 软件架构框图如图 6-5 所示，划分为 Application Layer（应用层：企业主要开发及测试的软件部分）、RTE（交互环境层：软件及软件之间的交互接口定义，相当于虚拟总线的概念）、Services Layer（服务层：包括操作系统、存储、诊断管理等）、ECU Abstraction Layer（控制器抽象层：这一层与微控制器抽象层进行对接，直接对接控制器）、Microcontroller Abstraction Layer［微控制器抽象层：直接对接微控制器（μC），用来对 μC 内部设备和映射了 μC 外部设备的内存进行访问］、Complex Drivers（复杂驱动层：这部分是用来进行非标准模块代码编写的，例如大功率的电流驱动 IGBT、逆变器等）。

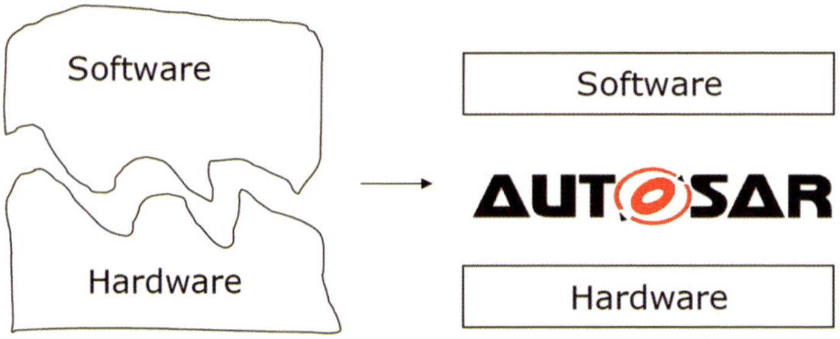

图 6-4　AUTOSAR 整体理念

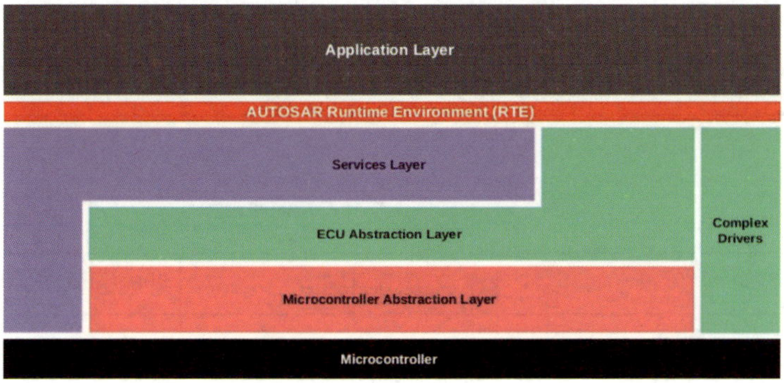

图 6-5　AUTOSAR 软件架构框图

图 6-6 展示了基于 AUTOSAR 架构的控制器间的交互，Roof ECU 内部软件模块之间借助虚拟总线 AFB 进行交互，外部开关和驱动灯泡与内部软件模块交互需要跨越 AUTOSAR 全部层级，而控制器间的信息交互也同时需要跨过各控制器的 AUTOSAR 全部层级。

图 6-7 进一步补充了从右侧门的真实状态到软件信号获取过程的流程，其中②之前的部分都是控制器之外，②—⑥的部分都是控制之内，⑤—⑥之间的过程就是 RTE 虚拟总线起作用的部分，⑥之后就是应用层软件的部分。

AUTOSAR 软件的开发和推广中，Vector 公司走得非常靠前。Vector 公司在 2016 年获得了第三方认证机构 Exida 对于 AUTOSAR4 的基础软件实现 ASIL-D 等

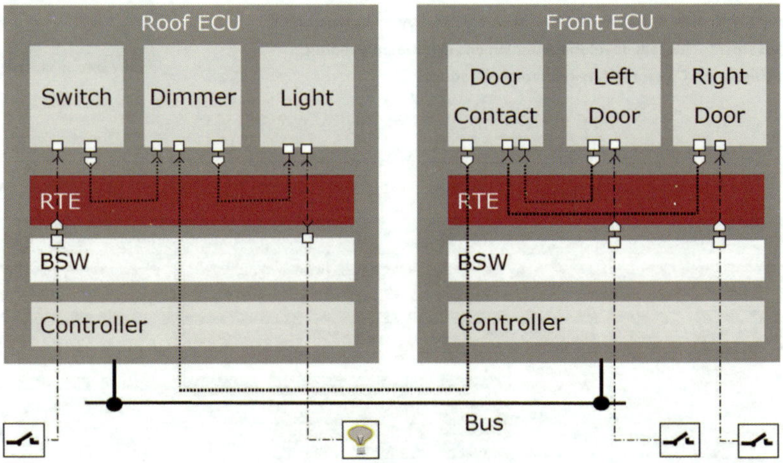

图 6-6　AUTOSAR 架构下信号交互示例

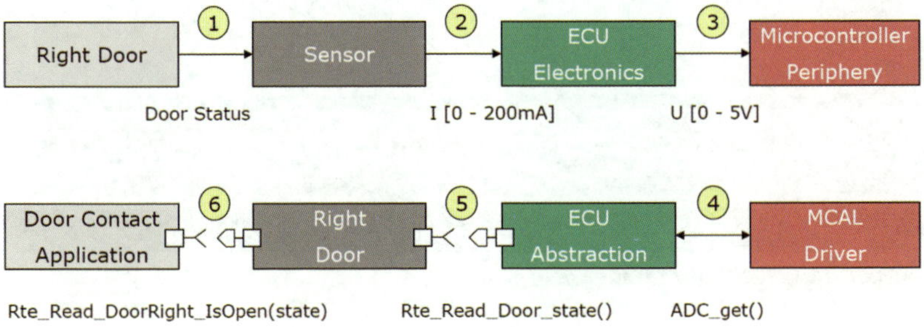

图 6-7　信号数据流

级的认证(图 6-8)，这标志着对于基于 AUTOSAR 架构进行嵌入式开发的企业而言，底层代码的功能安全设计已经由 Vector 公司全盘考虑。

由图 6-9 可以清晰地看到，Vector 针对底层代码的功能安全开发，涵盖了除 V2X 和复杂驱动外的全部组件，对于希望应用 AUTOSAR 架构来进行嵌入式开发的企业而言，需要完成的是应用层、复杂驱动的算法及代码开发及底层软件的配置和应用（图 6-10)。

Stuttgart, GERMANY, 2016-09-13 – The internationally recognized specialist for functional safety, exida, has verified that the AUTOSAR 4 basic software from Vector fulfills the requirements of ISO 26262 up to the ASIL D level with a certificate issued on 2016-09-08. This makes Vector the world's first company to offer software that has been certified by an independent assessment. This lets developers implement significantly higher performance ECUs for safety-related applications.

The manufacturer may use the mark:
CERTIFIED
exida
ISO 26262
ASIL D

图 6-8　Vector 的 AUTOSAR 基础软件认证信息

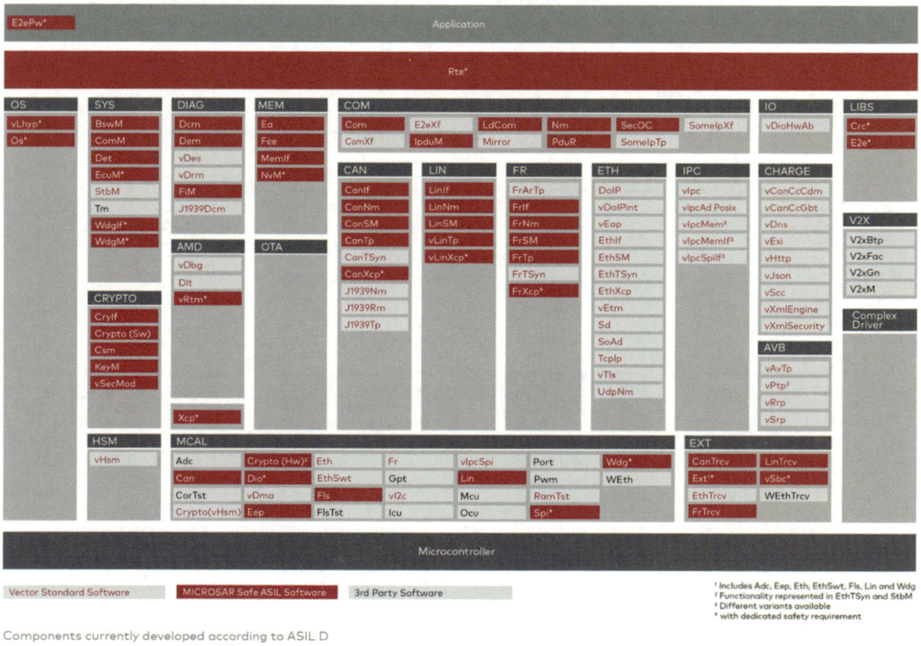

图 6-9　符合 AUTOSAR 代码模块架构示例

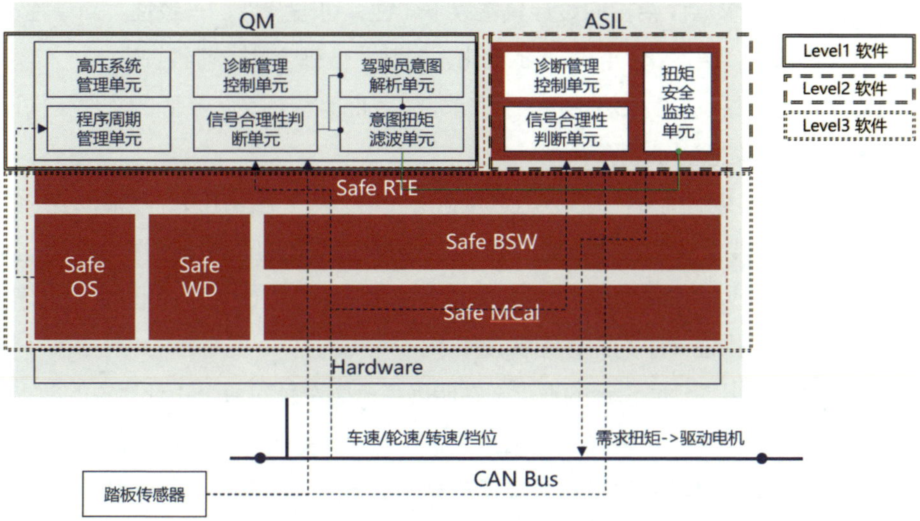

图 6-10　符合 AUTOSAR 的三层软件架构框图示例

6.2 功能安全软件设计

6.2.1 软件安全架构设计

汽车电子的软件设计经历了从最初的 While 和 Main 函数的语句顺序执行结构到用时间片实现简单的多任务，再到现在的强调整体架构设计。推动这种变化的动因主要有以下几点：

（1）软件需求数量的爆发式增长，使软件需求的实现过程变得越来越复杂。

（2）软件复杂度的提升，原先的顺序执行结构不利于高效并行开发。

（3）软件性能要求的提升，实时性要求等尤其是鲁棒性要求愈发重要。

（4）软件维护性要求的提升，要求快速更改，方便沿用和替换。

为满足以上这些变化，在当今的软件设计过程中，软件架构设计的重要性越来越突出。对于功能安全软件设计而言，软件架构设计除需要满足以上变化的要求之外，一个重要的目标是使软件需求的实现过程以一种完整的、正确的同时尽可能简单、可理解和可验证的方式展现，从而在软件需求实现过程中，尽可能降低由于设计错误造成违反功能安全需求的可能性。

功能安全要求软件架构的设计具备以下属性：可理解性，一致性，简单性，可验证，模块化，层次化，按层逐步细化、封装，低耦合性，可维护性。

对于可理解性，ISO 26262 中按照不同的 ASIL 等级规定了不同的软件架构设计的表示方式，如图 6-11 所示。

随着 ASIL 等级的提升，ISO 26262 从语法和语义两个维度出发，从最低要求的自然语言描述到半正式的表述方式，逐步加强对表述方式的理解一致性的要求。为了避免系统性失效，ISO 26262 对软件架构设计提出了一些设计原则，如图 6-12 所示。

关于软件架构设计原则的详细解读如下：

（1）1a 提出了分层设计的理念。在明确每一层次针对每个设计对象的要求，以及该层次的各个设计对象之间的相互关系和制约的基础上，再针对各个设计对象逐步细化，避免过早专注于某个设计对象的细节设计而忽略了整体设计对于设计对象的要求和限制。

Notations		ASIL			
		A	B	C	D
1a	Natural language[a]	++	++	++	++
1b	Informal notations	++	++	+	+
1c	Semi-formal notations[b]	+	+	++	++
1d	Formal notations	+	+	+	+

a Natural language can complement the use of notations for example where some topics are more readily expressed in natural language or providing explanation and rationale for decisions captured in the notation.

b Semi-formal notations can include pseudocode or modelling with UML®, SysML®, Simulink® or Stateflow®.

NOTE UML®, SysML®, Simulink® and Stateflow® are examples of suitable products available commercially. This information is given for the convenience of users of this document and does not constitute an endorsement by ISO of these products.

图 6-11 软件架构设计符号说明

Principles		ASIL			
		A	B	C	D
1a	Appropriate hierarchical structure of the software components	++	++	++	++
1b	Restricted size and complexity of software components[a]	++	++	++	++
1c	Restricted size of interfaces[a]	+	+	+	++
1d	Strong cohesion within each software component[b]	+	++	++	++
1e	Loose coupling between software components[b,c]	+	++	++	++
1f	Appropriate scheduling properties	++	++	++	++
1g	Restricted use of interrupts[a,d]	+	+	+	++
1h	Appropriate spatial isolation of the software components	+	+	+	++
1i	Appropriate management of shared resources[e]	++	++	++	++

图 6-12 软件架构设计原则

（2）1b 和 1c 针对软件架构中每个模块的定义的复杂度提出了指导性要求。要求模块定义基于合理的颗粒度，避免模块复杂度过高以及模块与模块之间的交互过于复杂。

（3）1d 和 1e 从模块化设计以及耦合度这个维度提出要求。软件模块化设计的一条重要原则是高内聚、低耦合。例如，模块间的全局变量这种软件模块之间的外部耦合甚至于公共耦合的设计方法，会造成软件模块之间依赖性大大增加，导致软件模块复用性变差，整个软件架构的可理解性也会变差，同时，多软件模块操作同一全局变量容易造成数据不一致的情况发生。类似的，提升两个模块之间的耦合度以及整个软件架构复杂度的设计是需要避免的。做好软件模块化设计，是软件模块的可复用以及软件架构可理解、低复杂度、可验证的重要基础。

（4）1f 和 1g 从软件架构动态设计的鲁棒性这个角度提出要求，避免太高的调度负载和过多的中断请求造成系统对负载变化的裕量变小、实时性不稳定、鲁棒性变差的情况。

（5）1h 和 1i 从防止冲突和串扰的角度，需要避免不同软件模块之间对于数据读写操作的冲突以及调度机制的冲突，如任务之间的死锁、活锁等而造成互相干扰。同时，针对不同 ASIL 等级的软件模块做好合理的数据存储资源和任务调度资源分区和隔离，可以很好地解决不同 ASIL 等级的软件模块在同一个软件架构中共存而不互相干扰的问题。

正如上面针对架构设计原则的解读，软件架构设计的一个重要的目标是使软件需求的实现过程以一种完整的、正确的同时尽可能简单、可理解和可验证的方式展现。这就需要我们在软件架构设计过程中时刻关注两个问题：① 软件架构中每个软件模块与对应的软件需求之间的关系；② 软件架构中与同一条或者一组需求的相关软件模块的集合组合在一起是否完整、正确地执行了对应的软件需求，这些模块之间有没有内在矛盾、重复、需求执行的遗漏等。这样，才能保证对需求执行的完整性和正确性。只有做好上述两个问题，之后才是考虑上述图 6-12 中所示的设计原则，使软件架构做到尽可能简单、可理解和可验证。为了在软件架构设计过程中能够充分考虑上述两个问题，通常需要从静态和动态两个维度去考虑软件架构设计。

软件架构的静态设计须包含以下内容：

➢ 软件架构的层次结构；

➢ 各个层面的软件模块以及软件模块之间的接口；

➢ 软件需求在各个模块上的分配；

➢ 接口的 ASIL 等级和模块的 ASIL 等级；

➢ 软件的外部接口；

➢ 必要的全局变量。

图 6-13 中的软件架构示例，清晰地展示了静态设计的内容要求。

相对于静态设计，软件架构的动态设计需要描述以下内容：

➢ 软件模块间的调度顺序和调度时间，以及完整功能链路在运行时间上的符合程度；

➢ 软件模块间的数据流，以及完整功能链路数据流的正确性和完整性；

➢ 软件模块间的控制流，以及完整功能链路逻辑层面的正确性和完整性；

➢ 外部资源依赖关系，比如 CPU Load、ROM、RAM 的占有率和分配，以及存储空间分配等。

为了保证理解上的便利性和一致性，软件架构静态和动态设计建议使用标准化的表述方式表述，如 UML 中的 Class Diagram、Sequence Diagram 等。软件架构的动态设计可以结合后续软件架构验证实例进行详细理解。

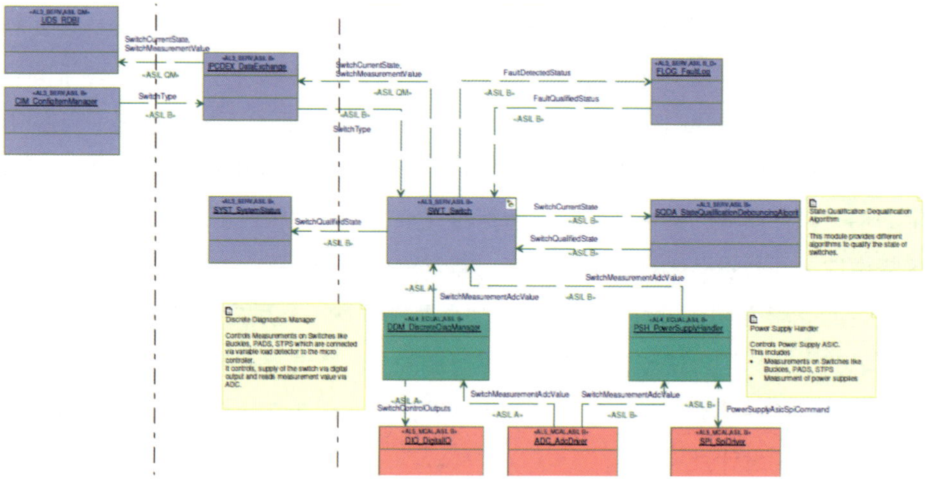

图 6-13　软件架构的静态设计示例

6.2.2 软件架构安全分析方法

完成软件架构设计之后，需要通过一系列行之有效的手段去审视这个软件架构，包括不同层级的软件架构，以保证当前设计的软件架构能够应对硬件问题和软件问题的威胁。常见的几种软件架构安全分析方法包括 SW-FMEA、SW-FTA 及 SW-DFA。

1.SW-FMEA

SW-FMEA 以硬件组件和软件模块之间的接口或软件模块和软件模块之间的接口为分析对象，列举硬件组件接口或软件模块的失效模式，分析失效模式对后续软件模块或者软件需求的影响，尤其是与功能安全相关的影响。在明确失效模式和失效后果的基础上，去寻找造成硬件组件接口或软件模块的原因，并且对原因施加控制措施，具体如表 6-3 所列。

表 6-3 SW-FMEA 示例

<table>
<tr><th>No.</th><th>Software component (Function)</th><th>Description</th><th>Failure modo</th><th>Software requiremont affected</th><th>Safety related or not</th><th>Cause to failure</th></tr>
<tr><td rowspan="4">1</td><td rowspan="4">SWC_1</td><td rowspan="4">Signal filter</td><td>Stuck output</td><td>Signal filter with xx accuracy and the update period is xx ms</td><td>Yes, ASIL X</td><td>Stuck input data read by SWC_1</td></tr>
<tr><td>No output</td><td>Signal filter with xx accuracy and the update period is xx ms</td><td>Yes, ASIL X</td><td>SWC_1 failed to run</td></tr>
<tr><td>Output updated, but wrong output</td><td>Signal filter with xx accuracy and the update period is xx ms</td><td>Yes, ASIL X</td><td>Wrong input data read by SWC_1</td></tr>
<tr><td>Output update delayed</td><td>Signal filter with xx accuracy and the update period is xx ms</td><td>Yes, ASIL X</td><td>Scheduling of SWC_1 delayed</td></tr>
</table>

2.SW-FTA

SW-FTA 探究的重点是软件架构中多点错的发生对软件功能安全需求的影响。SW-FTA 分析过程从软件功能安全需求出发，从软件架构设计中所有软件模块和软件接口的失效模式中去寻找和当前软件功能安全需求相关的失效模式，并且识别出这些失效模式和当前软件功能安全需求的相关性（单点失效还是多点失效）。

3.SW-DFA

SW-DFA 在标准中定义的从属故障（Dependent failure）包括级联故障（Cascading failure）和共因故障（Common cause failure）。通常可以从以下几个方面来考虑 Dependent failure 中 Cascading failure 的部分：

➢ 时间和调度问题造成 Cascading failure。比如，由于其他模块运行时间过长导致目标模块无法运行，死锁、活锁、饥饿等现象导致模块运行停滞或者延迟，软件模块之间的同步性问题或者优先级问题导致调度次序出现问题。

➢ 存储空间问题造成 Cascading failure。比如，目标存储区域被其他软件模块误篡改，软件模块之间对于同一存储空间的读写操作配合问题导致数据不一致（读数据的同时允许写数据），栈溢出等问题。

➢ 软件模块之间的通信（尤其是 ECU 间的通信）问题造成 Cascading failure。时间和调度问题造成 Cascading failure，如图 6-14 所示。

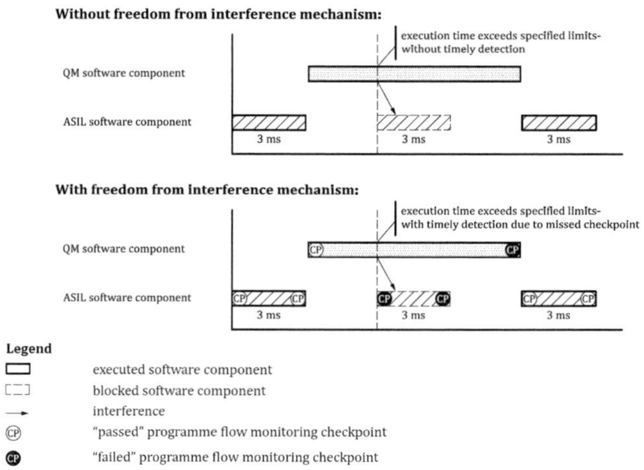

图 6-14 时间和调度问题相关的 Cascading failure 示例

ECU 内部存储空间问题造成 Cascading failure，如图 6-15 所示。

软件模块之间的通信问题造成 Cascading failure，如图 6-16 所示。

针对以上可能出现的问题，从业者可以从以下几个方面来考虑 Dependent failure 中 Common cause failure 的部分：

➢ 调度策略的设计问题；

➢ 软件架构设计过程中采用 ASIL 分解的冗余设计，但是互为冗余的两部分

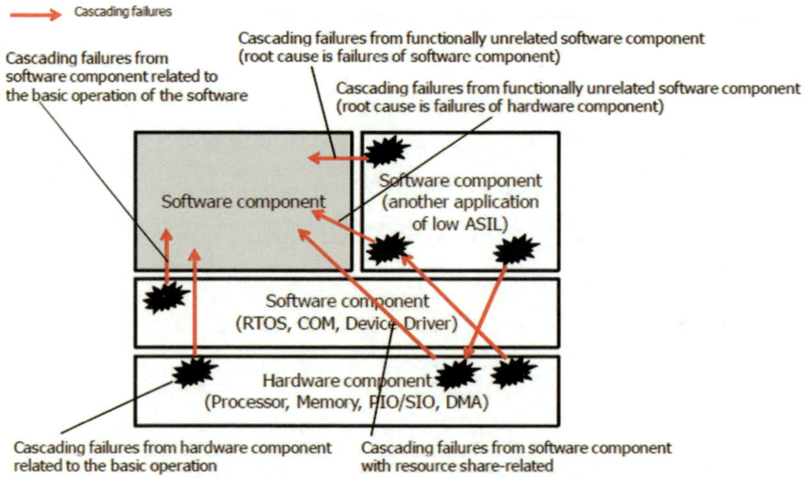

图 6-15 存储空间相关的 Cascading failure 示例

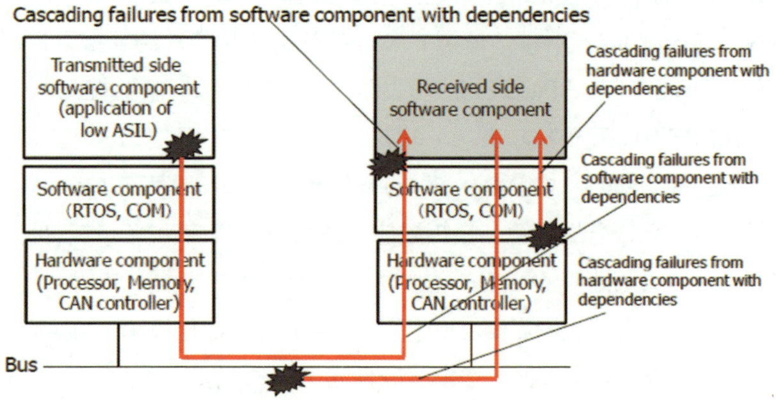

图 6-16 软件模块间通信相关的 Cascading failure 示例

使用相同的设计 (Homogeneous Redundancy)；

➢标定参数或者配置参数出错导致多个软件模块同时失效；

➢开发流程或者测试流程包含 Coding guideline、Modelling guideline 没有被遵守等因素导致多个软件模块同时失效。

以上的软件安全分析方法都是要基于硬件组件和软件模块之间的接口或软件模块的失效模式来进行分析的。结合 ISO 26262 总结如表 6-4 所列，供读者参考失效模式。

6.2.3 软件安全验证——控制流与数据流

控制流与数据流分析都是功能安全软件验证中最重要的手段，在软件架构的验证、软件单元设计的验证、软件集成的验证中都有所要求（ASIL-C/D 等级 ++ 要求），如图 6-17—图 6-19 所示。传统意义上谈及控制流和数据流，都是分析程序的静态分析技术，按分析的范围可以分为过程内和过程间的分析，也就是函数内和函数间的含义。

下面用一个实际的例子来看开展项目中应该如何针对软件开展控制流和数据流分析，以及控制流和数据流在功能安全中的重要意义。如图 6-20 中延续上文中的软件架构，构建了一个基于模型的简单软件架构框图，其基本功能是利用加速踏板传感器采集的电压信号 AccPed_V1 和 AccPed_V2，CAN 报文信息车速 VehSpd 和电机的转速 MSpd 来进行一个扭矩的计算（Level1 功能软件）和扭矩的监控（Level2 监控软件）。依照 E-Gas 的三层架构的总结和推荐设计，默认 Level1 依照 ASIL-A 或 ASPICE CL2 来开发，而 Level2 承担着监控的角色依照最高 ASIL 等级 ASIL-C 来开发。

在扭矩监控的部分，共包含 Lvl2AccPedCal、TqLmtCal 和 TqMon 三个模块，分别实现加速踏板百分比计算、扭矩限值计算和扭矩监控功能。这三部分模块涉及外部的输入信号包括 AccPed_V1（HW）、AccPed_V2（HW）、VehSpd（CAN）和 TqFilter（Level1），最终的输出信号是 TqReqF（CAN）和 Shutdown（HW）。依照开展安全分析 SW-FMEA，该部分软件若满足功能安全 ASIL-C，可知输入和输出符合如表 6-5 所列的 ASIL 等级要求。

表 6-4　软件安全分析失效模式参考

Generic Failure Modes	Potential Cause(s) of Failure				
	Data Integrity		Data Exchange	Timing & Control Flow	Data Processing
	Memory	Initialization & Configuration Data			
Corruption of memory content Aspect "DataIntegrity: simple memory corruption Aspect "Init&ConfigData" already applied initialization can be corrupted on e.g. the peripheral or the configuration "source" data can be already corrupted	X	X			
Memory partitioning fault	X				
Memory access fault	X				
Incorrect addressing of transmitted data			X		
Blocking access to a communication channel			X		
Corruption of transmitted data not data in RAM but "transmitted data" disturbed on the wire or while transmission between SW elements (via RTE)			X		
Delay of transmitted data			X		
Inconsistency of transmitted data			X		
Incorrect transmitted data value (above or below range)			X		
Incorrect sequence of transmitted data			X		
Insertion of transmitted data			X		
Masquerade of transmitted data			X		
Missing transmitted data / Loss of transmitted data			X		
Repetition of transmitted data			X		
Erroneous data processing (SW logic failure)					X
Incomplete execution due to unexpected termination				X	
Execution timing incorrect, executes too slow or too fast or too early or late, incorrect frequency				X	
No execution				X	
Non-terminating calculation				X	

Methods		ASIL			
		A	B	C	D
1a	Walk-through of the design[a]	++	+	o	o
1b	Inspection of the design[a]	+	++	++	++
1c	Simulation of dynamic behaviour of the design	+	+	+	++
1d	Prototype generation	o	o	+	++
1e	Formal verification	o	o	+	+
1f	Control flow analysis[b]	+	+	++	++
1g	Data flow analysis[b]	+	+	++	++
1h	Scheduling analysis	+	+	++	++
a	In the case of model-based development, these methods can also be applied to the model.				
b	Control and data flow analysis can be limited to safety-related components and their interfaces.				

图 6-17　软件架构的验证

Methods		ASIL			
		A	B	C	D
1a	Walk-through[a]	++	+	o	o
1b	Pair-programming[a]	+	+	+	+
1c	Inspection[a]	+	++	++	++
1d	Semi-formal verification	+	+	++	++
1e	Formal verification	o	o	+	+
1f	Control flow analysis[b, c]	+	+	++	++
1g	Data flow analysis[b, c]	+	+	++	++
1h	Static code analysis[d]	++	++	++	++
1i	Static analyses based on abstract interpretation[e]	+	+	+	+
1j	Requirements-based test[f]	++	++	++	++
1k	Interface test[g]	++	++	++	++

图 6-18　软件单元设计的验证

Methods		ASIL			
		A	B	C	D
1a	Requirements-based test[a]	++	++	++	++
1b	Interface test	++	++	++	++
1c	Fault injection test[b]	+	+	++	++
1d	Resource usage evaluation[c, d]	++	++	++	++
1e	Back-to-back comparison test between model and code, if applicable[e]	+	+	++	++
1f	Verification of the control flow and data flow	+	+	++	++
1g	Static code analysis[f]	++	++	++	++
1h	Static analyses based on abstract interpretation[g]	+	+	+	+

图 6-19　软件集成的验证

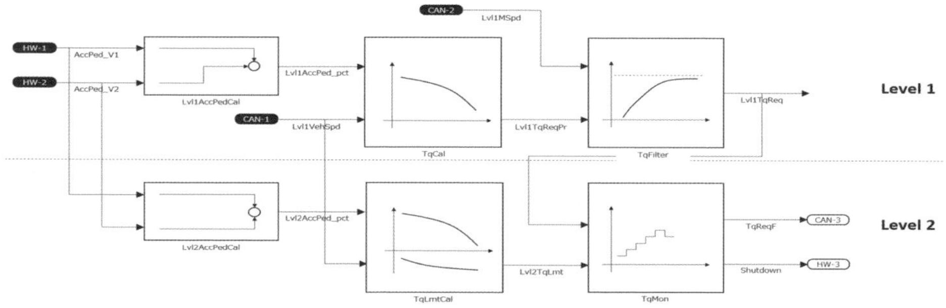

图 6-20　传感器采集软件框图

表 6-5　信号安全等级

信号名	类型	信号说明	目标等级
AccPed_V1	Input	传感器 1 的电压	ASIL-A/B(C)
AccPed_V2	Input	传感器 2 的电压	ASIL-B/A(C)
VehSpd	Input	车速信号	ASIL-C
TqFilter	Input	滤波后扭矩	QM
TqReqF	Output	最终扭矩需求	ASIL-C
Shutdown	Output	停机信号	ASIL-C

基于表 6-5（在此先不讨论如何满足目标等级的设计），控制流分析过程中，需要关注功能安全相关模块。Lvl2AccPedCal、TqLmtCal 和 TqMon 三部分的输入信号，如果暂且假设每一个模块是黑盒设计的话，排除内部的标定量和全局变量，那么，Lvl2TqLmt 信号是由 Lvl1VehSpd 和 Lvl2AccPed_pct 计算得到，也就是由 Lvl1VehSpd、AccPed_V1、AccPed_V2 三个基础软件外输入信号计算而得。依照三个信号的 ASIL 等级，可以知道从数据计算的流向上，Lvl2TqLmt 符合 ASIL-C 等级。但如果软件架构中没有 Lvl2AccPedCal 模块，而 TqLmtCal 计算依赖于 Lvl1AccPed_pct（ASIL-A/QM），那么，Lvl2TqLmt 信号就不符合 ASIL-C 等级，因此会导致整体软件无法满足 ASIL-C 等级，这也就是数据流分析的核心思想以及在分析中需要关注的问题。总结如下几点数据流分析的建议，供大家实践应用：

➢ 安全相关的软件模块或者函数的输入信号（包括软件外和函数与函数之间

的输入信号）需要考虑安全等级；

➢ 安全相关的软件模块或者函数的配置变量或者标定量要考虑安全等级；

➢ 数据流分析过程当中，可以暂不考虑信号之间的影响幅度，这部分影响幅度建议在故障注入中考虑；

➢ 安全相关的软件模块或者函数的输入信号并不是一定不能是无 ASIL 等级或者低 ASIL 等级的信号，关键是不能参与输出的计算。

控制流分析方面，需要关心的是调度顺序的合理性；软件架构上关心函数与函数间的调度顺序和时序；软件单元方面关心单元模块内容函数与函数间的调度顺序和时序、软件集成过程中底层函数及应用层函数的间的调度顺序和时序。延续上面的例子来实际分析控制流的意义和核心思想。

在图 6-21 中，补充了三个函数模块间的顺序 1—3 以及各自运行的周期 10ms、20ms 这样的架构设计。从软件架构级别来看待控制流，可以分析如表 6-6 所列几种情况。

依据表 6-6 可以得出，控制流的分析在软件架构层面能够有效减少安全风险，提高安全性和可靠性。同理，对于软件单元模块和软件集成环节，也是一样的分析方式和意义。控制流相对应的安全机制，也就是我们经常提到的 PFC（Program Flow Check）。

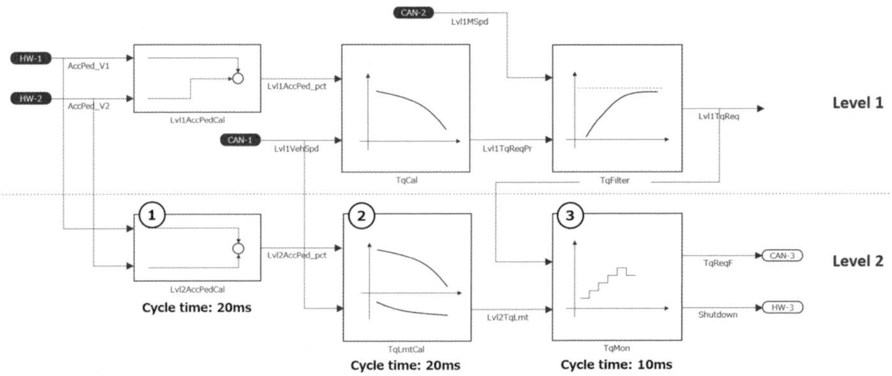

图 6-21　补充调度周期信息的软件架构

表 6-6　控制流分析示例

控制流方式	控制流分析
1→2→3	理论时间 20ms+20ms+10ms+ 延迟时间，无误报风险
1→3→2	3 的输入要基于上一个循环的 1 计算的限值，会造成整体延迟时间增加一个周期，存在误报或者不符合 FTTI 的风险
2→1→3	3 的输入要基于上一个循环的 1 计算的限值，会造成整体延迟时间增加一个周期，存在误报或者不符合 FTTI 的风险
2→3→1	3 的输入要基于上一个循环的 1 计算的限值，会造成整体延迟时间增加一个周期，存在误报或者不符合 FTTI 的风险
3→2→1	3 的输入要基于上两个循环的 1 计算的限值，会造成整体延迟时间增加两个周期，存在误报或者不符合 FTTI 的风险，这是架构设计不合理的最坏情况（Worst case）
3→1→2	3 的输入要基于上一个循环的 1 计算的限值，会造成整体延迟时间增加一个周期，存在误报或者不符合 FTTI 的风险

下面是一个借助计算进行 PFC 的代码案例，示例中依照不同的函数进行了不同的计算以避免错误的执行顺序计算的 num 是一致的。实际上，大家在设计任何一个诊断或监控算法时，需要特别关注诊断覆盖率的分析，即不同的失效模式下是否存在相同的特征曲线或数值。

```
switch(sqe)
{
    case 1:
        num+=1;
        break;
    case 2:
        num*=2;
        break;
    case 3:
        num=num<<3;
        break;
    default;
        break;
}
```

6.2.4 软件安全验证——故障注入测试

故障注入测试在功能安全设计和验证阶段都是重要的，它贯穿于系统、硬件和软件各个环节。功能安全从业人员往往认为这是测试环节需要考虑的内容（包括 ISO 26262 也关注在单元和集成验证上），但这是不完整的。本书认为，故障注入是失效分析坚实的手段，大家应该深入理解。ISO 26262 中针对故障注入在软件单元测试、软件集成测试和软硬件集成环节都有提到，如图 6-22—图 6-24 所示。

回到上面的软件案例，针对故障注入测试，我们应该如何有效开展？每一个软件模块都是由输入、标定量和配置逻辑组成的，对于软件的输出信号，我们的要求是达到 ASIL-C，这意味着对于信号而言，常高、常低和偏差这几种失效模式是要被覆盖的。故障注入的意义具体可以体现在以下几个方面：

Methods		ASIL			
		A	B	C	D
1l	Fault injection test[h]	+	+	+	++
1m	Resource usage evaluation[i]	+	+	+	++
1n	Back-to-back comparison test between model and code, if applicable[j]	+	+	++	++

图 6-22 软件单元测试的方法

Methods		ASIL			
		A	B	C	D
1a	Requirements-based test[a]	++	++	++	++
1b	Interface test	++	++	++	++
1c	Fault injection test[b]	+	+	++	++
1d	Resource usage evaluation[c, d]	++	++	++	++
1e	Back-to-back comparison test between model and code, if applicable[e]	+	+	++	++
1f	Verification of the control flow and data flow	+	+	++	++
1g	Static code analysis[f]	++	++	++	++
1h	Static analyses based on abstract interpretation[g]	+	+	+	+

图 6-23 软件集成测试的方法

Methods		ASIL			
		A	B	C	D
1a	Requirements-based test	++	++	++	++
1b	Fault injection test[a]	+	+	+	++
[a] In the context of software testing, fault injection test means to introduce faults into the software by means of e.g. corrupting calibration parameters.					

图 6-24 软硬件集成测试的方法

➢输入信号出现 ASIL 等级相关失效模式时，能够被有效诊断探测出；

➢输入信号出现 ASIL 等级相关失效模式时，不会造成安全风险（对应于软件模块就是输出信号的可控范围及对应时间）；

➢输入信号出现 ASIL 等级相关失效模式时，如何定义诊断阈值和时间。

以第一个模块 Lvl2TqLmt 为例子，针对输入信号 AccPed_V1 及 AccPed_V2 可以开展的故障注入测试曲线如图 6-25 所示。首先，需要找到合理边界值，即最大 / 最小值，对于踏板传感器而言，存在物理值（无论如何不应该超过的数值）和合理值（理论上正常数值范围值边界）两个数值；然后，定义的故障注入需要考虑超出时间和超出幅值两个维度，二者缺一不可。大家会觉得这样的故障注入用例会无穷无尽，建议考虑故障注入用例可以依据如下原则：依照物理模型来考虑失效曲线，比如传感器的失效模式短地、短电源、开路是固定表现，只需要考虑起始条件就可以找到最坏情况（Worst case），这部分相对简单。而对于传感器的偏移，建议可以采用二分法或百分比递增去设计用例，同时配合逆向计算风险对应的踏板百分比反推至用例设计过程中。

实际工作中，开展软件的故障注入可以参考如图 6-26 所示针对 ABS 系统进行的故障注入测试。原系统仅包含 ABS System 和 Environment Model，ABS 系统以车速（vs_In）和车轮速度（ws_In）为输入，计算相对滑移值（RS），利用防抱死制动原理输出控制信号（ctrl_sig_out）控制施加的制动力。为了正确执行环境模型，还从系统中提取相对滑动值（cRS_out），在这种情况下引入了一个反馈回路。

为实现故障注入，增加了故障注入模块 Fault Injector System，这部分在实践中大家可以依照失效模式来进行搭建，另外还需要接口模型方便进行数据的切换，

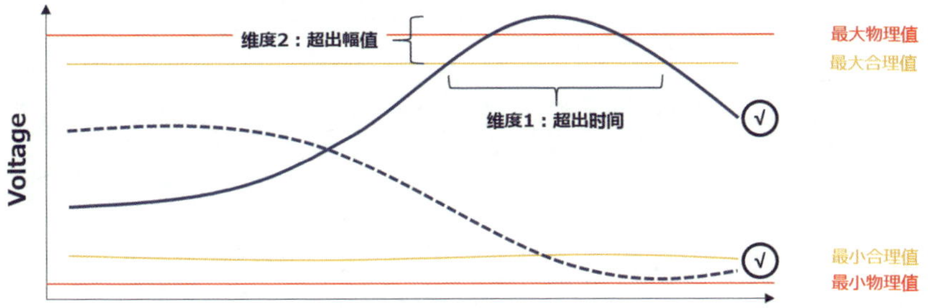

图 6-25　故障注入曲线示意

如图 6-26 中的 System Input Fault Model 和 System Output Fault Model。通过注入故障，可以得到如图 6-27 所示的曲线，其中示例在第 6 秒发生了异常，车速和轮速出现了不匹配。

6.2.5 软件安全验证——静态代码检查

静态代码检查是针对软件进行安全性和可靠性分析的关键环节，一般的静态代码检查都依照 MISRA C 标准开展。MISRA C 是由汽车产业软件可靠性协会（MISRA）提出的 C 语言开发标准，其目的是增进嵌入式系统的安全性及可移植性。

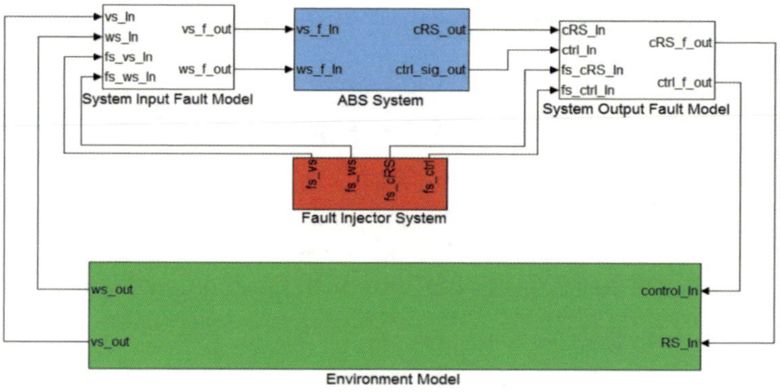

图 6-26　Simulink 模型中故障注入的设置

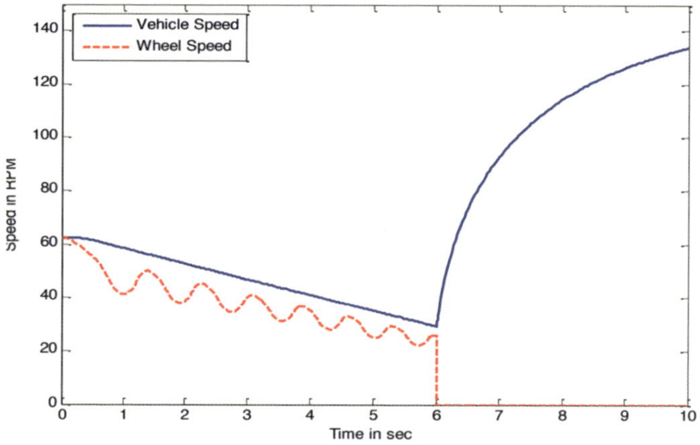

图 6-27　ABS 系统故障注入车速和轮速变化

针对C++语言也有对应的标准MISRA C++。MISRA C一开始主要是针对汽车产业，之后，其他产业也逐渐开始使用MISRA C，包括航天、电信、国防、医疗设备、铁路等领域中都已有厂商使用MISRA C。通常认为，如果能够完全遵守这些标准，则该嵌入式C代码就是易读、可靠、可移植和易于维护的。下面我们列举几个实际开发中需要在静态代码检查中特别关注的情况。

1. 堆栈溢出

堆栈溢出就是不顾堆栈中分配的局部数据块大小，向该数据块写入了过多的数据，导致数据越界，从而覆盖了别的数据。对于实际嵌入式开发而言，由于数据越界导致其他变量被改写，从而引发安全风险。以下是一个简单的示例，针对一个数组进行赋值，我们可以到看到数组只有10个数，而循环导致溢出了第11个数。

```
int main()
{
int i;
int arr[10];
for(i=0;i<=10;i++)
   {
        arr[i]=0;
printf("%d\n",i);
   }
}
```

实际代码开发过程中关键的功能函数或者监控函数是不能够使用递归的，递归也是堆栈溢出的一个元凶。如下的代码是非常简单的递归函数，当递归层数增多时，占用栈空间存储或传递一些数据是非常容易超过设计规划的。如果设计中一定要用到递归函数，建议在高地址位的内存堆栈里进行“水位标记”限制，一旦检测到“水位”超过了“标记”，就重置系统或者该函数以防止堆栈溢出。

```
def Cal(n)
{
if n==1:
  return 1;
return n * Cal(n-1);
}
```

2. 除零问题

软件函数在设计过程中，可能会涉及除法，而除法的分母如果在设计中会出现零的情况，对于函数而言是毁灭性的。下面的一个示例中，我们可以看到加速踏板百分比的计算是需要同电压量程范围相除的，而这部分的V_ref是函数的输入，当整体软件设计比较复杂时，例如 V_ref 也是其他函数的计算结果，那么，对于整体静态代码分析而言，是一个很大的挑战。对于可能存在除零风险的设计而言，出于安全的角度考虑，建议增加除零保护。

```
float AccPed_pct(float AccPed_V,int V_ref)
{
int ref=V_ref;
int V_max=4.5;
float AccPedPct;
AccPedPct=(V_max-AccPed_V)*100/ref;
return AccPedPct;
}
```

3. 状态机死循环

软件实现功能过程中，常见的功能实现就是状态机。例如，设计一个系统的初始化、上电、正常工作和关闭等状态，或者如 ACC/AEB 等多状态功能。状态机设计过程中最担心的就是陷入死循环，下面的程序如果 e0_event+e1_event+e2_event 的场景覆盖率不到 100%，而状态机函数又未设置超时机制或中断机制，那么，对于实际嵌入式开发而言，就是灾难性的。

```
switch(cur_state)
{
case s0:
if(e0_event)
        {
                //nxt_state = s0;
        }
else if(e1_event)
        {
                nxt_state = s1;
        }
```

```
else if(e2_event)
        {
                nxt_state = s2;
        }
...
```

6.3 常见软件阶段工具

6.3.1 Polyspace

Polyspace Bug Finder™ 可以识别嵌入式软件 C 和 C++ 代码中的运行时错误、并发问题、安全漏洞和其他缺陷，如图 6-28 所示。使用静态分析（包括语义分析），Polyspace Bug Finder 可分析软件控制流、数据流和进程间行为。通过在检测到缺陷之后立即高亮显示缺陷，可在开发过程的早期阶段鉴别和修复错误。Polyspace Bug Finder 可检查是否符合编码规范，如 MISRA C®、MISRA C++、JSF++、CERT® C、CERT® C++ 和自定义命名规范。它可以生成报告，其中包括发现的错误、代码违规和代码质量指标，如圈复杂度。Polyspace Bug Finder 可与 Eclipse™ IDE 配合使用进行代码分析。

6.3.2 Tessy

Tessy 软件源自戴姆勒–奔驰公司的软件技术实验室，由德国 Hitex 公司负责全球销售及技术支持服务，是一款专门针对嵌入式软件动态测试的工具，如图 6-29 所示。它可以对 C/C++ 代码进行单元、集成测试，可以自动化搭建测试环境、执行测试、评估测试结果并生成测试报告等。多样化的测试用例导入生成方式和与测试需求关联的特色，使 Tessy 在测试组织和测试管理上也发挥了良好的作用，目前，Tessy 广泛应用汽车电子主流客户中。Tessy 满足各类标准（如 ISO 26262、IEC 61508）对测试的需求，比如 Tessy 可以满足 ISO 26262 中各个测试等级对模块测试的要求，当然，Tessy 本身也通过了 TÜV 的认证，证明该软件是安全可靠的，可以在安全相关的软件研发过程中使用。

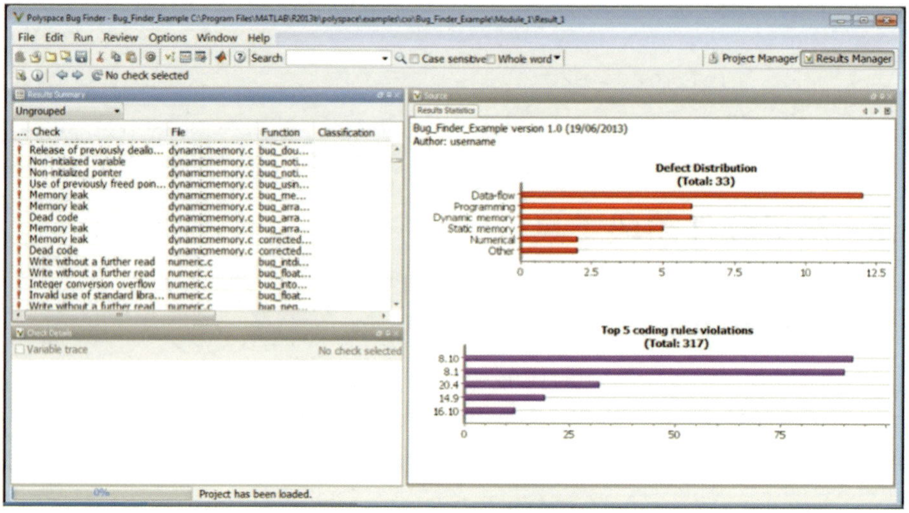

图 6-28　Polyspace 软件截图

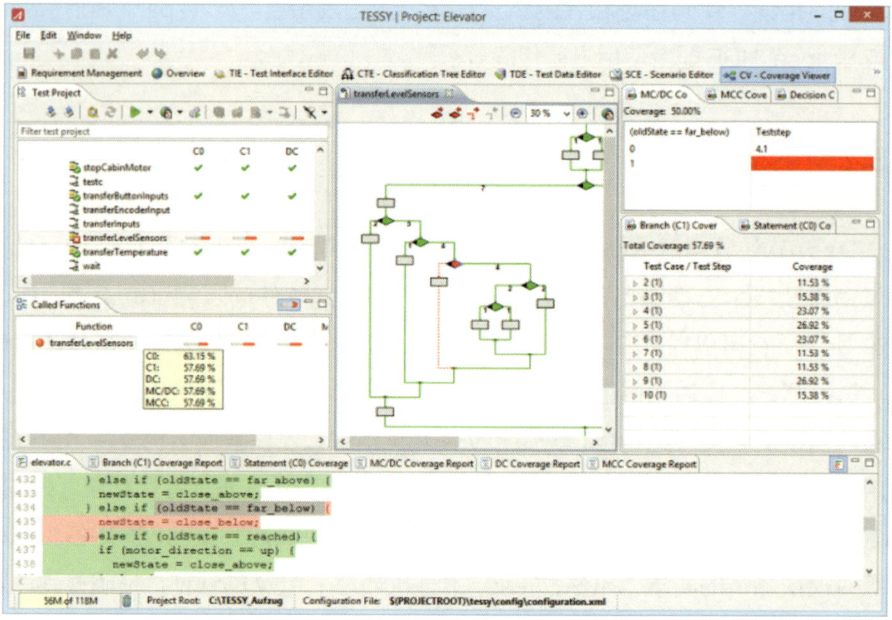

图 6-29　Tessy 软件截图

6.3.3 Helix QAC

Helix QAC 是静态代码分析工具（图 6-30），依据 C 和 C++ 编码规则自动扫描代码对规则的违背。在开发过程的早期就可以用它来检测缺陷，因为此时修改代码是最方便也最经济的。Helix QAC 自动化强制实施代码编程标准，比如，MISRA 保证代码的合规性。Helix QAC 识别必须修改的缺陷，提供详细的指导，帮助开发人员修改问题。这是不需要运行程序的。开发人员既然获得了即时的上下文反馈，他们将因此从错误中获得学习，下一次编写新的代码（或者评审代码）时，能力将得到提升。Helix QAC 自动审查代码，确保它们符合用户选择的编码标准。合规性报告可视化地提醒用户哪些代码需要多加留意。Helix QAC 支持多种 C 和 C++ 编码标准，提供相应的合规性模块，也支持标准的客户化定制。

6.4 功能安全审核实战

功能安全审核实战如表 6-7 所列。

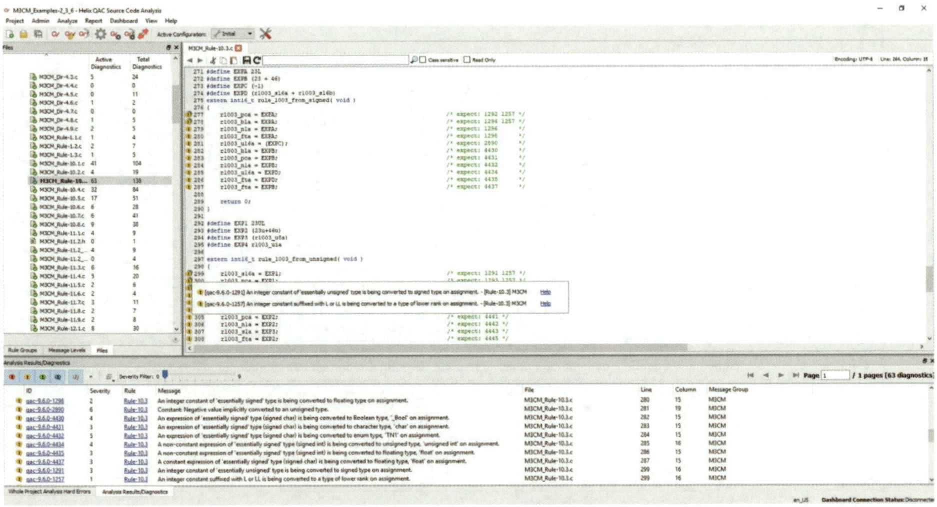

图 6-30 Helix QAC 软件截图

表 6-7　软件安全设计及验证审核手册实例

条款	题目	目标及交付物	编号	条款	交付要点	评判问题	评判结论
6	Specification of software safety requirements	The first objective of this sub-phase is to specify the software safety requirements. They are derived from the technical safety concept and the system design specification. The second objective is to detail the hardware-software interface requirements initiated in ISO 26262-4:2011, Clause 7. The third objective is to verify that the software safety requirements and the hardware-software interface requirements are consistent with the technical safety concept and the system design specification. 6.5.1 Software safety requirements specification resulting from requirements 6.4.1 to 6.4.3 and 6.4.5. 6.5.2 Hardware-software interface (HSI) specification (refined) resulting from requirement 6.4.4. NOTE This work product refers to the same work product as given in ISO 26262-5:2018, 6.5.2. 6.5.3 Software verification report resulting from requirements 6.4.6 and 6.4.7	6.4.2	Specification of the software safety requirements	公司应说明导出软件安全要求的程序和依据，包括使用的需求工具，还应显示技术安全要求和 HSI 安全要求的可追溯性	软件安全要求是如何从 TSR 中派生出来的	满足
						如何保证与分配给软件的技术安全要求相关的软件安全要求的可追溯性和完整性	满足
						哪个工具用于指定软件安全要求	满足
						检查是否定义了以下软件安全要求属性： a） 需求 ID b） 需求内容可以理解吗 c） ASIL 等级 d） 软件组件 ID e） 状态（发布、验证、草稿） f） 验证阶段 g） 测试用例 ID	满足
			6.4.3	Application of ASIL decomposition	公司应说明其为什么在系统级应用 ASIL 分解，如果采用 ASIL 分解，则应演示 ASIL 分解的应用程序	是否使用了 ASIL 分解？如果使用了？哪个文档描述了 ASIL 分解的用法	部分满足，存在较大差距
			6.4.4	HSI specification	公司应展示改进 HSI 的程序，并应说明 HIS 相关人员参加的原因	如何从 HSI 中得出软件安全要求	满足
						如何保证与分配给软件的 HSI 安全要求相关的软件安全要求的可追溯性和完整性	满足

7	Software architectural design	The first objective of this sub-phase is to develop a software architectural design that realizes the software safety requirements. The second objective of this sub-phase is to verify the software architectural design. 7.5.1 Software architectural design specification resulting from requirements 7.4.1 to 7.4.13	7.4.2	Specification of the software safety requirements	公司应展示使用所用软件工具创建架构设计的程序	哪种工具用于架构设计	满足
						软件架构图可以理解吗	满足
						安全相关软件（如 ASIL 分类）在软件架构图中是否可识别	满足
					公司应解释与 SWSR 和 SW 组件可追溯性有关的架构设计	软件组件在软件架构图中是否可见	满足
			7.4.3	Complexity of the architectural design		架构设计程序中是否解释了以下问题： a) 模块化 b) 封装 c) 简单	满足
			7.4.6	Categorization of software components	公司应说明新开发软件组件或重用软件组件或修改后重用软件组件的决策过程	安全软件组件如何分类？ a) 新开发的 b) 修改后重复使用 c) 未经修改重复使用	满足
						是否会使用经过验证的软件组件？如果是的话，相关论证必须仔细研究	满足
			7.4.8	Qualification of reused SW components	公司应说明其如何鉴定重复使用的软件组件	未经修改而重复使用的安全相关软件组件是否符合 ISO 26262-8:2011 第 12 条的要求	裁剪不适用

续表

条款	题目	目标及交付物	编号	条款	交付要点	评判问题	评判结论
		7.5.2 Safety analysis report resulting from requirement 7.4.10. 7.5.3 Dependent failures analysis report resulting from requirement 7.4.11. 7.5.4 Software verification report resulting from requirement 7.4.14	7.4.9	Allocation of SWSRs to SW components	公司应展示有关将 SWSR 分配给软件组件的程序	如何识别哪些软件组件实现了哪个 SWSR	满足
			7.4.10	embedded SW with SW components with different ASILs	如果嵌入式软件应使用不同 ASIL 的软件组件进行开发，公司应说明程序	如果嵌入式软件必须实现不同 ASIL 的软件组件，或安全相关和非安全相关软件组件，则所有嵌入式软件应按照最高 ASIL 进行处理，除非软件组件符合 ISO 26262-9:2011 第 6 条的共存标准。这条规则是如何遵守的	满足
			7.4.11	SW partitioning	公司应展示软件分区程序	如果使用了软件分区，是否遵循了 ISO 26262-9:2011 附录 D 的规则	满足
			7.4.12	Freedom of interference	公司应说明将如何提供有关软件组件不受干扰的证据	如果软件安全要求的开发基于软件组件的独立性，是否遵循 ISO 26262-9:2011 第 7 条的规则	满足

第 7 章　新旧版功能安全标准对比

随着汽车行业的技术发展，国际标准组织（ISO, International Standard Organization）不断地致力于 ISO 26262 的完善与更新，2018 年发布了第 2 版。对于功能安全从业者、标准工作者、认证机构等相关领域对于新修版本的差异都是非常关心的，直接影响其相关业务的实施方式。希望借助新旧版标准的对比，能够让读者从技术原理上理解标准的迭代。

本章首先介绍 ISO 26262 及相关标准的发展状况，接着针对 ISO 26262 标准 2018 版相比 2011 版的变化进行概述，然后逐章进行两版的区别讲解以及其中的关注点，重在展示相应更改对于实战中设计开发带来的影响。图 7-1 所示为标准编制的时间线（截至 2018 年 12 月），可以看到，每版标准从草案发布到正式发布都持续了 2 年以上，标准制定专家组用这些时间来征询实际应用者的意见进而讨论修改。

同时，随着自动驾驶和智能网联的发展，ISO 26262 在自动驾驶领域的局限性开始显现，即没有考虑到应对复杂环境时系统本身的局限性引入的安全风险。预期功能安全 (SOTIF) 这个概念于是应运而生，相应的国际标准 ISO PAS 21448《道路车辆—预期功能安全》已经于 2018 年发布 (PAS 意为 Public Available Specification，代表这一标准至今仍然是草案)，正式版 ISO 21448 预计将于 2021 年发布，并且作为 ISO 26262 的衍生标准很可能被纳入 ISO 26262 的第 3 版中（图 7-2）。

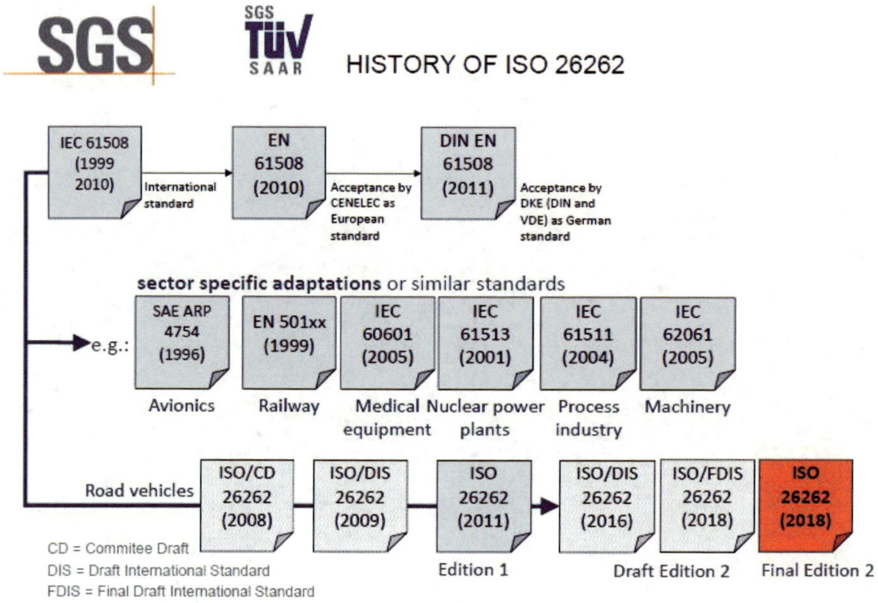

图 7-1　ISO 26262 系列标准编制时间线 (AFSP Training Textbook, 2020)

Source	Cause of hazardous event	Within scope of
System	E/E System failures	ISO 26262 series
	Performance limitations or insufficient situational awareness, with or without reasonably foreseeable misuse	ISO/PAS 21448
	Reasonably foreseeable misuse, incorrect HMI (e.g. user confusion, user overload)	ISO/PAS 21448 ISO 26262 series European statement of principal on the design of human-machine-interface
	Hazards caused by the system technology	Specific standards
External factor	successful attack exploiting vehicle security vulnerabilities	ISO 21434[a] or SAE J3061
	Impact from active Infrastructure and/or vehicle to vehicle communication, external devices and cloud services.	ISO 20077 series; ISO 26262 series
	Impact from car surroundings (other users, "passive" infrastructure, environmental conditions: weather, Electro-Magnetic Interference...)	ISO/PAS 21448 ISO 26262 series

[a] Under preparation. Stage at the time of publication: ISO/SAE CD 21434.

图 7-2 标准范围解释（ISO PAS 21448 Road vehicles—Safety of the intended functionality,2019:8）

7.1 ISO 26262 新版变化概述

2018 版标准较 2011 版标准的几个重要的整体差异总结为：一是内容的增加；二是范围的扩大；三是重点的转移。

从页数上看，2018 版标准增加了近 1 倍，如图 7-3 所示，主要原因是在 2011 版标准的实际应用过程中出现了很多可以完善、补充的地方，且随着方法与技术的不断改进，2018 版标准允许汽车生产商应用与 2011 版标准不同甚至更加高效的过程和方法。

从使用范围上看，新版进行了重大的拓展，删除了“……最大车辆总质量为 3500 kg 的乘用车”，替换为“……道路车辆，不包括轻便摩托车（Mopeds)”。于是，ISO 26262 这一功能安全标准如今不仅包括卡车和公共汽车（T&B, Trucks, Buses, trailers and semi-trailers)，而且还将包括重量为 800kg 的两轮和三轮摩托车，不包括轻便摩托车，这一变化可以参考图 7-4 和图 7-5 所示。

卡车和公共汽车制造商以及相应供应商们急切地希望采用 ISO 26262：2018，或是因为相关客户提出了要求，或是他们希望采取积极主动的姿态来证明其系统的安全性，尤其是自动驾驶商业化卡车和公共汽车呈现着更成熟的商业模

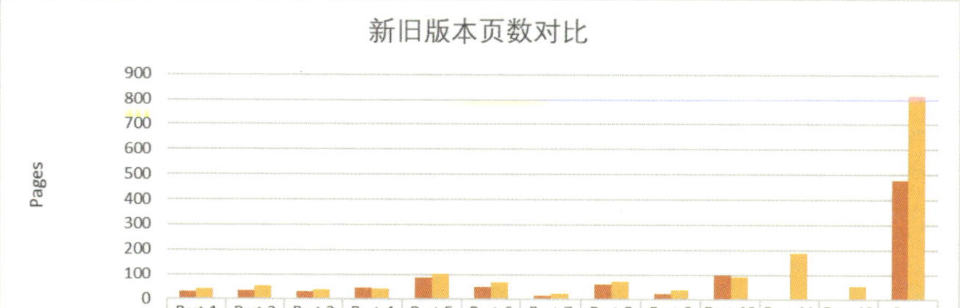

	Part 1	Part 2	Part 3	Part 4	Part 5	Part 6	Part 7	Part 8	Part 9	Part 10	Part 11	Part 12	Sum
ISO26262:2011	30	34	32	46	86	50	18	60	24	97	0	0	477
ISO26262:2018	43	55	39	44	101	67	25	73	39	91	188	52	817

图 7-3　新旧版页数对比

图 7-4　2011 版标准范围图示 (AFSP Training Textbook, 2020)

图 7-5 2018 版标准范围图示 (AFSP Training Textbook, 2020)

式和快速发展。但是，T&B 制造商与供应商不一定都能将功能安全的要求无缝转化为其自身流程，其局限主要有以下两点：

第一，开发接口协议（DIA, Development Interface Agreement）。在规模经济急速发展的今天，卡车制造业依赖于标准化的商用现货（COTS，Commercial Off The Shelf）组件，也就是说，重型卡车制造商是一个真正的系统集成商。一般来说，T&B 制造商会从他们的供应商那里获得“产品规格说明”这样一份文件，里面写有将这个部件集成到整车上的要求，这样，DIA 的概念会逐渐淡出，取而代之的将是脱离场景的安全要素（SEooC，Safety Element out of Context）这个概念。也就是说，在 T&B 行业中，很多系统（比如制动、转向、人机界面）将作为 SEooC 来开发，而产品规格说明可能会逐渐演变成安全手册。相对应 ISO 26262：2018 在第 8 部分支持过程中新增了两个小节，即图 7-6 所示交互超出 ISO 26262 范围的应用与图 7-7 所示未根据 ISO 26262 开发的安全相关系统的集成。前者要求开发相关项或要素的基础车辆 (Base Vehicle, 解释见图 7-8 所示) 的制造商或供应商应将信息（产品规格说明）传达给集成商，以确定可修改的系统和部件以及允许的系统安全限值 / 修改要求；而开发相关项的基础车辆制造商或供应商应传达集成商要求采用的安全措施。后者要求，在集成商的安全档案中，应给出理由，证明本条款的适用是正当的。也就是说，集成商应定义一套准则，以证明根据另一安全标准（比如 IEC 61508）开发的安全相关系统满足功能安全的要求水平；集成商和供应商应商定一套相关措施，以验证该系统是否满足标准。

第二，拖车配置对于 T&B 安全概念的影响。拖车是相对于基础车辆（图 7-8）而言的。在进行危害分析与风险评估时，一辆拖拉机所牵引的东西很能会影响其基础车辆的可控性 C，或许还会影响严重性 S。因此，拖车如何配置，将影响安全目标，进而影响安全概念。但是，实际开发中，T&B 制造商在进行安全验证之前可能不会先考虑到拖车配置。

2018 版标准并没有将卡车、公共汽车、拖车与半拖车的功能安全开发单独作为一个部分，而是在几个部分穿插了一些内容。例如，在第 3 部分的危害分析与风险评估中加入了对于商用车的变化管理。在第 5 部分硬件层面开发中，为了方便 PMHF 值的计算，给出了 T&B 的标准运行寿命（车辆行程的平均持续时间，每天工作小时数）：客车 1 小时，卡车和公共汽车 10 小时。

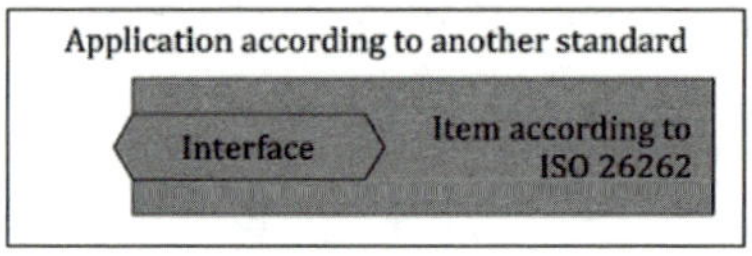

图 7-6　交互超出 ISO 26262 范围的应用

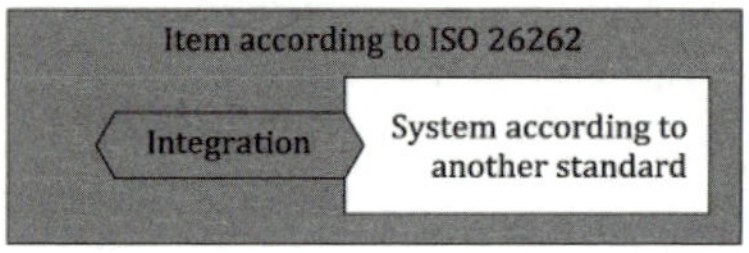

图 7-7　未根据 ISO 26262 开发的相关系统的集成

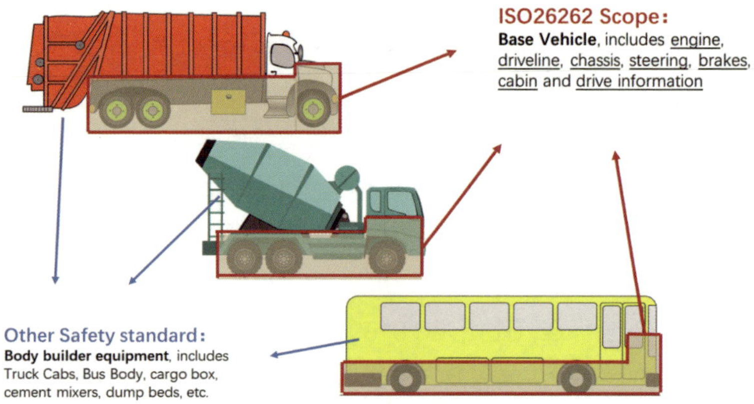

图 7-8　基础车辆（Base Vehicle）的定义（AFSP Training Textbook, 2020）

2018 版标准适用范围的大幅增加还带来了第 12 部分—ISO 26262 对于摩托车的适用。摩托车行业已经认识到需要以安全的方式开发 E/E 系统，因此已经适应了 2011 版标准。尽管如此，摩托车和汽车的开发还是有很大差异。就连美国国家公路交通安全管理局也认识到了这些差异，因此制定了独特的联邦摩托车安全标准（FMVSS，Federal Motor Vehicle Safety Standards）（NHTSA, 2016）。由于这些差异，ISO 26262：2011 的某些要求和方法必须要修改一下，以适应摩托车功能安全的最新技术。这一部分将在 7.13 小节中详细说明。

除此以外，由于 2011 版标准第 5 部分对于硬件层面的要求更多是整体上的，很难涉及半导体层面，所以，2018 版标准中增加了第 11 部分应用于半导体的指南，针对半导体层面进一步增加相应说明，用以指导在半导体芯片的开发过程中针对安全及诊断设计的考量。

为应对产业技术的发展带来的安全挑战（功能安全、预期功能安全及信息安全等），与时俱进的 2018 版标准给出了带有指向性的指导。比如，对于高度自动驾驶功能来说，驾驶主体由驾驶员变为了机器，失效可操作（Fail-operational）系统是非常有必要的，也就是当系统出现失效或者故障时需要具备一定保持或者功能降级的设计。2011 版标准关注的失效安全 (Fail-safe) 系统，是指系统不运作时会处在安全状态，不会造成人员伤亡的系统。随着自动驾驶技术的快速发展，2018 版标准开始注重的失效可操作系统，是指在其重要或主要系统损坏时，仍可完成正常或最终的重要动作的系统。2018 版标准第 10 部分中特别增加了具有安全相关可用性（Safety-related availability）的系统开发指南，用于指导如何设计符合功能安全的失效可操作系统，例如增加故障容许、故障避免及故障预测措施。

另外，2018 版标准第 2 部分新增的附录 E，即功能安全与网络安全进行潜在交互的指南，主要包含了四个方面：功能安全管理、概念阶段、产品开发与生产运营。虽然目前网络安全还没有正式的国际标准，但是，这个指南是明显带有一定指向性的。再如 2018 版标准的第 6 部分细化了附录 B，即基于模型的开发方法，解释了在软件层级开发中基于模型的开发方法可能的好处和潜在的问题。这个附录在 2011 版标准中只有不到 2 页，但是 2018 版标准中有 4 页之多，也是对应了在实践中基于模型的开发越来越广泛的应用趋势。

7.2 第 1 部分：术语的变动

ISO 26262 第 1 部分术语的变动主要是引入了两个新术语，这两个新术语都是针对时间维度的补充。

1. 安全相关时间间隔（FTTI）

功能安全从业者设计方案时最关注的就是故障探测时间、危害发生时间等。

2011 版标准中容错时间间隔的定义是：在危害事件发生之前，系统中可能出现一个故障或多个故障的时间跨度。2018 版标准中扩充了实际应用中的故障时间，即安全相关时间间隔（图 7-9），并且细化了其定义：如果安全机制未激活，从相关项中发生故障到可能发生危害事件的最短时间间隔。

从图 7-9 中可以看出，安全相关时间间隔细化出了三个需要时间约束的场景：

➢ 没有安全机制；

➢ 安全机制使能；

➢ 紧急运行模式（Emergency Operation）的安全机制使能。

2．紧急运行容许时间间隔（EOTTI）

紧急运行容许时间间隔是指在不存在不合理风险水平的情况下可维持紧急运行的规定时间间隔，主要针对的是采用紧急运行模式的安全机制，如图 7-10 所示。

2018 版标准在第 10 部分指南中对此给出了示例，用以指导在自动驾驶系统中应用这些新的时间定义，如图 7-11 所示。

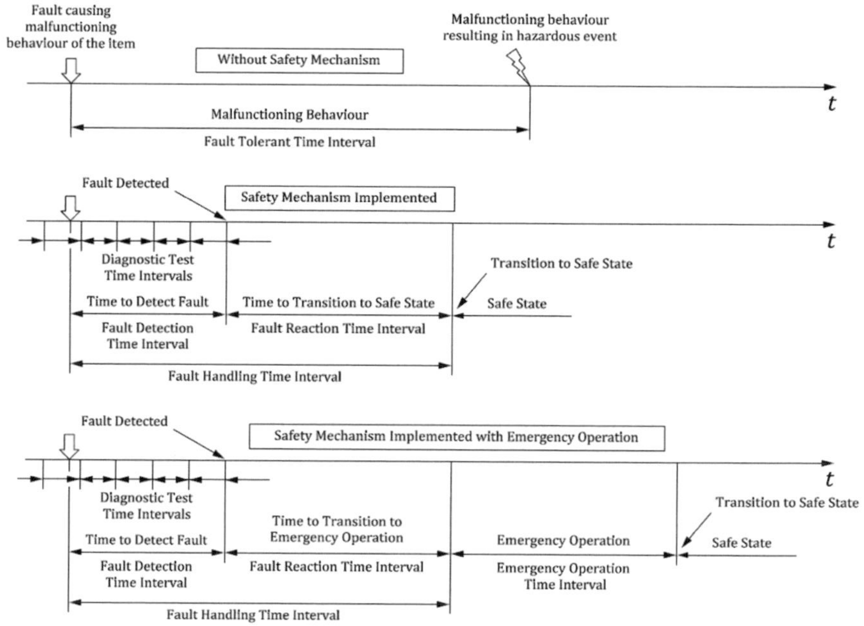

图 7-9 安全相关时间间隔

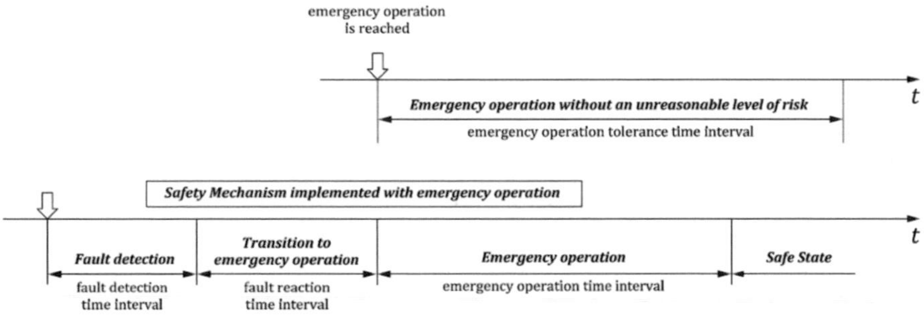

图 7-10　紧急运行容许时间间隔

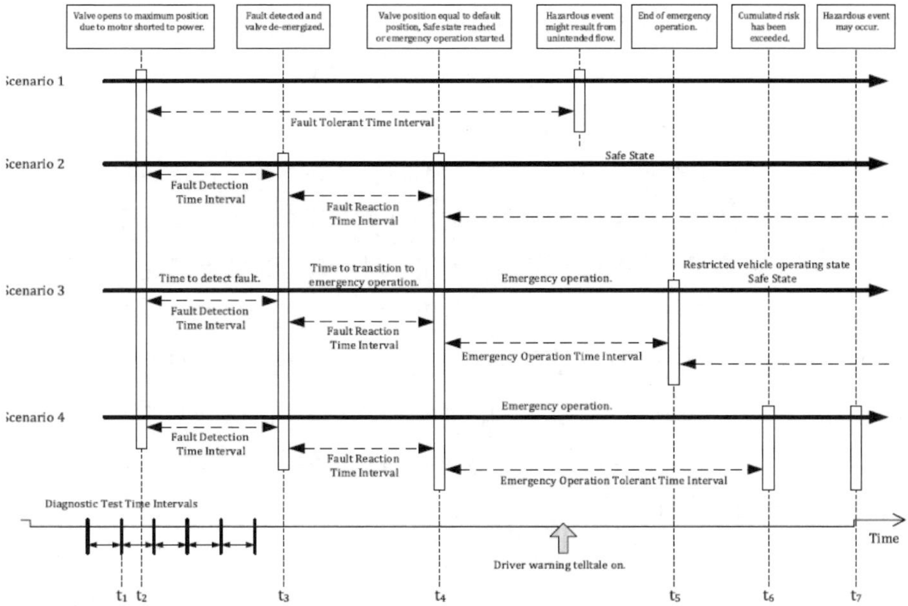

图 7-11　FTTI 和 EOTTI 的时序模型示例

图 7-11 中包括了下面描述的 7 个时间戳：

- t1：故障发生前的诊断试验时间；
- t2：发生故障，未检测到故障；
- t3：故障检测（例如，由于错误计数器达到其阈值），故障反应时间间隔的开始；
- t4：安全状态转换完成（场景 2），紧急操作开始（场景 3 和场景 4）；
- t5：紧急操作结束（场景 3）；
- t6：紧急操作时限；
- t7：危害事件的发生。

7.3 第 2 部分：功能安全管理的变动

功能安全管理在 2018 版标准中进行了很多优化，主要来源于在实际应用中管理覆盖全生命周期的功能安全活动过程所积累的经验。

首先，2018 版标准把第 4 到第 6 部分的系统、硬件、软件层面的功能安全启动以及第 3 部分第 6 小节安全生命周期的启动全部移到了第 2 部分第 6 小节的功能安全管理之中，即安全生命周期的统一管理。这样，结构更合理，也方便功能安全经理及工程师开展相应的规划。

其次，围绕非全新开发项目的变更影响而开展的活动也被全部挪到第 2 部分第 6 小节中，2011 版标准中影响分析是放在第 3 部分第 6 小节安全生命周期的启动中，在相关项定义之后。另外，增加了对已有元素的复用［Reuse of an existing element, 即要素（element）层面的影响分析］，因为实际的生产开发中对组件层级的影响分析不能被忽略，对软硬件组件的鉴定、在用证明以及 SEooC 就通过这一层分析引入。这样，围绕非全新开发项目的活动顺序就很明确：首先进行相关项的影响分析，然后是对已有元素的复用，最后进行安全活动的裁剪。这些活动都是安全计划的重要输入。

另外，功能安全评估与生产发布同样也被从 2011 版标准第 4 部分移至 2018 版标准第 2 部分第 6 小节中，以便更好地理解和强调这两部分的应用需要独立于开发领域（系统、硬件或软件）。

最后，在整体功能安全管理中新增了一个安全异常（safety anomaly）的章节，涵盖安全异常、职责和必要的沟通，并且要求了一个全新的工作产出——已识别的安全异常报告［Identified safety anomaly report(s)］。安全异常这个概念是 2018 版标准新增的，是指功能安全开发的实施过程中发生的一些异常事件，常常是推进功能安全时受到了一些阻力，需要实时记录下来生成报告并分析其影响功能安全的程度，需要变更的话，转到影响分析以及变更管理的流程，如图 7-12 所示。

除了安全活动的管理，认可措施的重心发生了改变，更加关注与实际功能安全相关的内容。首先，2018 版标准中删除了对于软件工具标准评估报告和软件工具鉴定报告以及候选项在用证明的认可评审。一方面，由于软件行业的发展趋势及现状，很多软件或者软件工具都是开源或者免费的，比如 Linux 系统，所以很难去评估它们是否符合功能安全。另一方面，自 2011 版标准发布以来，在用证明一直没能得到广泛的应用，一是可能由于在用证明所需的论据（data, analysis and credit）搜集起来比较复杂，二是汽车制造商和供应商为了采取积极主动的姿

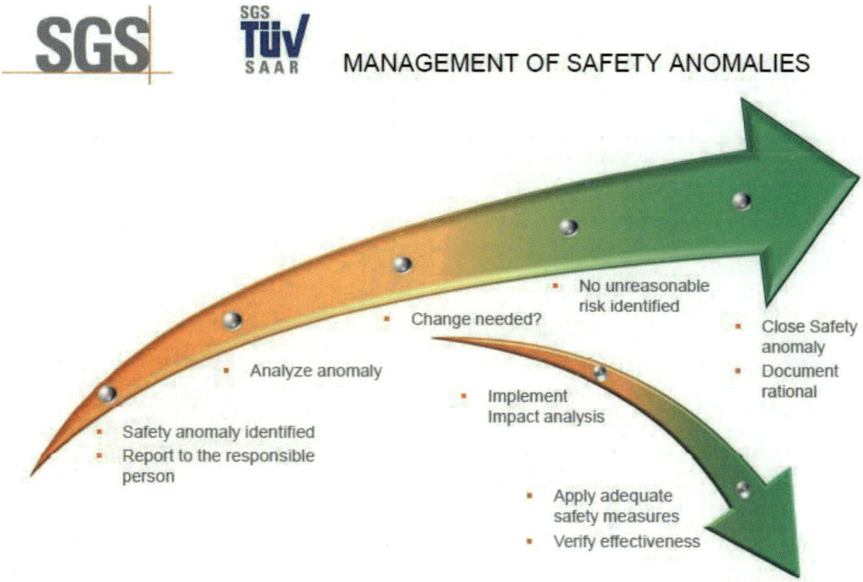

图 7-12　安全异常的管理流程 (AFSP Training Textbook, 2020)

态来证明其系统的安全性经常会忽略在用证明这个选项。其次，为了与前面的功能安全管理活动相对应，2018 版标准新加入了对于相关项级别的影响分析、功能安全概念以及技术安全概念的认可措施，如图 7-13 和图 7-14 所示。新增的附录 C 给出了认可措施的指南，并根据新的范围做了调整。

Confirmation measures	Level of independence[a] applies to					Scope
	QM	ASIL A	ASIL B	ASIL C	ASIL D	
Confirmation review of the impact analysis at item level (see 6.5.1) Independence with regard to the author of the impact analysis and project management	I3	I3	I3	I3	I3	Judgement of whether the impact analysis in accordance with 6.4.3 correctly identified the item as being a new item, a modification of an existing item or an existing item with a modified environment. Judgement of whether the impact analysis in accordance with 6.4.3 adequately identified the implications on functional safety caused by the modification(s); and the safety activities to be performed.

图 7-13　新增的认可措施项(1)

Confirmation measures	Level of independence[a] applies to					Scope
	QM	ASIL A	ASIL B	ASIL C	ASIL D	
Confirmation review of the Functional Safety Concept (see ISO 26262-3:2018, Clause 7), supported by the results of the corresponding-safety analyses and dependent failure analyses (see ISO 26262-9:2018, Clause 8 and ISO 26262-9:2018, Clause 7, respectively) Independence with regard to the developers of the item, project management and the authors of the work product	—	I1	I1	I2	I3	Applies to the highest ASIL among the safety goals of the item
Confirmation review of the Technical Safety Concept (see ISO 26262-4:2018, Clause 6), supported by the results of the corresponding safety analyses and dependent failure analyses (see ISO 26262-9:2018, Clause 8 and ISO 26262-9:2018, Clause 7, respectively) Independence with regard to the developers of the item, project management and the authors of the work product	—	I1	I1	I2	I3	Applies to the highest ASIL among the functional safety requirements from which the technical safety requirements are derived. If ASIL decomposition has been applied to the functional safety concept then the resulting ASIL from the decomposition may be considered.

图 7-14　新增的认可措施项(2)

至于认可措施对于独立性的要求，2018 版标准改为基于分配给产品的安全需求的最高 ASIL 等级，如图 7-14 中黄色标注所示。比如一个传感器，被分配安全需求的 ASIL 等级为 B(D)，按照 2011 版标准要求，要满足 ASIL-D 的独立性要求，按照 2018 版标准要求，只要满足 ASIL-B 的独立性要求。图 7-13 和图 7-14 中还加入了 QM 列，针对安全等级为 QM 的两个确认措施也给了独立性为 L3 级的要求，分别为影响分析、危害分析与风险评估。

功能安全评估的范围从需求转为目标，这说明功能安全评估员的判断标准将更加注重实际的开发目标。也就是说，在功能安全评估时候，不再只关注标准中的条目（是否被完整执行，是否满足标准要求），也可基于对是否达到 ISO 26262 系列标准的目标的判断，即根据标准的相应要求、解决方案的最新技术以及开发时适用的工程领域知识来判断。

此外，在 2018 版标准中，首次允许功能安全评估员任命一名或多名助理来支持功能安全评估，前提是助理至少保持 L1 级的独立性（与负责创建实际工作产品的人员不同）。

2018 版标准第 10 部分指南中也增加了一些补充：在进行功能安全评估时，功能安全审计和确认评审是功能安全评估的输入。评估负责人可以根据自己的判断进行评估，包括如何使用功能安全审核和确认评审的结果。例 1：如果功能安全审计的结果令人满意，则功能安全评估负责人可以依赖审计结果，而无须对功能安全实施过程进行进一步评估。例 2：基于特定工作产品的确认评审报告，功能安全评估负责人可以决定对工作的某些方面进行或要求进行更深入的审查，或者可以检查确认评审是否充分考虑了工作产品之间的相互作用。

7.4　第 3 部分：概念阶段的变动

2018 版标准第 3 部分的危害分析与风险评估分析过程中，加入了对伤害程度评判的新规则，即如果暴露概率 E 是几种不可能的情况的结合而且低于 E1 要求的概率，由 E1/S3/C3 得出的 ASIL 级别可以由 A 被申诉为 QM，这可以减少部分过设计的情况，如图 7-15 所示。

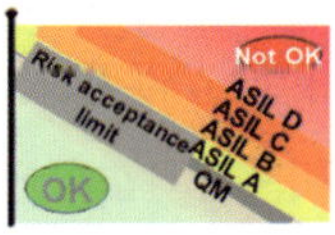

New in Edition 2

Reference: ISO 26262-3, Table 4

Severity S	Exposure E	Controllability C		
		C1	C2	C3
S1	E1	QM	QM	QM
	E2	QM	QM	QM
	E3	QM	QM	ASIL A
	E4	QM	ASIL A	ASIL B
S2	E1	QM	QM	QM
	E2	QM	QM	ASIL A
	E3	QM	ASIL A	ASIL B
	E4	ASIL A	ASIL B	ASIL C
S3	E1	QM	QM	ASIL A*
	E2	QM	ASIL A	ASIL B
	E3	ASIL A	ASIL B	ASIL C
	E4	ASIL B	ASIL C	ASIL D

图 7-15　2018 版标准 ASIL 等级评估表格 (AFSP Training Textbook, 2020)

另外，对于危害分析与风险评估，2018 版标准附录中收录的案例明显减少。其主要原因在于强调附录里的案例仅仅是示例，并不能代表所有的情况，避免造成先入为主的印象。由于 2018 版标准适用范围的变化，涵盖卡车及公共汽车的相关要求是非常必要的，特别是危害分析与风险评估需要反映这些车辆的特征。因此，标准中增加了两个 T&B 运行场景的暴露概率等级评定示例，如图 7-16 和图 7-17 所示。

部分信息和名词解释如下：

- 长途运输车辆（LH），用于长途运输货物；
- 配送车辆（DI），用于配送货物；
- 职业车辆（VO），执行特定工作功能，如翻斗车、混凝土搅拌机、推车；
- 城市公共汽车（CB），供城市和郊区用；
- 城际巴士（IB），用于城际交通；
- 长途汽车（CO），用于长途旅行。

		Class of probability of exposure in operational situations (see Table 2)			
		E1	**E2**	**E3**	**E4**
Description		Very low probability	Low probability	Medium probability	High probability
Duration (% of average operating time)		Not specified	<1 % of average operating time	1 % to 10 % of average operating time	>10 % of average operating time
Examples for	driving in reverse		LH, CB, CO, IB	DI, VO	
	overtaking another truck or bus with small speed difference (with lane change to oncoming lane)	LH, DI, VO, CO, IB			
	driving with trailer attached			DI, CO, IB	LH, VO
	semi-trailer tractor without trailer attached (on public road)		LH, DI, VO		
	driving on construction site (vehicle is driving directly on construction site, not only for delivering goods to construction site)	LH	DI		VO
	steep slope	LH, CB	DI, CO, IB	VO	
	standing at a bus stop			CO	CB, IB
	entering/driving off from bus stop		CO	CB, IB	

NOTE The informative examples in Table B.2 can be applied to T&B, but are considered on a case by case basis. For situations occurring in both, Table B.2 and Table B.4, Table B.4 is considered more appropriate for T&B

图 7-16 卡车及公共汽车运行场景的暴露概率等级评估(针对发生时长)

		Class of probability of exposure in operational situations (see Table 2)			
		E1	**E2**	**E3**	**E4**
Description		Very low probability	Low probability	Medium probability	High probability
Frequency of situation		Occurs less often than once a year for the great majority of drivers	Occurs a few times a year for the great majority of drivers	Occurs once a month or more often for an average driver	Occurs during almost every drive on average
Examples for	driving in reverse			CB	LH, DI, VO, CO, IB
	overtaking another truck or bus with small speed difference (with lane change to oncoming lane)			LH, DI, VO, CO, IB	
	driving with trailer attached			DI, CO, IB	LH, VO
	semi-trailer tractor without trailer attached (on public road)		DI, VO	LH	
	driving on construction site (vehicle is driving directly on construction site, not only for delivering goods to construction site)	LH	DI		VO
	steep slope	LH, CB	DI, CO, IB		VO
	standing at/entering/driving off a bus stop				CB, CO, IB

NOTE The informative examples in Table B.3 can be applied to T&B, but are be considered on a case by case basis. For situations occurring in both Table B.3 and Table B.5, Table B.5 is considered more appropriate for T&B.

图 7-17 卡车及公共汽车运行场景的暴露概率等级评估(针对发生概率)

7.5 第 4 部分：产品开发——系统层面的变动

首先，如前文所述，为了整个标准的连贯与清晰，2011 版标准第 4 部分中的部分内容已经转移至 2018 版标准的其他部分，主要包括：安全生命周期的启动、功能安全评估及生产发布移到第 2 部分；ASIL 等级分解移到第 8 部分。

然后，这部分系统层面的开发中新增加了一个条目——系统层面的一般话题，用作指导系统层面功能安全开发的概述。另一个重大改变是 2011 版标准第 6 条技术安全需求及第 7 条系统（架构）设计合并为了一项，即技术安全概念。图 7-18 中展示了系统和子系统层面的技术安全概念，这样做的目的是为了更好地解决系统的划分层次问题，独立的软件和硬件组成的部分作为新一层次的技术安全概念，可以清晰地关联到软件、硬件开发，确保需求传递的完善。

在技术安全概念中新增了对生产、运行、服务与报废的要求，进一步完善了生命周期的概念。2018 版标准要求，为了恢复或维护功能安全，应规定诊断特征，以便为第 2 部分生产中的功能安全管理提供所需数据，根据安全分析结果和实施

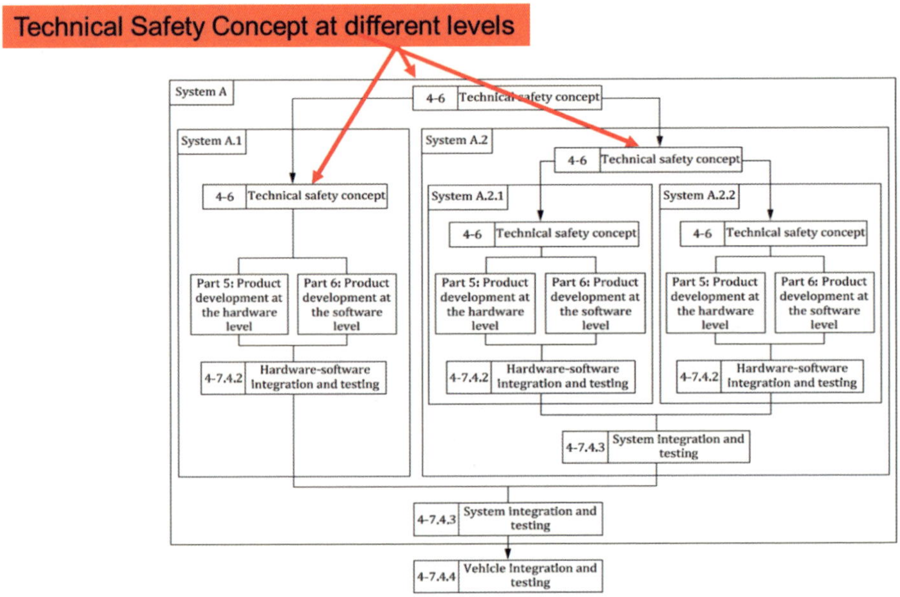

图 7-18 技术安全概念的不同层次

的安全机制对相关项或其要素进行现场监测，在维修期间检查故障识别和维护或维修的有效性。

最后，验证所要求的工作产品得到了细化，即需要对系统架构设计，软硬件接口（Hardware Software Interface，HSI）规范，生产、运行、服务和报废要求规范，以及技术安全概念产出验证报告，验证方法如图 7-19 所示。

7.6 第 5 部分：产品开发——硬件层面的变动

2018 版标准第 5 部分主要解决很多硬件架构度量指标计算中常见的问题。首先，新增了有关如何处理具有多个要素的相关项的更多详细信息，在 2011 版标准中对于 SPFM 与 LFM 的目标值是针对整个相关项的，而 2018 版标准中明确了允许把相关项进行拆分，并分别按其比例计算 SPFM 与 LFM，如图 7-20 所示。

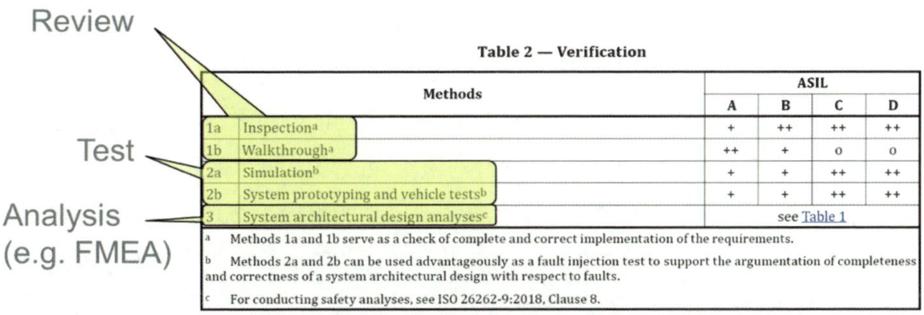

Table 2 — Verification

	Methods	ASIL A	ASIL B	ASIL C	ASIL D
1a	Inspection[a]	+	++	++	++
1b	Walkthrough[a]	++	+	o	o
2a	Simulation[b]	+	+	++	++
2b	System prototyping and vehicle tests[b]	+	+	++	++
3	System architectural design analyses[c]	see Table 1			

[a] Methods 1a and 1b serve as a check of complete and correct implementation of the requirements.

[b] Methods 2a and 2b can be used advantageously as a fault injection test to support the argumentation of completeness and correctness of a system architectural design with respect to faults.

[c] For conducting safety analyses, see ISO 26262-9:2018, Clause 8.

图 7-19　验证的方法选择

Example for SPFM

If an item consists out of three hardware elements A, B and C with a failure rate λ_A, λ_B, λ_C and $\lambda_{total} = \lambda_A + \lambda_B + \lambda_C$, any combination of element SPFM target values $M_{SPFM,\,Element}$ fulfilling the following equation is acceptable: $\left(\frac{\lambda_A}{\lambda_{total}} \times M_{SPFM,A} + \frac{\lambda_B}{\lambda_{total}} \times M_{SPFM,B} + \frac{\lambda_C}{\lambda_{total}} \times M_{SPFM,C}\right) \geq M_{SPFM,Itemtarget}$.

Example for LFM

EXAMPLE 2　If an item consists out of three hardware elements A, B and C with a failure rate λ_A, λ_B, λ_C and $\lambda_{total} = \lambda_A + \lambda_B + \lambda_C$, any combination of element LFM target values $M_{LFM,\,Element}$ fulfilling the following equation is acceptable: $\left(\frac{\lambda_A}{\lambda_{total}} \times M_{LFM,A} + \frac{\lambda_B}{\lambda_{total}} \times M_{LFM,B} + \frac{\lambda_C}{\lambda_{total}} \times M_{LFM,C}\right) \geq M_{LFM,Itemtarget}$.

图 7-20　拆分相关项计算 SPFM 与 LFM

例如：有 3 个子系统，λ_A=2 Fit，λ_B=3 Fit，λ_C=5 Fit，λ_{total}=10 Fit。我们只要计算 A、B、C 三个要素的单点失效率（SPFM），然后得出 0.2×SPFM A + 0.3×SPFM B + 0×5SPFM C >SPFM target （比如 90%）就可以了。因此，如果要素 A 的 λ 占总体 λ 的比例足够小，其实可以忽略不计了。相反的，要素的 λ 占比越大，对于整个系统失效率是否满足度量要求影响越大。

PMHF 的拆分与 SPFM 和 LFM 略有不同：当一个相关项由多个要素组成时，派生的目标值直接分配给组成该项的每个要素。只要这些要素中的每一个都有可能违反相同的安全目标，并且相应的相关项目标值不会增加超过一个数量级，就可以应用此方法。

举例来说，如果 ASIL-D 安全目标分配给由多个要素（最多 10 个）组成的相关项，每个要素都有可能违反该安全目标，则可将 10^{-8}/h 的目标值分配给每个要素，只要最终相关项的 PMHF 不增加 10 倍。2018 版标准附录 G 中给出了详细的例子可以参考，如图 7-21 所示。这样的改动很新颖，早期架构设计的时候就可以应用这个分配目标值方法布置系统里面每个子系统的“预算”，去考虑如何更合理地设计系统架构。

2011 版标准中要求针对 ASIL-C/D 的安全目标，如果系统中在进行安全设计之后仍然存在单点故障，那么，必须针对该单点故障增加专有措施。2018 版标准新增了以下的附加要求，给了工程师更多选择：如果以下选项满足（需要提供低概率事件的证据）于一个安全目标为 ASIL-C / D 的需求，那么，硬件上的单点故障 / 诊断覆盖率低于 90% 的残余故障可以考虑被接受。

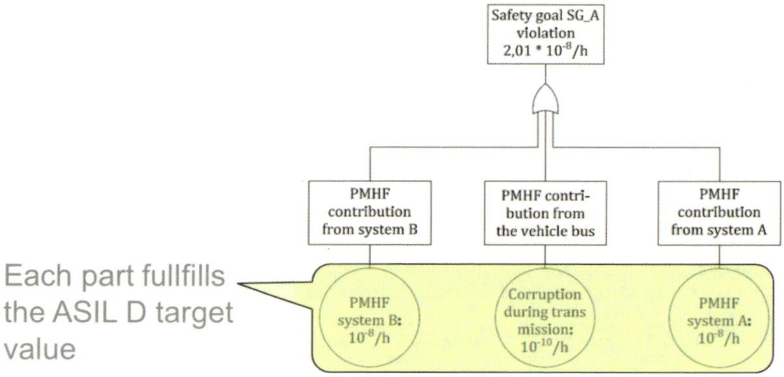

图 7-21　由两个系统组成的相关项的 PMHF 预算分配示例

（1）采用专有措施（2011 版标准要求）。

（2）对于安全目标为 ASIL-D 的需求：

➢ 使用保守数据来源；

➢ 仅仅一小部分失效率（如特有的失效模式）能违反安全目标；

➢ 相对于失效率 Class 1, 单点 / 残余失效率比 1/10 小。

（3）对于安全目标为 ASIL-C 的需求：

➢ 使用保守数据来源；

➢ 仅仅一小部分失效率（如特有的失效模式）能违反安全目标；

➢ 相对于失效率 Class 2, 单点 / 残余失效率比 1/10 小。

最后，2018 版标准附录 D 中的故障模式分析表有所修正，在 2011 版标准中要素的故障模式直接对应了可实现的 60%、90% 及 99% 的诊断覆盖率，2018 版标准中只列出了更详细的故障模式，因为实践中发现故障模式与诊断覆盖率的对应关系并不是一定存在的，如图 7-22 所示。

Element	See tables	Analysed failure modes
General elements		
E.E Systems	D.2 — E/E Systems	No generic failure modes available Detailed analysis necessary
Electrical elements		
Relays	D.3 — Electrical elements	Does not energize or de-energize Individual contacts welded
Harnesses including splice and connectors		Open circuit Contact resistance Short circuit to Ground (d.c. coupled) Short circuit to Vbat Short circuit between neighbouring pins Resistive drift between pins
Sensors including signal switches	D.9 — Sensors	Detailed analysis necessary Typical failure modes to be covered include: — Out-of-range — Offsets — Stuck in range — Oscillations See also ISO 26262-11:2018, 5.5 for integrated sensors and transducers.
Final elements (actuators, lamps, buzzers, screens...)	D.10 — Actuators	No generic failure modes available Detailed analysis necessary

图 7-22　修正的故障模式分析表

2018 版标准附录 B 中确定故障模式分类的流程图也相应地做了修改，使硬件工程师在做 FMEDA 分析时更加顺畅而清晰，如图 7-23 所示。

7.7 第 6 部分：产品开发——软件层面的变动

2018 版标准在软件层面的产品开发这一部分做了一系列结构上的调整，以适应当前的软件开发流程。汽车 E/E 系统设计过程中，代码量的增大呈现加速增长趋势，复杂系统已经超过 1 000 万行，2018 版标准更加实用和全盘地看待软件验证活动的要求。对于单元测试，静态验证技术比如静态代码分析等，被集成到同一个表中，并且由原来的软件单元设计和实现转移到了软件单元验证，这表明这两个开发领域相互交叉渗透。在许多公司，这种智能混合验证技术已经被应用。

同传统的 V-Model 差异的是，2011 版标准中的软件安全需求验证在 2018 版标准中变为了嵌入式软件测试，以适应现代软件开发，并且给出了测试方法与测试用例的导出方法，如图 7-24 和图 7-25 所示。

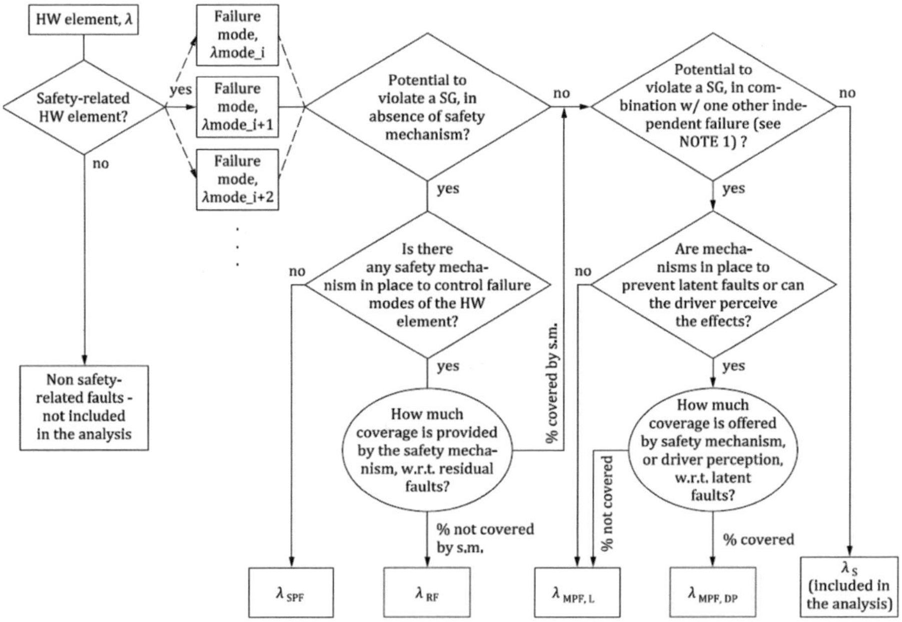

图 7-23 确定故障模式分类的流程图

Methods		ASIL			
		A	B	C	D
1a	Requirements-based test	++	++	++	++
1b	Fault injection test[a]	+	+	+	++

[a] In the context of software testing, fault injection test means to introduce faults into the software by means of e.g. corrupting calibration parameters.

图 7-24 嵌入式软件测试方法

Methods		ASIL			
		A	B	C	D
1a	Analysis of requirements	++	++	++	++
1b	Generation and analysis of equivalence classes	+	++	++	++
1c	Analysis of boundary values	+	+	++	++
1d	Error guessing based on knowledge or experience	+	+	++	++
1e	Analysis of functional dependencies	+	+	++	++
1f	Analysis of operational use cases[a]	+	++	++	++

[a] Examples for operational uses cases for software can include software update in the field, starting the nominal application only if the integrity of the software is ensured by bootloader, safety-related behaviour of the embedded software in different operational modes such as start-up, diagnosis, degraded, power-down (going to sleep), power-up (waking up), calibration, functions for mode synchronization between different ECUs or end-of-line-specific test bench mode for safeguarding production personnel.

图 7-25 嵌入式软件测试用例的导出方法

此外，2018 版标准修正了软件测试环境中的优先级：“HIL”优先级较高，“车辆”级别优先级较低（ASIL-A 和 ASIL-B），如图 7-26 所示。

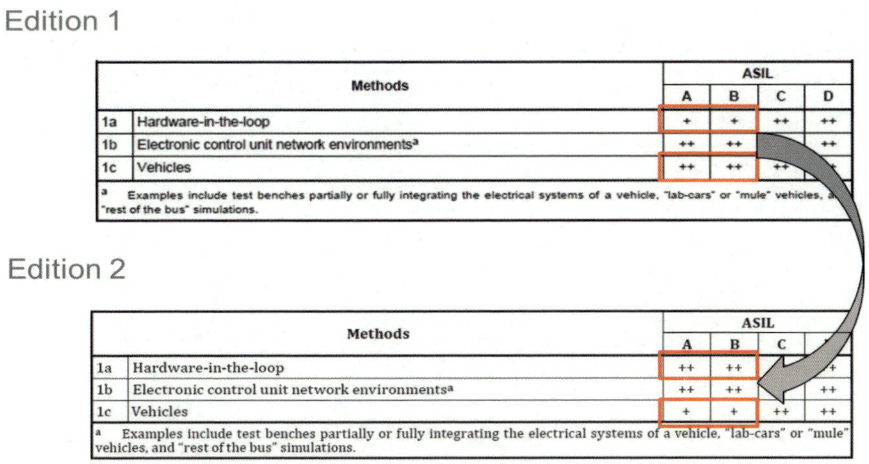

图 7-26 软件测试环境的优先级修正

2018 版标准对软件架构设计中的错误检测与处理降低了要求，2011 版标准中“软件架构级错误检测机制”表以及“软件架构级错误处理机制”表都被替换为注解，并且错误检测机制要在执行软件安全分析之后实施，如图 7-27 和图 7-28 所示。

2018 版标准增加了一个附录 E 安全分析和软件架构级相关故障分析的应用，提倡在软件架构设计这一环节使用安全分析（比如 SFMEA）和 DFA 来确定软件中应该使用的安全措施，图 7-29 显示了安全分析在软件开发过程中的作用。

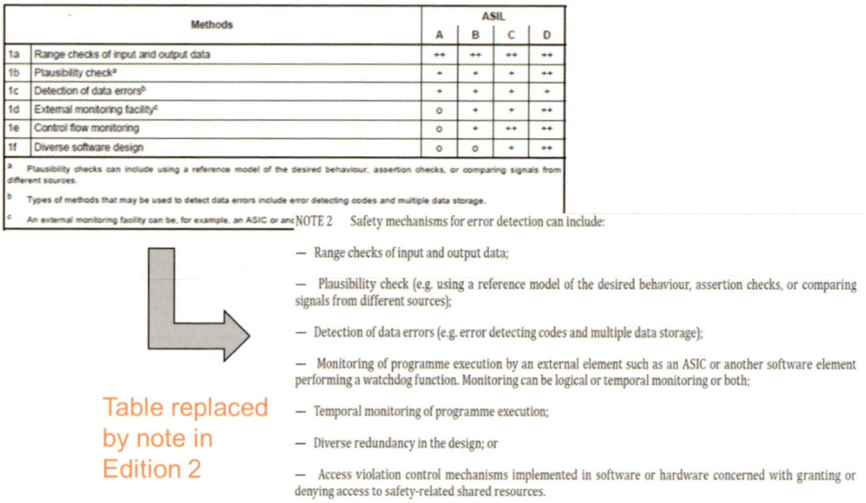

	Methods	ASIL			
		A	B	C	D
1a	Range checks of input and output data	++	++	++	++
1b	Plausibility check[a]	+	+	+	++
1c	Detection of data errors[b]	+	+	+	+
1d	External monitoring facility[c]	o	+	+	++
1e	Control flow monitoring	o	+	++	++
1f	Diverse software design	o	o	+	++

[a] Plausibility checks can include using a reference model of the desired behaviour, assertion checks, or comparing signals from different sources.

[b] Types of methods that may be used to detect data errors include error detecting codes and multiple data storage.

[c] An external monitoring facility can be, for example, an ASIC or anc

NOTE 2 Safety mechanisms for error detection can include:

— Range checks of input and output data;

— Plausibility check (e.g. using a reference model of the desired behaviour, assertion checks, or comparing signals from different sources);

— Detection of data errors (e.g. error detecting codes and multiple data storage);

— Monitoring of programme execution by an external element such as an ASIC or another software element performing a watchdog function. Monitoring can be logical or temporal monitoring or both;

— Temporal monitoring of programme execution;

— Diverse redundancy in the design; or

— Access violation control mechanisms implemented in software or hardware concerned with granting or denying access to safety-related shared resources.

图 7-27 “软件架构级错误检测机制”表 4 替换为 7.4.12 注 2

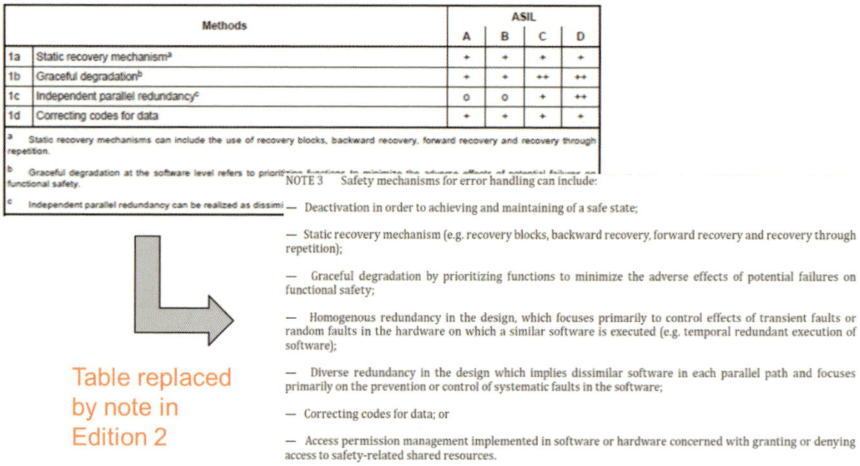

	Methods	ASIL			
		A	B	C	D
1a	Static recovery mechanism[a]	+	+	+	+
1b	Graceful degradation[b]	+	+	++	++
1c	Independent parallel redundancy[c]	o	o	+	++
1d	Correcting codes for data	+	+	+	+

[a] Static recovery mechanisms can include the use of recovery blocks, backward recovery, forward recovery and recovery through repetition.

[b] Graceful degradation at the software level refers to priorit… functional safety.

[c] Independent parallel redundancy can be realized as dissimi…

NOTE 3 Safety mechanisms for error handling can include:

— Deactivation in order to achieving and maintaining of a safe state;

— Static recovery mechanism (e.g. recovery blocks, backward recovery, forward recovery and recovery through repetition);

— Graceful degradation by prioritizing functions to minimize the adverse effects of potential failures on functional safety;

— Homogenous redundancy in the design, which focuses primarily to control effects of transient faults or random faults in the hardware on which a similar software is executed (e.g. temporal redundant execution of software);

— Diverse redundancy in the design which implies dissimilar software in each parallel path and focuses primarily on the prevention or control of systematic faults in the software;

— Correcting codes for data; or

— Access permission management implemented in software or hardware concerned with granting or denying access to safety-related shared resources.

图 7-28 “软件架构级错误处理机制”表 5 替换为 7.4.12 注 3

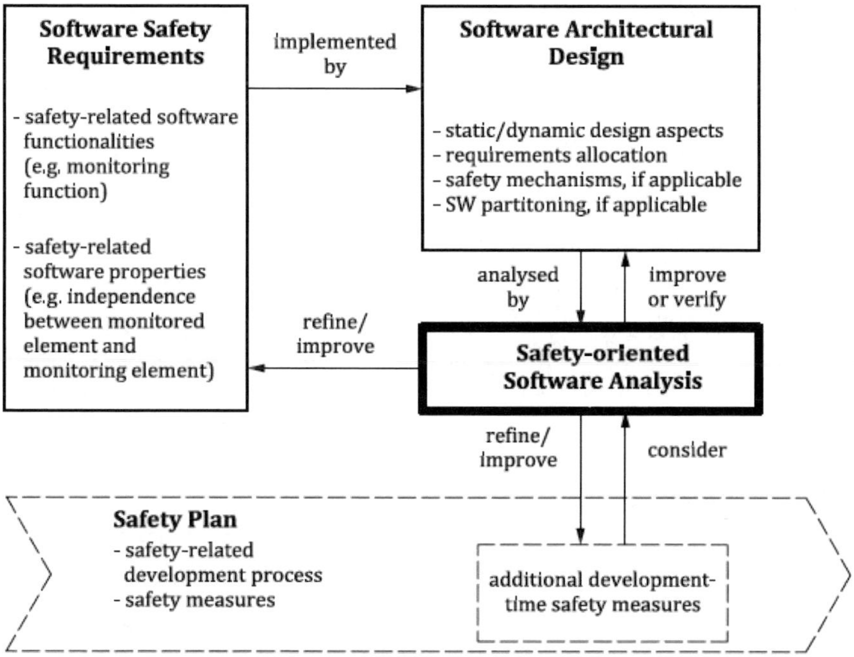

图 7-29 软件安全分析在开发过程中的作用说明

7.8 第 7 部分：生产、运行、服务和报废的变动

第 7 部分的内容改动较少，仅把 2011 版标准中生产、计划、运行、服务和报废的计划作为单独的一条，方便实施生产活动中的功能安全管理。

此外，增加了一些要求，比如开发过程中定义的“专用措施”规划（如老化试验、尺寸调大等），定义一个可以在生产过程中正确安装与下载软件和校准数据的程序，处理必要的变更的流程和职责等。

7.9 第 8 部分：支持过程的变动

第 8 部分是各种支持过程的归纳，其中，2018 版标准安全需求的定义与管理、配置管理、变更管理、文档管理及在用证明并没有发生显著变化。部分更改内容如下:

（1）分布式开发接口协议的关键变化是对客户与供应商之间的安全分工评估的描述，更加强调客户与供应商的合作。

➢ 客户（如车辆制造商）和相关项或要素开发供应商应共同遵守 ISO 26262 分布式开发中规定的要求;

➢ 客户和供应商就安全生命周期的概念、开发、生产、运行、服务和报废阶段的责任达成一致;

➢ 允许分包商关系;

➢ 客户内部应该有关于相关项开发的计划、执行和文件的安全相关程序，使得类似程序可以用于与供应商在分布式开发中的合作。

（2）对软件工具置信度评估的过程要求做了更加详尽的说明。如图 7-30 所示对评估活动的目的进行了划分，首先为了开发中工具的正常使用，其次为了工具的鉴定。这种工具鉴定旨在避免对某些专门开发的低影响工具的过度要求，并且可以减少那种认为预先存在的工具不需要正确和严谨要求的偏见。

为了评估软件工具预防及检测的能力，主要是内部措施（如监控）和外部措施（如指南、测试、评审），需要在开发过程中正确实施软件工具置信度，提供新的流程图用以指导（图 7-31）。

（3）硬件组件的鉴定改为硬件要素的评估，改变了方法和过程，也给出了更加清晰的硬件要素的分类要求，以避免混淆。

一个硬件要素可以被评为 I 类，例如电阻器、电容器、晶体管、二极管、石英、谐振器等，如果:

➢ 该要素具有几个可以从安全的角度对其进行最大程度的表征、测试和分析的状态;

➢ 安全相关故障模式可在不了解要素实施和生产过程细节的情况下进行识别和评估;

➢ 该要素没有与控制或检测内部故障的安全概念相关的内部安全机制。

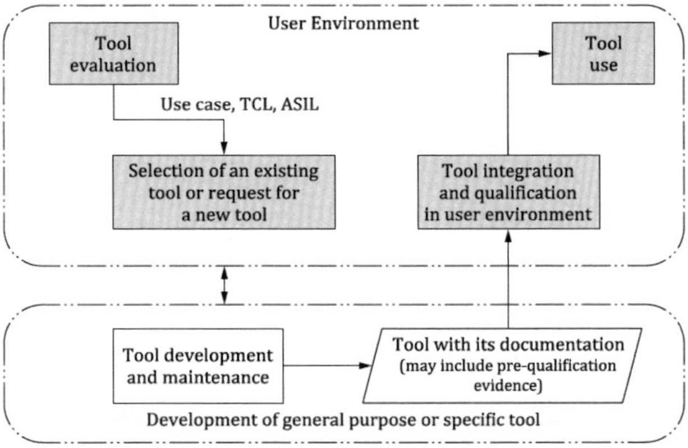

图 7-30 软件工具置信度评估活动分类

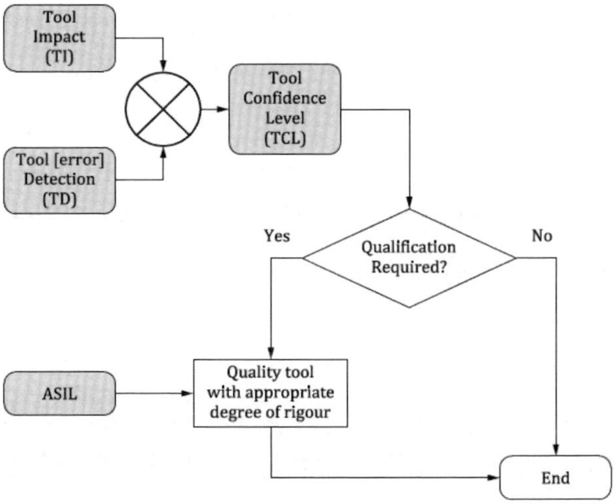

图 7-31 软件工具置信度评估的流程图

一个硬件要素可以被评为 II 级，例如燃油压力传感器、温度传感器、无内部安全机制的独立 ADC，如果：

➢ 与要素相关的操作模式少，数值范围小，参数少，可以从安全角度进行分析，而不需要知道具体的实施细节；

➢ 可用的文档允许有效的假设，支持通过测试和分析来评估系统故障，而不需要了解要素的实现和生产过程的细节；

➢ 该要素没有与控制或检测内部故障的安全概念相关的内部安全机制。

一个硬件要素可以被评为 III 级，比如微处理器、微控制器、数字信号处理器，如果：

➢ 该要素具有许多操作模式、宽值范围或许多参数，若不知道实现细节，则无法进行分析；

➢ 系统故障的来源只能通过有关详细实施、开发过程和 / 或生产过程的知识来理解和分析；

➢ 该要素具有与控制或检测内部故障的安全概念相关的内部安全机制。

由于 I 类要素功能的简单性，它自身不需要进行评估；由 I 类要素集成的硬件要素的开发应符合 ISO 26262。

II 类要素评估时，应适当地选择分析和测试方法。

III 类要素的开发应符合 ISO 26262（如有可能），或者对其进行 II 类要素的评估，并提供额外措施，以证明违反安全目标的风险或由于系统故障而违反安全要求的风险足够低。

7.10　第 9 部分：以汽车安全完整性等级为导向和以安全为导向的分析的变动

第 9 部分最主要的变化是对相关失效分析的要求，允许根据系统结构及 ASIL 等级进行裁剪。2018 版标准附录 C 提供了相关模型，主要包括 7 种相关失效的起因，该模型可以为各层面（系统、软件、硬件）相关失效分析提供支持，如图 7-32 所示。

另外，2011 版标准中的两个条目被删除，分别是“如果不能通过关闭要素来防止违反初始安全要求，则应显示实现分解安全要求的充分独立要素的充分可用性”以及“在 ASIL 分解被应用的每个层次上，在应用分解的设计过程的每个层次上，分解的要素的相应集成活动和随后的活动，包括验证和确认措施，应按照分解前 ASIL 等级要求应用”。前者是失效后系统可操作性的考虑，而后者在前文第 2 部分的变化中有详述。

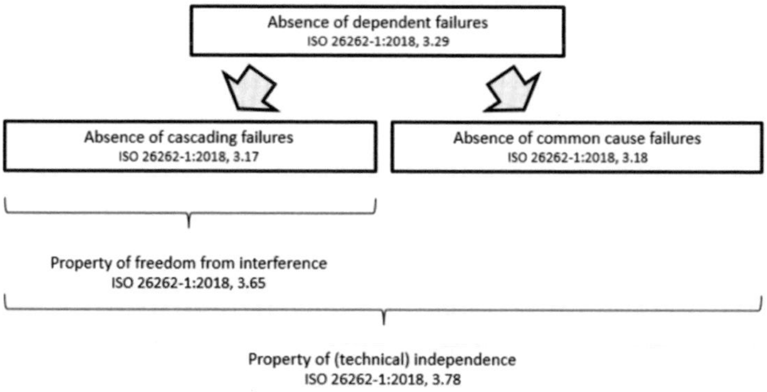

图 7-32　相关失效的等级

7.11　第 10 部分：指南的变动

第 10 部分作为标准的补充，除了上文已经介绍过的变化以外，2018 版标准还增加了以下三点内容。

1. 硬件开发过程中 PMHF 的计算与解释

新条款更详尽地解释了 PMHF 值的定义，PMHF 可视为相关项运行寿命内每小时的平均概率。这意味着运行寿命对 PMHF 有很大的影响，但是 2018 版标准中并没有给出如何计算运行寿命的信息。2011 版标准中 PMHF 的具体计算是不清楚和不完整的，2018 版标准修正了这一点，给出了 PMHF 值计算的详细例子以及影响 PMHF 值的相关因素，如典型的双点故障模式（预期功能和安全机制），如图 7-33 和图 7-34 所示。

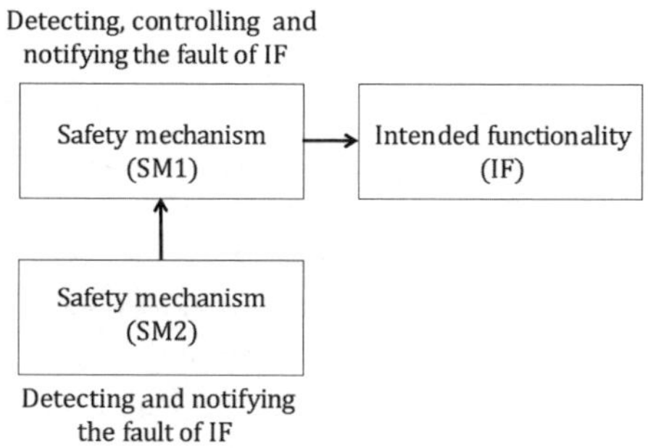

图 7-33　预期功能和安全机制

	First fault: SM1 → Second fault: IF	First fault: IF → Second fault: SM1
Cannot notify the driver	Pattern 1 A fault in SM1 is mitigated by SM2 but not notified. The exposure duration of the fault is taken as the vehicle lifetime which is the worst case exposure duration. Or A fault in SM1 is not mitigated by SM2. The exposure duration of the fault is taken as the vehicle lifetime which is the worst case exposure duration.	Pattern 3 A fault in IF is mitigated by SM1 but not notified. The exposure duration of the fault is taken as the vehicle lifetime which is the worst case exposure duration.
Can notify the driver	Pattern 2 A fault in SM1 is mitigated and notified by SM2. The exposure duration of the fault is taken as the expected time required for the driver to take the vehicle in for repair.	Pattern 4 A fault in IF is mitigated and notified by SM1. The exposure duration of the fault is taken as the expected time required for the driver to take the vehicle in for repair.

图 7-34　双点故障模式示例

2018 版标准在示例中也给出了更准确的 PMHF 值的计算公式，如图 7-35 所示。

$M_{PMHF} = \lambda_{SPF} + \lambda_{RF}$

$+ 0,5 \times \lambda_{SM1,DPF,latent} \times \lambda_{IF,DPF} \times T_{lifetime}$　　Pattern 1

$+ \lambda_{SM1,DPF,detected} \times \lambda_{IF,DPF} \times T_{service}$　　Pattern 2

$+ 0,5 \times \lambda_{IF,DPF,latent} \times \lambda_{SM1,DPF} \times T_{lifetime}$　　Pattern 3

$+ \lambda_{IF,DPF,detected} \times \lambda_{SM1,DPF} \times T_{service}$　　Pattern 4

where

M_{PMHF}	is the PMHF value determined using ISO 26262-5:2018, 9.4.2.2;
λ_{SPF}	is the single point failure rate;
λ_{RF}	is the residual failure rate;
$\lambda_{IF,DPF}$	is the dual point failure rate for IF;
$\lambda_{IF,DPF,detected}$	is the IF's detected and notified dual point failure rate;
$\lambda_{IF,DPF,latent}$	is the IF's latent dual point failure rate (mitigated but not notified);
$\lambda_{SM1,DPF}$	is the SM1's dual point failure rate;
$\lambda_{SM1,DPF,detected}$	is the SM1's detected and notified dual point failure rate;
$\lambda_{SM1,DPF,latent}$	is the SM1's latent dual point failure rate;
$T_{lifetime}$	is the vehicle lifetime;
$T_{service}$	is the expected time to repair after notification provided to driver.

图 7-35　2018 版标准 PMHF 值计算公式

2. 安全相关可用性（safety-related availability）

2018 版标准第 10 部分中新增了具有安全相关可用性要求的系统开发指南，即失效后系统可操作性的设计要求。硬件中对于可用性的要求，主要指的是如何避免硬件随机失效，图 7-36 展示了实践中最常见的方案——冗余设计。

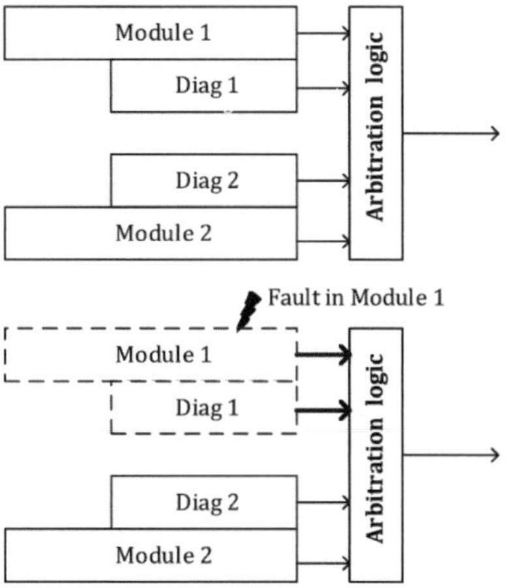

图 7-36 硬件设计阶段对于安全相关可用性的考虑示例

软件开发阶段对于安全相关可用性的要求，主要分为两个方面：软件故障避免（旨在减少总体的系统故障发生）与软件故障容许（尽管存在软件系统故障，一些软件故障容许技术仍能保持相关项的可操作性）。

3. 安全相关特殊特性（safety-related special characteristics）

特殊特性管理是一个特定程序，以确保产品或其要素提供客户要求的安全和质量水平。2018 版标准中增加了安全相关特殊特性的指导，主要包括开发过程中的识别、生产计划过程中控制措施的规范，以及在生产过程中对其执行情况的监控。

另外，2018 版标准新增了几个安全相关特殊特性的控制措施的例子。

- 可接受参数范围，如可接受的电流和电压范围。
- 评估或测量技术（包括测试 ID），如自动光学检查、线端测试和电路内测试。
- 控制策略：对样本的控制可以是基于统计学的，也可以应用于所有具有一定频率的样本。在这种情况下，样本大小和控制频率是指定的。这些要求可以提供给外部（如供应商）或内部（如生产团队）。
- 验收标准，如焊接补片宽度的可接受公差示例。

7.12 第 11 部分：半导体应用指南

目前半导体技术在汽车行业中得到广泛的应用，因此，2018 版标准特别对于半导体产品的功能安全实现提供一些信息化的指导，主要包括两大条款和五个附录。具体如下：

- 半导体组件及其分区；
- 详尽的半导体技术与使用案例；
- 以数字故障模式为例评价诊断；
- 相关失效分析的案例。

对于不同的半导体产品类型，这一部分给出了相应的案例，例如数字元件和存储器、模拟 / 混合信号组件、可编程逻辑器件、多核组件、传感器和传感器，如图 7-37—图 7-40 所示。

在计算半导体失效率的时候，不建议使用 IEC 62380 中的公式和值，可以用 SN 29500 中的公式值作为替代。另外，也可以考虑使用现场数据。具体计算公式如图 7-41 所示。

2018 版标准第 11 部分中详细地介绍了进行半导体相关失效分析的要求与方法，并有详细的工作流程描述去定义相关失效发起者 (DFI, Dependent Failure Initiator) 和缓解措施，如图 7-42 所示。

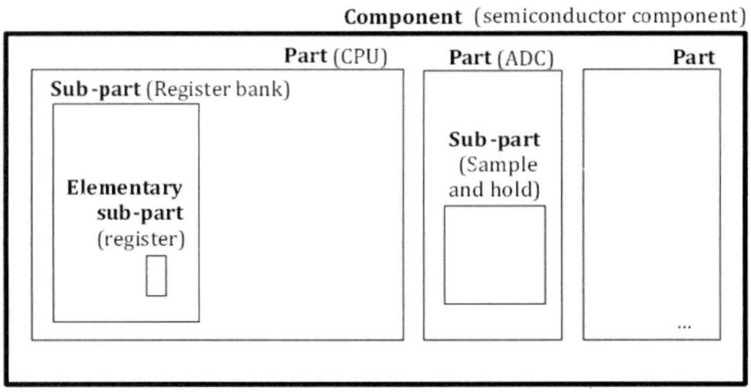

图 7-37　半导体零件和子零件

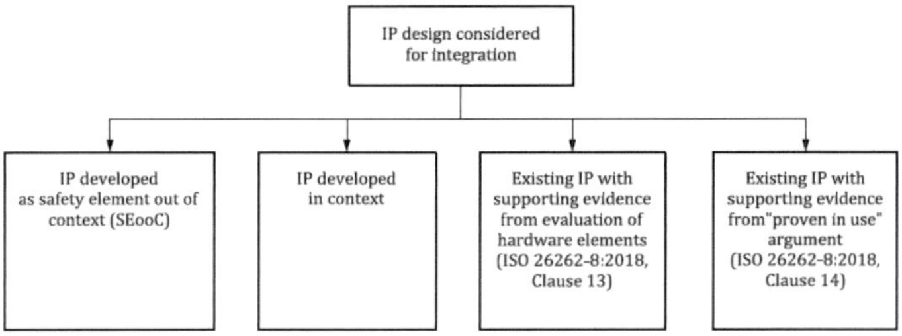

图 7-38　Intellectual Property (IP) 的开发方法

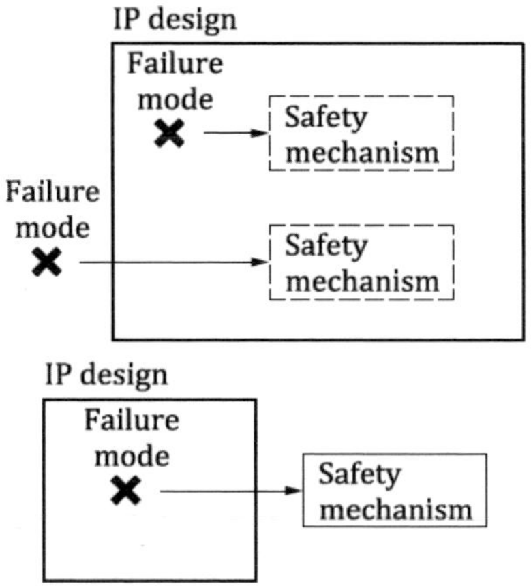

图 7-39　IP 的安全需求分布

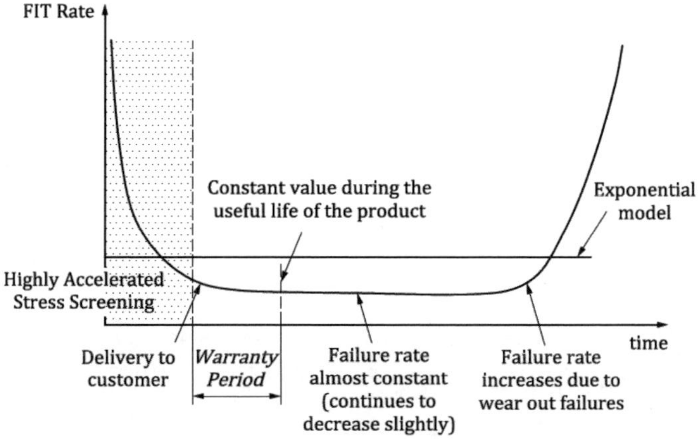

图 7-40　半导体基础失效率 base failure rate

$$\lambda=\left(\underbrace{\left\{\lambda_1 \times N \times {}^{-0,35\times a}+\lambda_2\right\}\times\left\{\frac{\sum_{i=1}^{y}(\pi_t)_i \times \tau_i}{\tau_{on}+\tau_{off}}\right\}}_{\lambda_{die}}+\left\{\underbrace{2,75\times10^{-3}\times\pi_\alpha\times\left(\sum_{i=1}^{z}(\pi_n)_i\times(\Delta T_i)^{0,68}\right)\times\lambda_3}_{\lambda_{package}}\right\}+\left\{\underbrace{\pi_I\times\lambda_{EOS}}_{\lambda_{overstress}}\right\}\right)\times10^{-9}/h$$

图 7-41　半导体失效率的计算公式

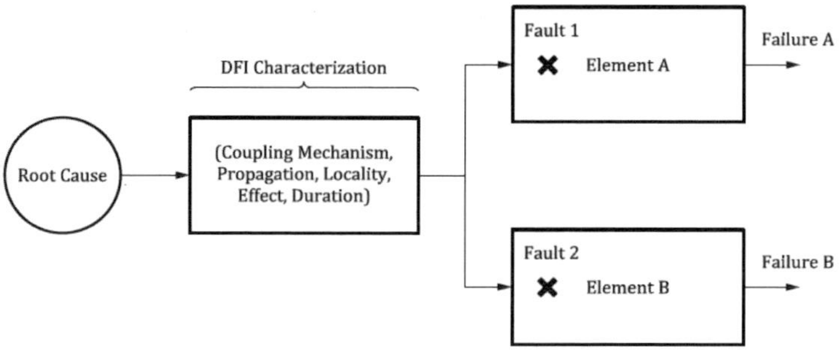

图 7-42　半导体相关失效与 DFI

7.13　第 12 部分：ISO 26262 对摩托车的适用

2018 版标准新增第 12 部分的主要原因是摩托车与乘用车有较大的区别，因此需要针对摩托车进行特殊说明。需要注意的是，这部分仅仅适用于摩托车，对于轻便摩托车（最高车速小于 50km/h，排量小于 50cc）不适用。这一部分有以下三个关键话题。

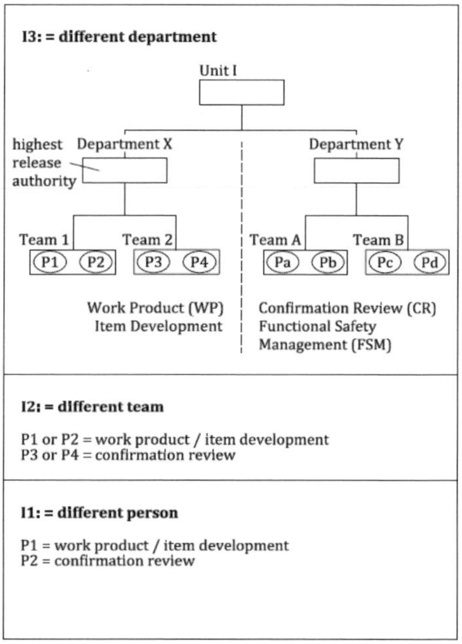

图 7-43　摩托车功能安全确认措施的独立性等级要求

第一是摩托车的功能安全管理，相比于汽车行业中的 I3（由不同组织执行的确认措施），I2（由来自不同团队的人员执行的确认措施）是摩托车行业所需的最高级别的独立性，这就意味着 MSIL-D（ASIL-C）的评估和审计只需要独立性级别为 I2（图 7-43）。

第二是危害分析和风险评估在摩托车行业的适应。有别于汽车行业，传统摩托车格外依赖外部措施来降低总体风险，例如头盔、个人防护设备、专业培训和执照等。此外，摩托车行业对不合理风险的定义也有所不同，因为不合理风险是根据有效的社会道德概念，在一定背景下被判定为不可接受的风险，而一般社会上对汽车与摩托车死亡的容忍度有所不同。据美国国家公路交通安全管理局统计，尽管 2015 年美国乘用车（22 441 辆）的年死亡率是摩托车（4 976 辆）的 4 倍多，但每行驶 / 骑一英里，摩托车死亡的概率是所有其他道路车辆的 27 倍 (2016 年)。因此，摩托车驾驶员与乘用车乘员相比，存在更大的风险。这就要求了不同的风险措施，并且需要不同的评估。在这一部分中定义了 MSIL（摩托车安全完整性等级），可以向 ASIL 转换，每一个 MSIL 等级对应一个 ASIL 等级，如：MSIL-B 对应 ASIL-A，如图 7-44 所示。

另外，附录 B（摩托车的严重性、暴露概率和可控性）和附录 C（摩托车动力学、驾驶员行为、摩托车可控性评估等的可控性分类面板）相应地给出了不同的示例，见图7-45中的摩托车的暴露概率分析示例。

第三，摩托车行业与汽车行业不同的地方还包括车辆集成测试和安全验证，因为现实条件下的摩托车长期测试和用户测试是不可行的，如图 7-46 中红色标注所示。

MSIL	ASIL
QM	QM
A	QM
B	A
C	B
D	C

图 7-44　MSIL 等级向 ASIL 等级的转换

	Class of probability of exposure in operational situations			
	E1	E2	E3	E4
Description	Very low probability	Low probability	Medium probability	High probability
Duration (% of average operating time)	Not specified	<1%	1%-10%	>10%
Informative Examples **(Event)**	Large lean angle In the process of jump/bump starting bike Engine starting Using side stand (up or down) Emergency braking (immediate danger is present) Riding across rail or tram tracks Negotiating lost cargo or obstacle in lane of travel (public road) Shifting transmission gears	Intermediate lean angle Refuelling Performing a hill-start Using directional indicators Pulling out of an intersection Performing an overtaking manoeuvre Pulling away from a stand-still Braking Normal cornering In a tunnel Feet down motorcycle balancing and manoeuvring	Small lean angle Passing (other vehicles) Accelerating Decelerating Engine idling, motorcycle on stand Stopped at traffic light or intersection	Slight lean angle or less Cruising EV bike plug-in recharging Parked (incl. bike on centre/side stand)

图 7-45　摩托车针对发生时长的暴露概率

Methods		ASIL		
		A	B	C
1a	Resource usage test[a]	+	+	++
1b	Stress test[b]	+	+	++
1c	Test for interference resistance and robustness under certain environmental conditions[c]	+	+	++
1d	Long-term test[d]	+	+	++

a At the vehicle level, resource usage testing is usually performed in dynamic environments (e.g. electronic control unit network environments, prototypes or whole vehicles). Issues to test include item internal resources, power consumption or limited resources of other vehicle systems.

b A stress test verifies the correct operation of the vehicle under high operational loads or high demands from the environment. Therefore tests under high loads on the vehicle or with extreme user inputs or requests from other systems as well as tests with extreme temperatures, humidity or mechanical shocks can be applied.

c A test for interference resistance and robustness, under certain environmental conditions, is a special case of stress testing. This includes EMC and ESD tests (e.g. see References [4] and [5]).

d A long-term test and a user test under real-life conditions are similar to tests derived from field experience but use a larger sample size, normal users as testers, and are not bound to prior specified test scenarios, but performed under real-life conditions during everyday life. Long-term tests can be infeasible for motorcycles.

图 7-46 长期测试在摩托车中不适用

7.14 总结：第三方专家对于变更的建议

SGS-TÜV Saar 作为第三方功能安全专家，向广大功能安全从业者提出以下建议：

➢ 在实际应用中可能遇到由 2011 版标准向 2018 版标准过渡的情况。建议增加一个差距分析及影响分析以达成一个顺利的过渡更新。

➢ 通过全面考虑安全风险来源，系统性地实施功能安全、信息安全、预期功能安全等安全技术，才能确保汽车 E/E 系统达到整体安全，相关车辆才能实现大规模应用。

➢ 安全文化需要真正地贯穿整个组织，建立一个良好的流程和程序（包括设计、存档、错误跟踪、项目管理等）是落地功能安全的基础，使团队能够随着领域的扩展而成长。

随着汽车领域科学技术的快速发展，可以预料下一个 5—10 年内汽车行业将发生革命性的变化。安全性与可靠性带来的挑战也是不容小觑的。功能安全相关标准的发展仍然在不断持续，这就需要整个汽车行业接受挑战，采用 ISO 26262 中的引导，不断更新以及总结自身在实践中获得的经验，从而使整个行业真正实现质的飞跃。

第 8 章　自动驾驶功能安全展望

随着汽车领域技术的发展，近些年，全面自动驾驶（SAE L4/L5）发展快速，从传感器公司 Mobileye、禾赛科技、法雷奥等到自动驾驶方案商 Cruise、ZOOX、Waymo、文远知行、小马智行再到整车厂通用、特斯拉等均投入了大量的人力、物力。这是一次全新的技术革命，将车由人来主导转为由机器来主导，因此，机器的决策直接影响驾驶员及周围车辆、行人的安全。

8.1 功能安全全新挑战

8.1.1 安全架构的兼容性

自动驾驶汽车相对于传统汽车其电子电气系统更加复杂、智能化功能更加丰富，因此其安全风险类别更多、安全设计要求更高。除了需要考虑主被动安全、电气安全、机械安全、化学安全、功能安全之外，预期功能安全、驾驶行为安全、网络安全也是自动驾驶汽车安全架构的关键要素。不同安全要素之间本身也存在交叉或者并行领域，因此兼容性好的整体安全架构和安全策略对于自动驾驶汽车安全性落地是非常关键的。例如，针对数据的安全性，功能安全的 CRC、Checksum 与网络安全的 HMAC、AES 等的整合；针对风险评估，功能安全、预期功能安全、网络安全等是都需要开展分析且场景都依据产品设计 ODD 为基础。对于企业而言，梳理顶层的安全风险和整合应对风险的概念方案，也许是构建更好的兼容性架构可以思考的。图 8-1 是一个针对自动驾驶汽车安全性的框架示意。

8.1.2 单一传感器安全性

关注安全性，首先从车规传感器自身来看，目前车规级的传感器非常少，这里特指产品电子 IC 器件通过 AEC-Q 测试、集成后产品通过车规 DV/PV 测试。

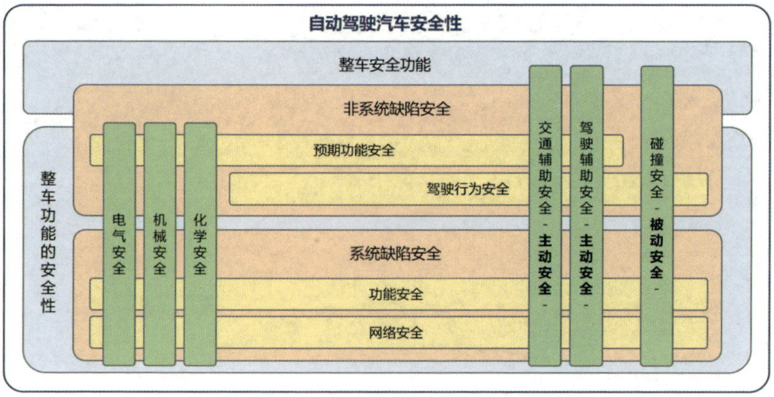

图 8-1　自动驾驶汽车安全性框架

Q 代表 Qualification，认证，验证汽车电子的部件是否达到 AEC 的规范要求，这里的规范分为 AEC-Q100(集成电路 IC)、AEC-Q101(离散组件)、AEC-Q102(离散光电 LED)、AEC-Q104(多芯片组件)、AEC-Q200(被动组件)。虽然 AEC-Q 并不是强制性标准，但目前已成为汽车电子元器件的车规级测试规范要求。以针对集成电路 ICs 为测试对象的 AEC-Q100，主要是集成电路的基于失效机理的应力测试验证，包括加速环境、加速寿命、电气特性等 40 余项测试。例如我们熟知的 MOSFET、IGBT 都属于这个范畴，因此直观判断，相应器件的可靠性在试验中会大幅度考量 (图 8-2)。

其次，车规性要针对由芯片和器件组成的产品来考量和验证。图 8-3 中展示的是汽车到传感器到芯片的一个可靠性指标及可靠性验证传递过程。汽车的可靠性试验以真实环境为基础进行，例如特殊路面、高温试验、极寒试验等。

对于传感器而言，一般是不采用直接结合环境开展试验的。OEM 会对一级或二级供应商提出相应的测试标准或者要求。ISO 16750 道路车辆—电气和电子装备的环境条件和试验也是相应发展而来，作为传感器公司可以参考该标准进行 DV/PV 可靠性试验。同时，知

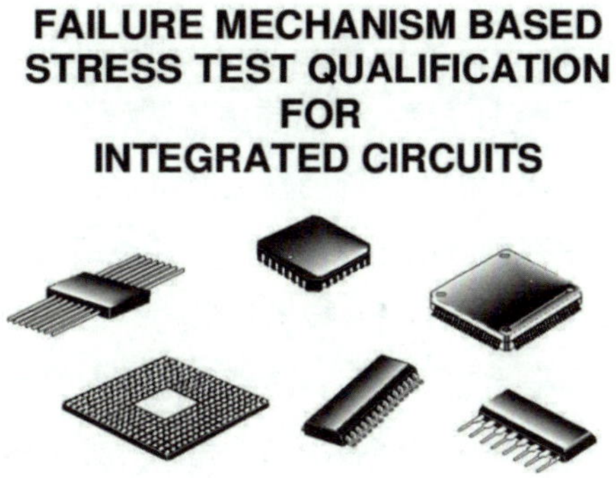

图 8-2　AEC-Q 的标准示意图

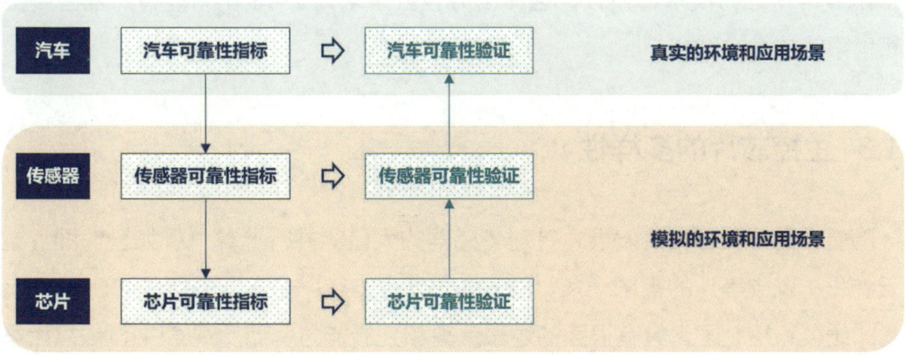

图 8-3　可靠性试验关联图

名 OEM，如通用汽车的 GMW3172、大众汽车的 VW80000 等企业标准也是非常值得参考实施的，其要求也大部分高于 ISO 16750。

最后，对于批量化制造而言，需要关注的是 ITAF 16949。IATF 16949 的五大工具分别是：统计过程控制（SPC）；测量系统分析 (MSA)；失效模式与影响分析 (FMEA)；产品质量先期策划 (APQP)；生产件批准程序 (PPAP)。统计过程控制（SPC）是一种制造控制方法，是将制造中的控制项目，依其特性所收集的数据，通过过程能力的分析与过程标准化，发掘过程中的异常，并立即采取改善措施，使过程恢复正常的方法。测量系统分析（MSA）是对每个零件能够重复读数的测量系统进行分析，评定测量系统的质量，判断测量系统产生的数据可接受性。潜在的 FMEA 作为一种策划用作预防措施工具，其目的是发现、评价产品 / 过程中潜在的失效及其后果，找到能够避免或减少潜在失效发生的措施并不断地完善。产品质量先期策划（APQP）是用来确定和制定确保产品满足顾客要求所需步骤的结构化方法。生产件批准程序 (PPAP）为一种实用技术，其目的是在第一批产品发运前，通过产品核准承认的手续，验证由生产工装和过程制造出来的产品符合技术要求。

满足车规之后，传感器的安全及诊断将是更大的挑战。众所周知，传感器在自动驾驶中扮演着眼睛的角色，如果眼睛出现了问题，那么自由的行走将是不可能完成的。对于汽车自动辅助驾驶系统（ADAS）而言，驾驶的责任主体在人，弱化了传感器。而对于高级自动驾驶系统 L4/L5，传感器主体需要具备自检功能、故障诊断及提醒报警功能，而这一块目前市面上的摄像头、毫米波雷达、激光雷达都是非常缺乏的技术和设计，这一部分也会是未来 2—3 年智能传感器主要竞争和考察的技术关键点。

8.1.3 主控芯片的多样性

随着自动驾驶领域的发展，针对传感器的大量的并行计算（例如针对图片或点云卷积、聚类等）的需求增多。图 8-4 展示了 CPU 与 GPU 的结构。CPU 拥有更多的缓存和控制区，具有很强的逻辑计算和判断能力；而反观 GPU，依靠大量的 ALU 逻辑运算单元，适用于高度统一、相互无依赖的大规模数据计算。

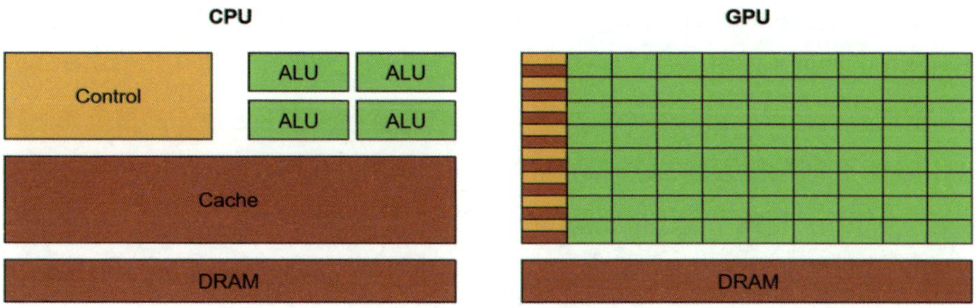

图 8-4　CPU 与 GPU 结构

如此同时应对同样的大量并行计算，另一款芯片 FPGA 也不得不谈。FPGA 器件属于专用集成电路中的一种半定制电路，是可编程的逻辑列阵，能够有效地解决原有的器件门电路数较少的问题。FPGA 的基本结构包括可编程输入输出单元、可配置逻辑块、数字时钟管理模块、嵌入式块 RAM、布线资源、内嵌专用硬核和底层内嵌功能单元。FPGA 相对于 GPU 而言，可以说各有优势，FPGA 在功耗和灵活性上优势明显，但对于软件开发者而言，网络模型应用不够直观是一个短板。

在这里，主要谈对于安全性面临的全新挑战，相信大家看完图 8-4 可以发现，对于 CPU 而言，由于 ALU 单元偏少，是可以穷尽自检指令集确保安全的。但是 GPU、FPGA 由于拥有大量的 ALU 单元，Soft error（软性错误）成为了最大挑战。Soft error 有两种：集成电路层级的软性错误和系统层级的软性错误。集成电路层级的软性错误一般是因为有高能粒子撞击到集成电路，例如集成电路本身材料中放射性原子的衰变，会放出 α 粒子撞击集成电路，α 粒子带有正电荷以及能量，若撞击到某个存储器单元，存储器单元中的数值就可能会变化，如图 8-5 所示。例子中的原子反应非常小，不会影响到集成电路的硬件结构。系统层级的软性错误大多是数据在总线时被噪声

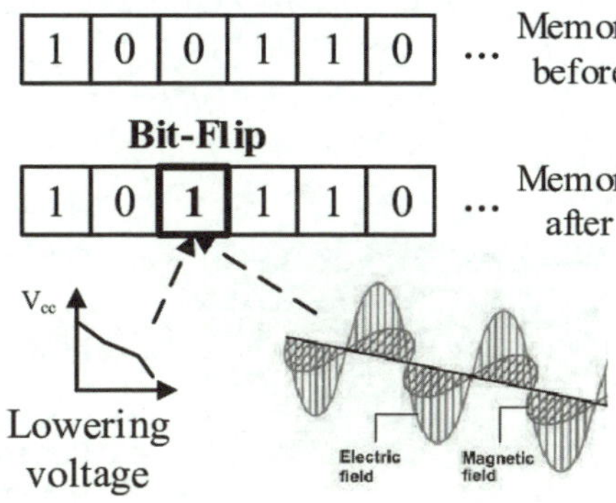

图 8-5　软性错误示例

所影响，电脑会将噪声解读为数据比特，从而造成程序定址或是处理代码的错误。而有错误的数据也可能会存到存储器中，造成后续的问题。

针对软性错误，目前主流的处理方式是依靠冗余。图 8-6 展示的是英伟达针对 GPU 的不同层级提出的安全架构机制，可以看到，执行层面的冗余机制还是整体的一个策略，毕竟不同于存储器，ALU 还是在实施运行的。

8.1.4 开源操作系统的引入

随着自动驾驶领域的快速发展，传统 OSEK 或者 AUTOSAR 架构暂时并未成为自动驾驶控制的首选，而开源 OS-Linux 却颇受青睐，也被大量应用。在这里总结几点当前 Linux 被大量应用的原因，供大家思考：

➢ 目前的自动驾驶领域无论从传感器的配置到算法的应用都还不够成熟，因此需要生态链更好更开放的 OS 来支持快速的开发，节省在驱动代码开发等环节的时间；

➢ 自动驾驶目前算法涉及的任务调度复杂、多任务并行，需要相对复杂的操作系统来支持，尤其对于片外资源的使用和调度等；

➢ 感知算法中机器学习和深度学习的大量应用下，Linux 拥有更多的框架支持。

Linux是一款开源的操作系统，同时由于Linux是宏内核架构，驱动、内存分配、调度都是内核完成的，对于汽车电子开发者而言，并不能完成安全分析中的控制流、数据流分析，也很难开展测试。针对 Linux 的车载应用目前也有两个方向在开展，一个是 Linux 的车规化及安全性优化，另一个是 QNX。

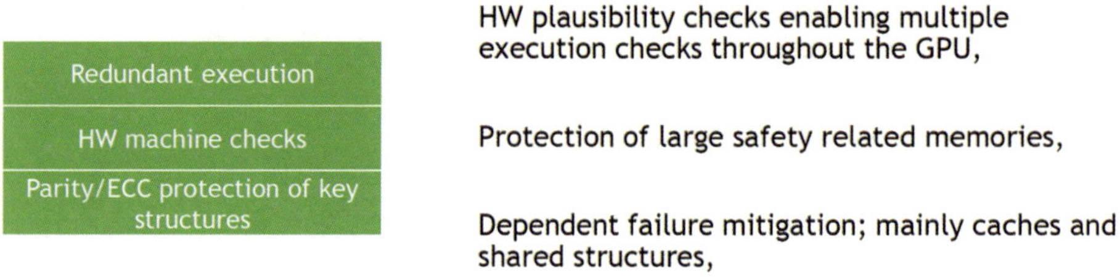

图 8-6　英伟达针对 GPU 的安全架构机制

AGL(Automotive Grade Linux，汽车级 Linux) 是一个致力于为汽车应用创造开源的软件解决方案的 Linux 基金会工作组，如图 8-7 所示。尽管 AGL 最初的目的是 IVI（In-Vehicle-Infotainment，车载信息娱乐系统），但最终将支持诸如仪表组和远程信息处理系统的其他用例。

ELISA(Enabling Linux in Safety Applications，Linux 安全应用) 是 2019 年由 Linux 基金会成立的工作组，如图 8-8 所示。其目标是创建一套共享的工具和过程，以帮助公司构建和认证基于 Linux 的安全关键应用程序和系统，这些应用程序和系统的故障可能会导致人员伤亡和重大财产损失损害或环境损害。目前，因为没有明确的方法来证明 Linux，所以公司很难证明其基于 Linux 的系统符合系统整体安全的功能安全目标，包括如何响应用户错误、硬件故障和环境变化等行为。

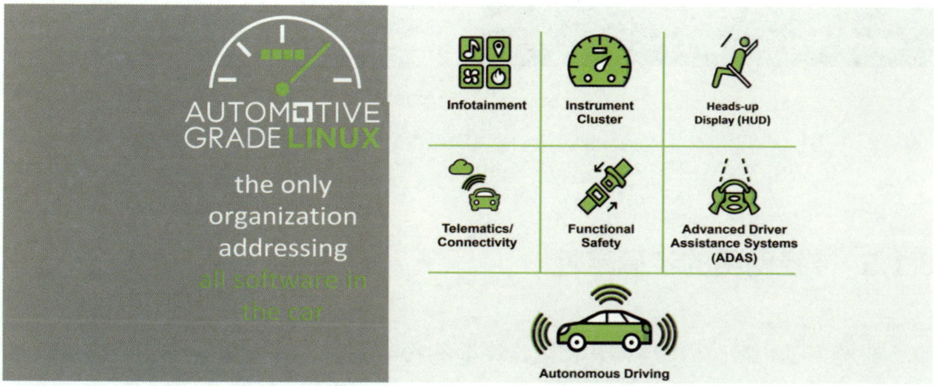

图 8-7　AGL 机构展示截图

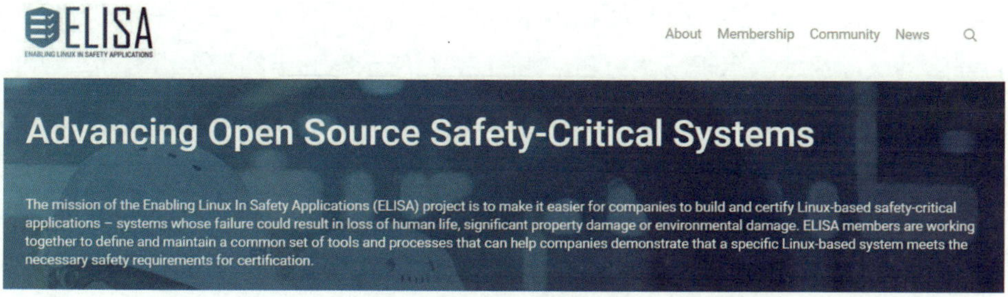

图 8-8　ELISA 机构展示截图

QNX 是一款嵌入式实时操作系统，1980 年由 Quantum Software Systems 公司研发构建，由于采用微内核设计，QNX 核心小巧同时运行速度极快。2004 年，美国音响设备生产商 Harman 以 1.38 亿美元将其收购。作为全球第一款通过 ISO 26262 ASIL-D 安全认证的车载操作系统，目前市场占有率超过 50%，已经应用在包括法拉利、劳斯莱斯、布加迪、宝马、奥迪、奔驰等超过 40 个品牌的 6 000 多万辆汽车上。QNX 特点是稳定性和安全性非常高，实时性也比较好，但缺点是兼容性较差（图 8-9）。

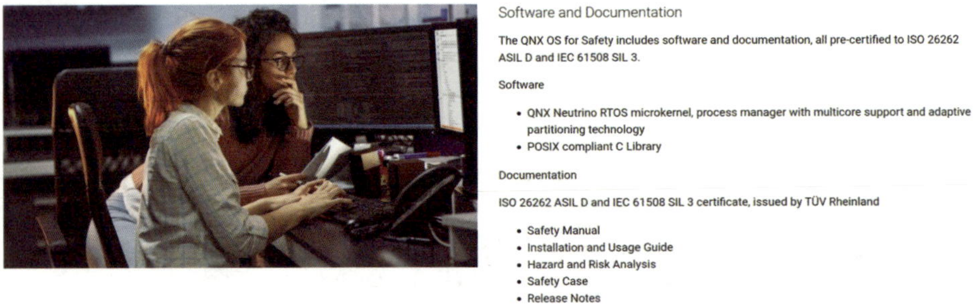

图 8-9 QNX OS 信息说明

8.1.5 神经网络的不确定性

机器学习（ML）是对算法和统计模型的科学研究，计算机系统使用这些算法和统计模型来执行特定任务，无须使用明确的指令，而是依靠模式和推理。它被视为人工智能的子集。机器学习算法基于样本数据（称为“训练数据”）建立数学模型，以便进行预测或决策而无须明确地编程以执行任务。在自动驾驶领域，机器学习被广泛地应用于物体检测，如图 8-10 所示路面上的行人、机动车、非机动车等。

可以看到，相对于软件代码的白盒分析和测试，神经网络的中间过程对于安全工程师而言是黑盒和无法理解的，这对于代码级的安全分析和测试是非常困难的（图 8-11）。而且对于神经网络输出的结果是可能性的百分比（例如 80%），这对于安全分析是缺乏严谨的。

图 8-10　机器学习检测示例

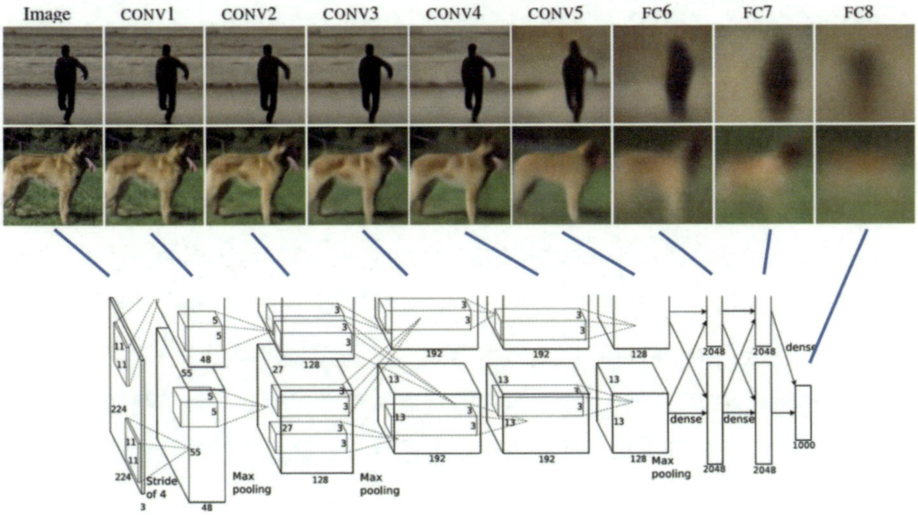

图 8-11　机器学习的网络示例

一种观点认为，在神经网络的应用过程中可以考虑进行功能安全分解，如图 8-12 所示，即环境感知的算法上采用传统算法 + 机器学习相结合的方式。这是目前提升安全性可靠性的主流观点，相当于算法层面的冗余，但是针对机器学习的网络本身并没有安全性的分析和优化。

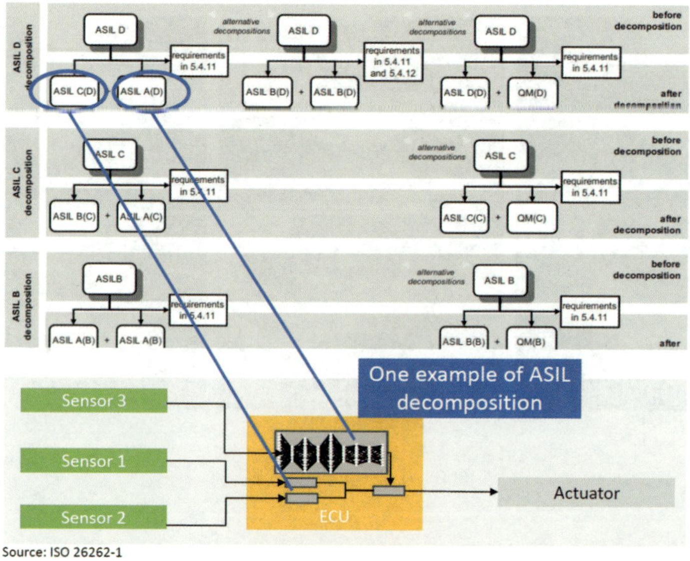

8-12 提升神经网络安全性的架构示例

另一种观点认为，增加对神经网络的安全评价指标，基本思想是对神经网络的误判程度，例如人误判成车、人误判成路面等情况进行 ASIL 等级的划分，另外补充不同的权重值对等级高的案例进行加权放大，针对放大后的数值进行危害系数的计算，如图 8-13 和图 8-14 所示。这种方法有一定的新颖性和指示作用，但对 ASIL 等级权重的划分和对于分类结果的依赖程度是其需要深入考虑的。

无论是哪一种提升神经网络安全性的观点，都还是需要依赖于整体的评价体系和过程管理，比如训练集、标准过程、工具链等安全性的评价及管理，这将是全行业需要讨论和规范的。

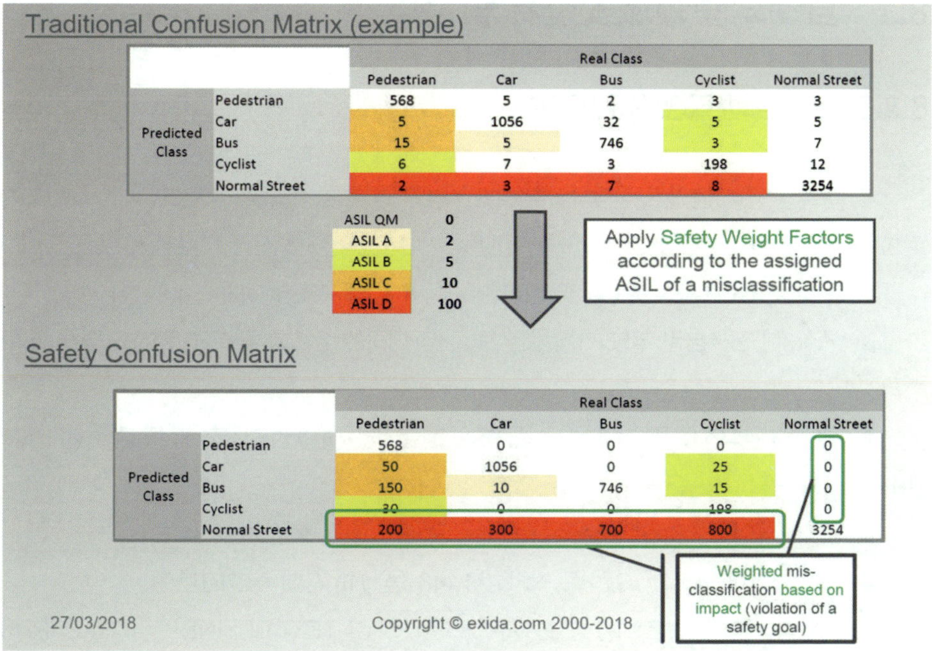

图 8-13　ASIL 等级的评估及划分

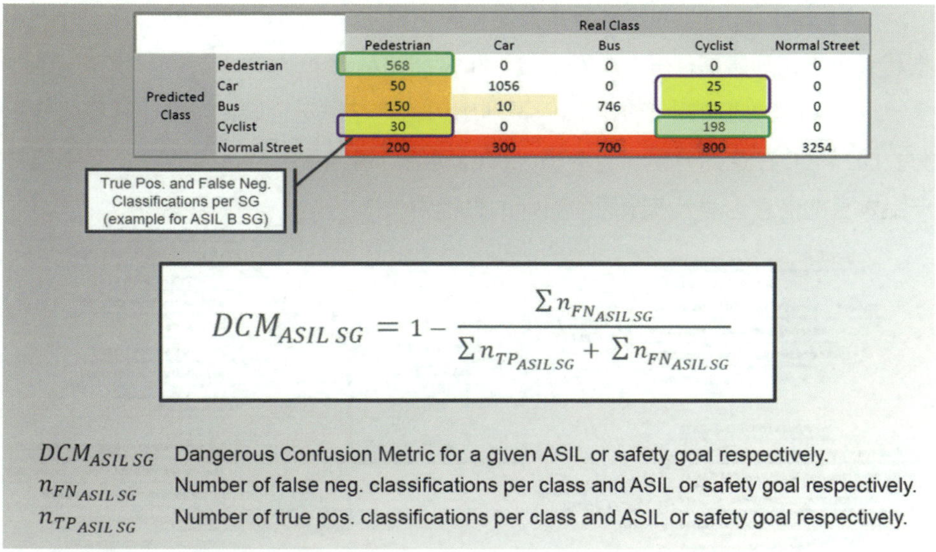

图 8-14　综合危害系数计算

8.2 自动驾驶领域安全标准

8.2.1 UL 自动驾驶系列标准

自动驾驶领域谈及安全类标准，UL 4600 是需要首先来谈及的。UL 4600 的定位与 ISO 26262 相比，具有不同的维度。UL 4600 整体设计的目标有以下五点：

➢ 标准整体目标是“找到安全问题”而非“解决安全问题”；

➢ 不限制开展自动驾驶的技术路线，但不同的路线需要有不用的安全分析和考虑；

➢ 不限制具体使用的方法，而关心是否确实进行该环节分析，例如 FTA/FMEA/STPA 等；

➢ 整体是依照“Safety case”而非“Roadtest”来考量安全性；

➢ ISO 26262 是分析的起点，ISO 21448 是分析需要考虑的场景。

在整体的标准中，主要分为“CONTEXT DEFINE”“HAZARDS IDENTIFIED”“SAFETY CASE WELL FORMED ”和“RISKS MITIGATED”四大部分框架，如图 8-15 所示。

CONTEXT DEFINE：这部分主要是相关信息定义，例如 ODD 的定义、开发流程和安全文化等信息，是进行安全分析和设计的基础。

HAZARDS IDENTIFIED：如何识别出风险，这是安全设计当中非常重要的部分；UL 4600 在这部分里面将数据、神经网络、道路状态及供应链等全面围绕在产品本身的信息也纳入安全风险识别的过程中。

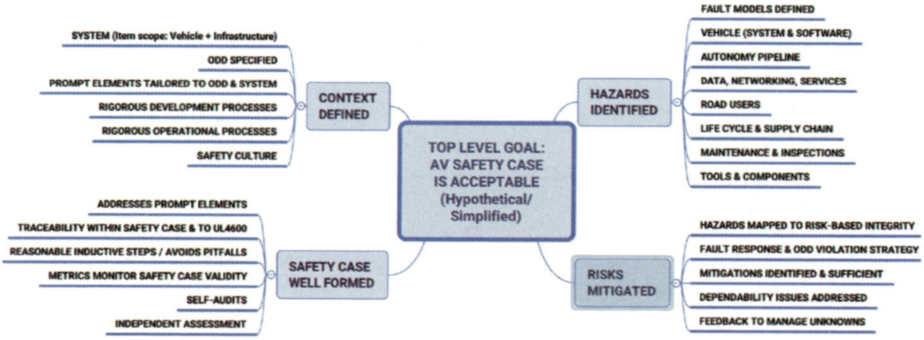

图 8-15 UL4600 的标准框架

■ Autonomy Pipeline candidate best practices & pitfalls

- Sensing (e.g., correlated sensor faults)
- Perception (e.g., brittle perception, ontology gaps)
- Machine learning (e.g., overfitting)
- Planning (e.g., plan exceeds vehicle capability)
- Prediction (e.g., mis-predictions, sudden changes)
- Trajectory & control (e.g., degraded vehicle capabilities)
- Timing (e.g., loss of control loop stability)

图 8-16　UL 4600 的最佳实践和陷阱

SAFETY CASE WELL FORMED: 安全文件是将安全设计严谨执行到位最关键的信息，UL4600 里面提到了 PITFALL 的概念和设计，例如，当我们在做机器学习分类时，分类的物体之间可能出现重叠从而导致可能有同设计不同的风险，如图 8-16 所示；同时，在安全文件考虑的过程中，UL 4600 进行了“强制性”　“需要的”　“强烈建议”和“建议”四个等级的划分，其中“强制性”　“需要的”都是一定要考虑的内容。

RISKS MITIGATED：这部分是相对于 HAZARDS IDENTIFIED 而设计，RISKS MITIGATED 的方式和方法直接决定了产品的可用性，UL 4600 考虑了偏离 ODD 的应对策略和对于未知情况的反馈。

另外，UL 4600 在立项之初就对自动驾驶采用机器学习引入风险（包括训练数据、网络模型、分类标签等）有很深入的分析，或者可以说是第一份针对神经

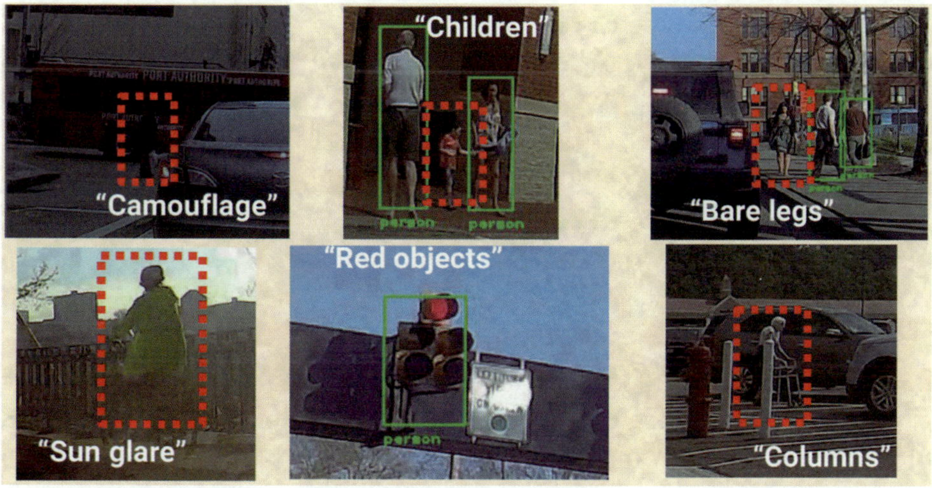

图 8-17　机器学习的错误识别

网络引起的安全风险进行限制的标准，这也是在自动驾驶安全领域的一个非常大的亮点。如图 8-17 所示，机器学习由于其不确定性和未知环境的多维度导致的安全分析是需要特殊去考虑和深入分析的。

随着 UL 4600 发布对行业的巨大影响力和指导性，U L 4600 针对自动驾驶卡车的标准也随之而来。另外，顺应自动驾驶对于感知传感器的需求，笔者也联同 UL 共同探讨发起了 UL 4700 激光雷达及其系统的安全性的标准，这是国际上针对激光雷达的首个安全性标准，涵盖电气安全、机械安全、功能安全、网络安全、人眼安全等方面。

8.2.2 Mobileye-RSS

当自动驾驶相关的各家企业都在研究如何能让算法更加鲁棒、更加安全的同时，Mobileye 开发了一个名为 RSS (Responsibility Sensitive Safety) 的责任敏感安全模型，以期通过数学的方式来界定"安全状态"。RSS 的基本思路是将人类对于安全驾驶的理念和概念转化成为数学公式和计算方式，用来界定什么样的驾驶行为才是安全的驾驶。如图 8-18 所示，假设在高速路上，绿色车辆（自动驾驶）

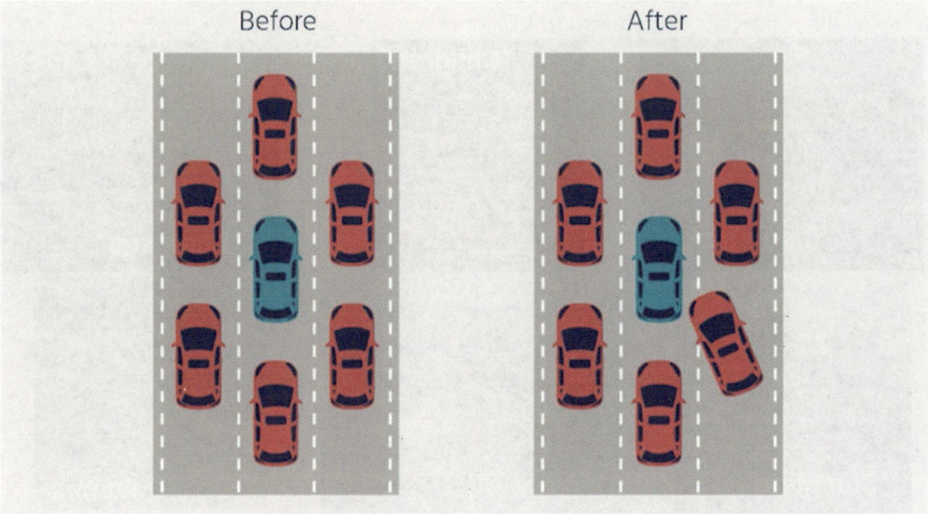

图 8-18　特殊路况引发的思考图例

行驶在中间车道，突然右侧某辆车由于某种原因偏离当前车道并撞向绿色汽车。此时，绿色汽车无论是加速、刹车，还是躲避到其他车道都可能会引起碰撞。那么，绿色车辆是否可以采取有效的方法来躲避碰撞？该如何解决这个问题？

在定义 RSS 模型的时候，有两个原则必须要遵守：

➢ 自动驾驶汽车绝对不可以因为自身的原因引发碰撞或者事故；

➢ 当别的车辆造成潜在风险并且可能会产生交通事故的时候，自动驾驶汽车应采取怎样恰当的应对方式来避免可能发生的交通事故。

在英特尔投资全球峰会上，Mobileye CTO 兼联合创始人阿姆农· 沙书亚先生谈及 RSS 时，提到可以通过数学模型解决三个问题：什么是危害的情况？什么是正确的反应？事故的责任方是谁？

针对“什么是危害的情况”，RSS 定义了安全的横向和纵向安全距离。安全距离是指在最恶劣的情况下仍可以避免碰撞的距离。最恶劣的情况是指前车以最大刹车加速度开始刹车，后车发现后有一定的反应时间，并在反应时间内仍以最大加速度前进，然后改成以最小刹车加速度刹车，直到危险解除，如图 8-19 所示。

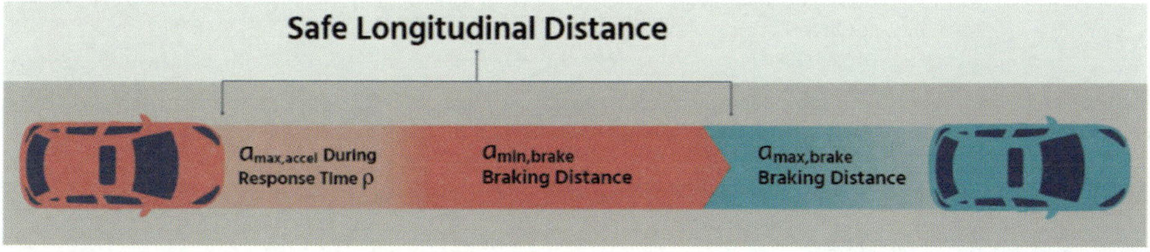

图 8-19　纵向安全距离示意

针对“什么是正确的反应”，RSS 通过场景指示的方式进行了说明，如图 8-20 所示的 Cut-in 场景里，红车应该横向刹车，黄车应该纵向也进行部分刹车，以确保安全。

针对“事故的责任方是谁”，RSS 列出了四条具体的原则，如图 8-21 所示。

（1）追尾不是前车的责任，后车需要保持足够安全距离。

（2）针对第 1 条原则的补充，如果前车突然并线，前车突然插入后车的车道导致追尾，责任在前车。

（3）不要刻板地使用“路权”（Right-of-way is given， not taken）。如果某辆汽车违反了交通规则进入自动驾驶汽车拥有路权的道路，但自动驾驶汽

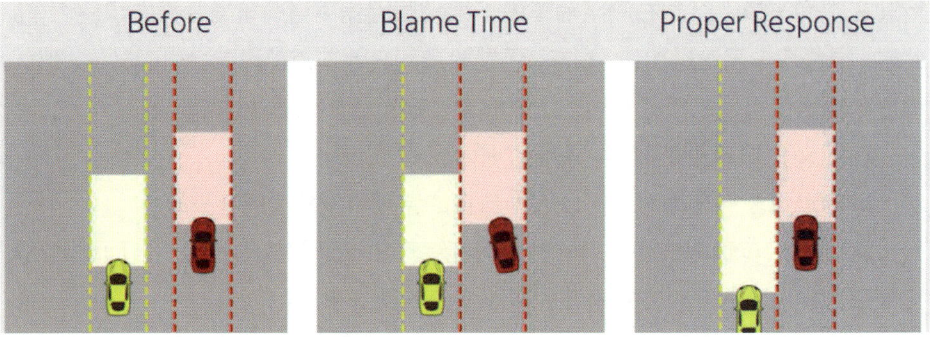

图 8-20 Cut-in 场景示意

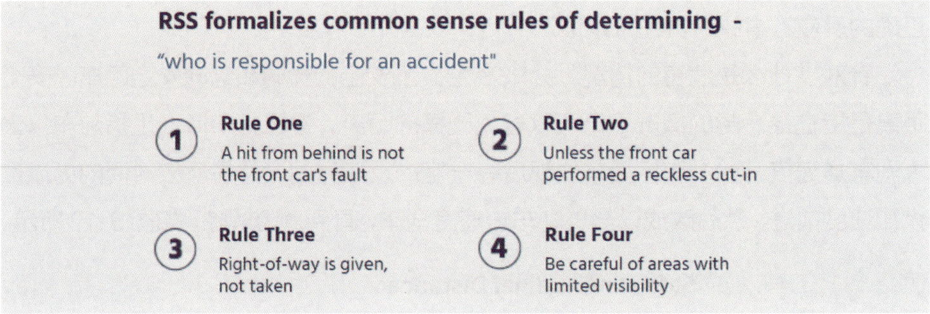

图 8-21 RSS 的四条原则

车有足够的时间刹车避免事故，则它必须刹车，而不能由于自己的路权高而向前冲，否则就要承担责任。

（4）时刻需要小心被遮挡区域，行人、小孩都可能会被前车遮挡。

另外，RSS 的模型应用领域在于自动驾驶的规划后端，即环境感知结束之后，在路径规划之前会考虑安全环境的影响，从而实现 RSS 的模型，如图 8-22 所示。目前 IEEE P2846（Assumptions for Models in Safety-Related Automated Vehicle Behavior）也是基于 RSS 的原型概念在推进标准的制定。

8.2.3 第一本自动驾驶白皮书

另一个需要提到的是《自动驾驶安全第一》，核心思想是将安全性的原则分为不同单元，然后基于不同单元来谈验证，整个白皮书涉及 ISO 26262、预期功

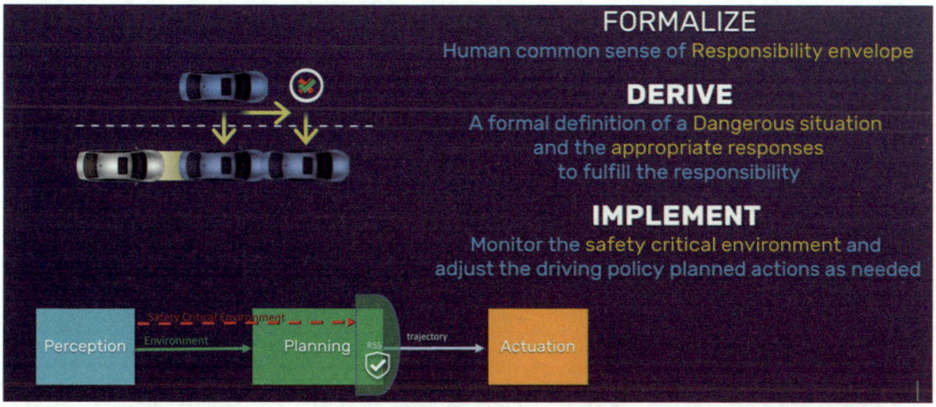

图 8-22　RSS 模型应用区域

能安全（SOTIF）和网络安全（Cyber security）三个热门话题，它的整体框架如图 8-23 所示。其中，Twelve Principles 代表自动驾驶设计过程当中的整体安全指导原则，它是设计和验证的指导性纲领。随后向下承接近似 V-model 的开发方式，区分了第 2 部分和第 3 部分。另外，整体框架当中还有 2 个附录，分别是例子和神经网络。

针对白皮书中的 12 条原则，这里选取部分原则和大家分享（如果需要全面学习，可以到官方网站进行下载）。如图 8-24 所示，左边的 SAFE OPERATION—降级主要提及的是进入安全状态和限定的时间需要考虑。简而言之，系统需要具备诊断和监控的能力，实时关注自身的健康状态，在特定的时间内需要能够控制自身，理念同 ISO 26262 是一样的。但对于失效可工作（Fail-operational）是自动驾驶领域需要重点关注和思考的内容，单纯的失效后安全（Fail-safe）对于传统汽车零部件而言，主体在于驾驶员，这种模式是安全的。如何能够在自动驾驶系统中依靠冗余和提醒实现 Fail-operational 是全产业链需要考虑的。图 8-24 右边所示原则提到的是 ODD，大家可以简单理解成 OD 是真实的世界，ODD 是设计的世界，所以当二者出现偏差的时候，系统就可能会遇到风险。

另外两个原则是 SAFETY ASSESSMENT 及 DATA RECORDING，这里针对安全审核提及的信息比较少，但这部分是安全工程里最重要的一个部分，确认是对于安全分析和安全测试全过程中的严谨性、科学性的一个检验，利用检查清单是

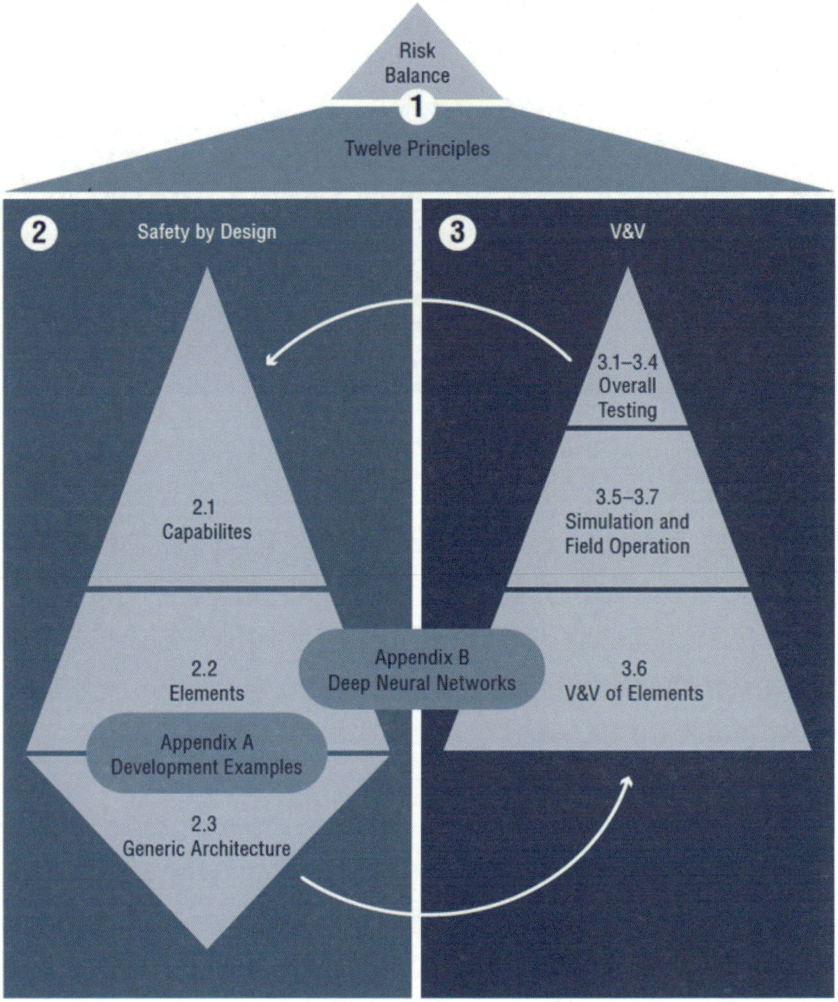

图 8-23　第一本自动驾驶白皮书框架

一个最常见的手段，如图 8-25 所示。而对于验证是针对安全设计的一个全面考量，以故障注入测试为主要手段开展，其中子系统级验证、系统级级验证、整车级验证都是不能缺少的。DATA RECORDING 在自动驾驶领域是一个全新的话题，传统汽车电子诊断的冻结帧已经不足以在自动驾驶领域提供足够多指导信息，由交通事故引发的定责驱动的数据记录是需要在设计中由 OEM 考虑的。

SAFE OPERATION

DEALING WITH DEGRADATION

If safety-related functions or system components become hazardous (e.g. unavailable), the automated driving system shall:

- Be capable of compensating and transferring the system to a safe condition/state (with acceptable risk).
- Ensure a sufficient time frame for the safe transition of control to the vehicle operator.

FAIL-OPERATIONAL (limited to the safety-related function or component)

The loss of safety-related functions or system components shall not lead to a safety-related situation.

OPERATIONAL DESIGN DOMAIN

ODD DETERMINATION

As soon as system limits that restrict the safe functionality of the automated system are recognized, the system shall react to compensate or shall issue a driver takeover request with a sufficient time frame for the takeover.

MANAGE TYPICAL SITUATIONS

The automated driving system shall take into account situations that can typically be expected in the ODD and address possible risks.

图 8-24　部分原则截图(1)

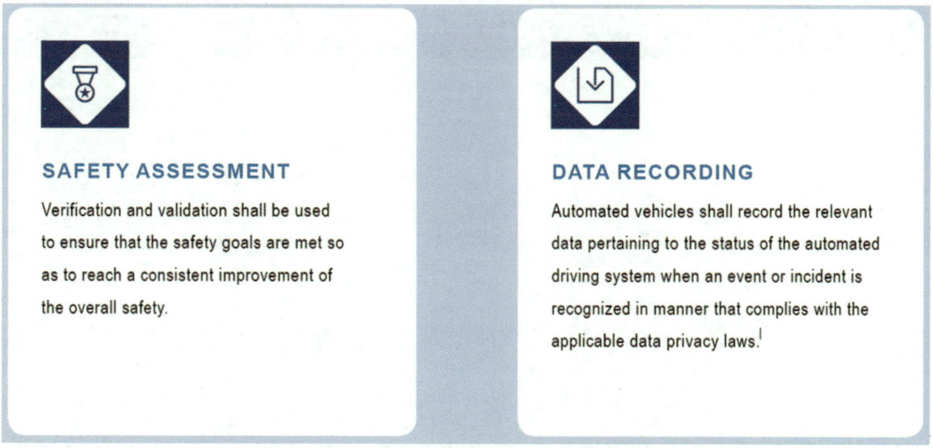

SAFETY ASSESSMENT

Verification and validation shall be used to ensure that the safety goals are met so as to reach a consistent improvement of the overall safety.

DATA RECORDING

Automated vehicles shall record the relevant data pertaining to the status of the automated driving system when an event or incident is recognized in manner that complies with the applicable data privacy laws.[1]

图 8-25　部分原则截图(2)

同时，白皮书中针对信息安全也有相应的描述。信息安全对于部件级来说，权限控制、证书机制、安全启动和数据加密是需要考虑的；而对于整车级来说，安全的通信协议如 TLS 是需要考虑的，安全传输层协议（TLS）用于在两个通信应用程序之间提供保密性和数据完整性。该协议由两层组成：TLS 记录协议（TLS Record）和 TLS 握手协议（TLS Handshake）。信息的安全编码、网络管理、信息加密等措施都是需要被考虑的，如图 8-26 所示。

另外，对于自动驾驶安全设计中，安全状态也是一个重要话题。在白皮书中针对这部分内容的描述区分了 MRM（Minimum Risk Maneuver）和 MRC（Minimum Risk Conditions）。简单来讲，MRM 是系统的应对风险操作，而 MRC 是降级或者最终的安全状态。MRC 包括车辆操作员接管自动驾驶车辆、运行性能限制和停止运行三种状态；而相对的 MRM 包括多种手段，如舒适停车、急停或故障恢复等多种操作，如图 8-27 所示。

Examples for Security Controls

Security Goal	Environmental Level Security Controls	Vehicle Level Security Control	Component Level Security Controls
Integrity	▪ Integrity management of access rights	▪ Secure communications, TLS, IPsec, etc. ▪ Functional separation and a trusted execution of the control flow	▪ Access control ▪ Control flow integrity (CFI) ▪ Trust anchor
Authenticity	▪ Access control to development and production sites ▪ Secure communications	▪ Message authentication codes etc.	▪ Secure boot with a trust anchor, e.g. public keys in OTP
Availability	▪ Intrusion detection mechanisms to react to potential attacks	▪ Congestion control on gateways/routers	▪ Rate limiting on networking interfaces ▪ Deterministic scheduling
Confidentiality	▪ Access control to documentation	▪ Encryption of data in flight ▪ TLS, IPsec, etc.	▪ Encryption of data at rest ▪ Secure storage

图 8-26　安全控制示例

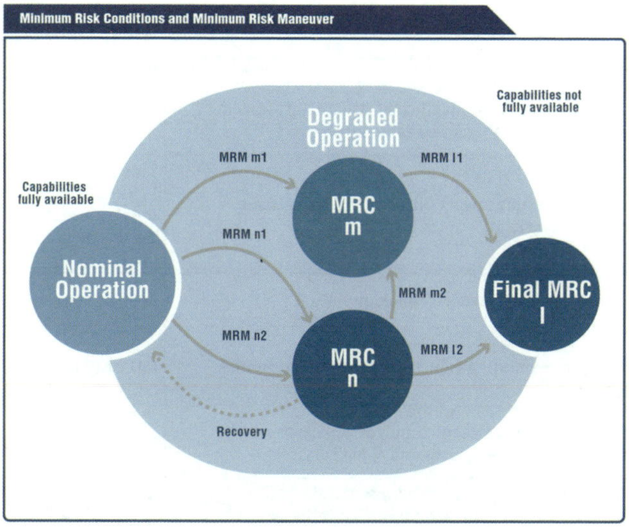

图 8-27　安全状态跳转示例

8.2.4 SOTIF 标准

随着辅助驾驶、高度自动驾驶及网联化的电子电气系统越发复杂，引入了各种复杂的传感系统（如摄像头、激光雷达）和算法（如基于机器学习的感知算法）等。这些传感系统、执行器、算法在执行预期功能时（未发生故障），在某些情况下能够直接影响车辆安全性。

SOTIF 在 ISO/PAS 21448 中的官方定义为："Safety of The Intended Functionality (SOTIF): absence of unreasonable risk due to hazards resulting from functional insufficiencies of the intended functionality or from reasonably foreseeable misuse by persons." 由此可见，SOTIF（预期功能安全）的关注点是：由功能不足或者由可合理预见的人员误用所导致的危害和风险。功能不足是指超出了电子电气系统性能或者功能的边界，成为了系统设计的薄弱点，范围包括系统的接口、传感器、控制器、执行器及系统功能实现本身。误用指驾驶员或系统使用者的误使用或响应操作行为，可以包括识别偏差和响应偏差两方面。例如，传感系统在雨雪雾等天气情况下，本身并未发生故障，但是否仍能执行预期的功能；驾驶员对于辅助驾驶提醒的示意图标理解错误导致未能及时操控车辆。SOTIF 标准同 ISO 26262、ISO 21434 及其他标准相关关系如图 8-28 所示。

Source	Cause of hazardous event	Within scope of
System	E/E System failures	ISO 26262
	Performance limitations or insufficient situational awareness, with or without reasonably foreseeable misuse	This document
	Reasonably foreseeable misuse, incorrect HMI (e.g. user confusion, user overload)	This document ISO 26262 European statement of principal on the design of human-machine-interface
	Hazards caused by the system technology	Specific standards
External factor	successful attack exploiting vehicle security vulnerabilities	ISO 21434 or SAE J3061
	Impact from active infrastructure and/or vehicle to vehicle communication, external devices and cloud services.	ISO 20077; ISO 26262
	Impact from car surroundings (other users, "passive" infrastructure, environmental conditions: weather, Electro-Magnetic Interference...)	This document ISO 26262

图 8-28　SOTIF 与其他安全相关标准关联

ISO/PAS 21448 标准非常关注触发条件（Triggering conditions），触发条件是风险评估与完备化测试的关键。触发条件是指一系列因素的组合，组合的因素结合系统的弱点最终会导致风险。触发条件一般包括情景（如环境条件、道路结构、基础设施）、场景（如系统或部件的状态、单车驾驶行为）和交通参与状况（如周围车辆、周围行人），其中任何一个要素都有可能是主要触发源，如图 8-29 所示案例。感知传感器作为自动驾驶汽车的核心的部件，也是预期功能安全风险评估的重点，其触发条件的分析尤为重要。情景方面，需要考虑环境条件中的雨、雪、雾天气工作会触发有效数据低，道路结构中的坡道路会触发视场角（FOV）偏差，不规则路或颠簸路的运行会触发感知偏差，基础设施中的不规则或不完善的交通标志会触发感知结果异常等；场景方面，需要考虑系统或部件的状态中的激光雷达光罩或摄像头镜头脏污会触发感知缺失，单车驾驶行为中的超高速驾驶会触发感知不及时等；交通参与情况方面，需要考虑周围车辆装载的激光雷达会触发额外的干扰噪点降低数据有效性、周围行人的装束异常会触发感知结果的错误等。

对于场景（Scenarios），ISO/PAS 21448 将其划分为如图 8-30 所示的 4 个区间，分别为：①已知—安全；②已知—不安全；③未知—不安全；④未知—安全。

目的是尽可能缩小位于区间②和③中的场景比例，即尽量确保将场景控制在安全的区间。对应的手段，包括通过分析进行的设计改进以及充分的验证评估。

ISO/PAS 21448 作为智能网联汽车安全性的全新要求和挑战，目前还处在一个探索阶段，尤其是中国化交通具有特殊性。随着标准的正式发布和行业发展，其量化评估方式、标准化场景库建设都是有待产业链上下游共同研究的。

ID	System elements potentially leading to SOTIF-related hazardous events				Triggering conditions				Triggering condition effect		Measures or Actions to improve the SOTIF in design (Clause 8.3)	
	System architecture function	Allocation to system or HW/SW elements	SOTIF-related interfaces / elements	Known system design weaknesses	A-priori worst case conditions for known design weaknesses			O*-rating	Vehicle level effect	SOTIF-related hazardous event severity S*	Measures in design to improve the SOTIF	SOTIF measure efficiency D* rating
					Scene characteristics (Environment conditions, road / urban infrastructure)	Driving scenario (actions, events, goals and values)	Behaviour of other drivers, road users					
ID1.1	System element realizing function SYS23.1: Brake in case of oncoming / crossing objects (Object list: Ref. #RRR) under emergency conditions (Ref. #CDNXX)	HW unit HW32: Camera IP	IP result	Image resolution limitation affecting distance estimation	Daylight, dry road	Driving straight at 90km/h	Oncoming vehicle in same lane as ego-vehicle (>100m) Following vehicle close (<20m)	O*=3 or 10-x / operating hour or Y% of driving scenarios	False positive: Oncoming object detection leading to unintended vehicle deceleration <-4m/s² (S3, C3)	S*=10	LIDAR, RADAR Rationale: Test report TC#225 PASSED, Resp: Team A	D*=1
ID1.2		HW unit HW43: Camera sensor HW	Sensor result	Poor image rendering in low light conditions	Evening, dry road	All kinds	All kinds	O*=3			LIDAR, RADAR Rationale: Test report TC#226, PASSED Resp: Team B	D*=1
ID1.3		SW unit SW11: Object classification	Object classification result	Low performance in corner case CC#52	All kinds	All kinds	All kinds	O*=1			New architecture New algorithms Action: OPL#227 Team C	D*=9
ID1.4		HW unit: Braking torque actuation system	Braking torque	Actuator slow timing response at T<-10°C and low voltage <9.5V	Winter, snow, T<-15°C	All kinds Battery low	All kinds	O*=1	Unintended loss of deceleration (<-2m/s²)	S*=4	New actuator Action: OPL#228 Team D	D*=9

图 8-29　预期功能安全的分析案例

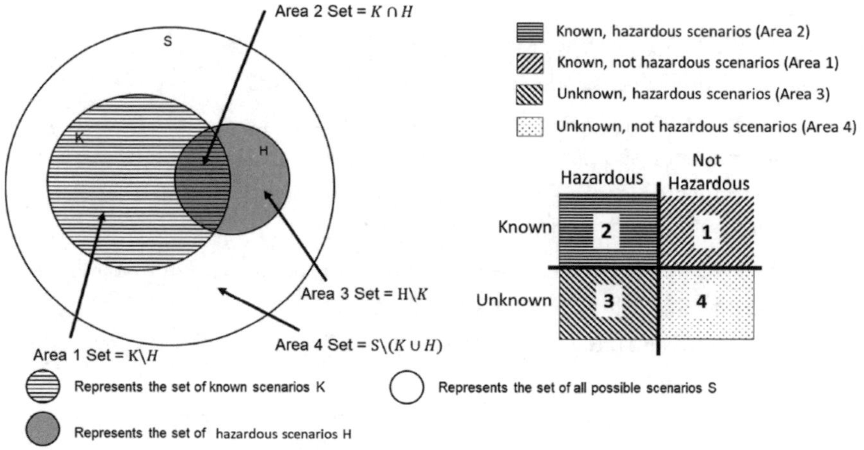

图 8-30　预期功能安全的区间划分

主要参考文献

[1] ISO 26262:2011.Road vehicles—Functional safety[S].
[2] ISO 26262:2018.Road vehicles—Functional safety[S].
[3] ISO/PAS 21448:2019.Road vehicles — Safety of the intended functionality[S].
[4] Automotive SPICE, Version 3.0[S].
[5] SS 7740:2018.Road vehicles—Functional Safety Process Assessment Model[S].
[6] ISO/TS 16949.Quality management systems—Particular requirements for the application of ISO 9001:2008 for automotive production and relevant service part organizations，2009[S].
[7] SAE J2980:2015, Considerations for ISO 26262 ASIL Hazard Classification[S].
[8] MISRA C:2012[S].
[9] Classic Platform Release Overview AUTOSAR CP R19-11，Classic Platform Release Overview，2019[S].
[10] Standardized E-Gas Monitoring Concept for Gasoline and Diesel Engine Control Units,Version 6.0[S].
[11] AEC(automotive electronics council, AEC), Reliability Test of Automotive IC (AEC-Q) [S].
[12] Standard 4600, Standard for Evaluation of Autonomous Products，Edition 1，2020[S].
[13] SN 29500 (2004), Siemens AG, Failure Rates of Components - Expected Values, General[S].
[14] Infineon-TC27x D-step User's Manual-V2.2 [EB/OL].
[15] Analog Devices Incorporated, LTM8073 Datasheet [EB/OL].
[16] Analog Devices Incorporated, LTC2066 Datasheet [EB/OL].
[17] Texas Instruments Incorporated, TPS7A7001 Datasheet [EB/OL].
[18] Texas Instruments Incorporated, TPS65917-Q1 Datasheet [EB/OL].
[19] SAFETY FIRST FORAUTOMATED DRIVING，2019[D].
[20] Shai Shalev-Shwartz, Shaked Shammah, Amnon Shashua, On a Formal Model of Safe and Scalable Self-driving Cars, Mobileye, 2017[D].
[21] Simplifying Software Integration and Safety Certification for Medical Devices, Scott L. Linke，2019[D].
[22] Suo, D., Yako, S., Boesch, M., and Post, K., "Integrating STPA into ISO 26262 Process for Requirement Development," SAE Technical Paper, 2017[D].
[23] Safe Vehicle Fault Injection For the validation of automotive systems up to ASIL D，13th Workshop on Automotive Software & Systems，2015[D].

[24] OnSemiconductor, Evaluating Functional Safety in Automotive Image Sensors, 2018[D].
[25] Rakesh Rana, MiroslawStaron, Christian Berger, Jörgen Hansson, Martin Nilsson, Fredrik Törner, Improving Fault Injection in Automotive Model Based Development using Fault Bypass Modeling, 2013[D].
[26] NVIDIA, SELF-DRIVING SAFETY REPORT[D].
[27] IEEE P2020Working Group, IEEE P2020 Automotive Imaging White Paper[D].

图书在版编目（CIP）数据

汽车电子功能安全实战应用 / 赵鑫，李明勋编著
，-- 上海：同济大学出版社，2021.4（2022.11重印）
ISBN 978-7-5608-9640-3

Ⅰ．①汽… Ⅱ．①赵… ②李… Ⅲ．①汽车—电子系统—安全技术—研究 Ⅳ．①U463.6

中国版本图书馆 CIP 数据核字（2021）第 031030 号

汽车电子功能安全实战应用

赵鑫　李明勋　编著

责任编辑　朱　勇　　责任校对　徐春莲　　装帧设计　张　微

出版发行　同济大学出版社 www.tongjipress.com.cn
（地址：上海市四平路 1239 号　邮编：200092　电话：021-65985622）
经　　销　全国各地新华书店
印　　刷　上海安枫印务有限公司
开　　本　710mm×960mm　1/16
印　　张　14.75
字　　数　295 000
版　　次　2021 年 4 月第 1 版
印　　次　2022 年 11 月第 3 次印刷
书　　号　ISBN 978-7-5608-9640-3
定　　价　87.00 元